लोक व्यवहार

लोक व्यवहार

डेल कारनेगी

प्रभात पेपरबैक्स
www.prabhatbooks.com

> इस पुस्तक की विषय वस्तु
> कॉपीराइट फ्री है।

प्रकाशक

प्रभात पेपरबैक्स

4/19 आसफ अली रोड, नई दिल्ली-110002
फोन : 23289777 • हेल्पलाइन नं. : 7827007777
इ-मेल : prabhatbooks@gmail.com ❖ वेब ठिकाना : www.prabhatbooks.com

संस्करण
2020

सर्वाधिकार
सुरक्षित

टाइप सैटिंग
टीम प्रभात

अनुवाद
महेश दत्त शर्मा

अ.मा.पु.स. 978-93-5266-376-7

———————— ————————

LOK VYAVAHAR
by Dale Carnegie

Published by PRABHAT PAPERBACKS
4/19 Asaf Ali Road, New Delhi-110002

ISBN 978-93-5266-376-7

पुस्तक-परिचय

मानव जीवन में लोक व्यवहार का बहुत महत्त्व है, बल्कि यह कहा जाए कि लोक व्यवहार में कुशलता ही मनुष्य को इनसान बनाती है, उसे सफलता के द्वार तक पहुँचाती है, तो कोई अतिशयोक्ति नहीं होगी। बिना उचित लोक व्यवहार के लोक को जीतना असंभव है। लोक व्यवहार व्यक्ति का कायांतरण कर देता है। जैसे खदान से निकलनेवाले खनिज को तपाकर सोना बनाया जाता है, वैसे ही लोक व्यवहार की चाशनी में पककर व्यक्ति खरा सोना बन जाता है। इस पुस्तक में डेल कारनेगी ने लोक व्यवहार को जीवन में उतारने के लिए जो-जो नियम, सिद्धांत तय किए हैं; जीवन में उन्हें अपनाना जरा भी कठिन नहीं है, इन्हें कोई भी सरलता से अपना सकता है। इसमें जेब से पाई भी खर्च नहीं करनी पड़ती; अलबत्ता जेब मान-सम्मान, धन-दौलत, इज्जत-शौहरत इत्यादि लोकोपयोगी संसाधनों से भरी रहती है। क्यों न इस सद्गुण को जीवन में अपनाया जाए—आज ही से शुरू करें।

लोक व्यवहार के सामान्य नियम

- अपनी बातों को नाटकीय अंदाज में पेश करें और चमत्कारी परिणाम देखें।
- अपनी सभी गलतियाँ तथा कमियाँ गिनाने के बाद ही किसी की कमियाँ गिनाएँ।
- अपने विचार को इस दृढता से पेश करें कि सामनेवाले को वह अपना ही विचार लगने लगे।
- आदर्शवाद के सिद्धांत को जीवन में प्रश्रय दें ।
- आदेश देने की बजाय प्रश्न पूछें।
- ईमानदारी के साथ सामनेवाले इनसान का नजरिया समझने की कोशिश करें।

- ईमानदारी के साथ सामनेवाले को उसका दृष्टिकोण प्रस्तुत करने का अवसर दें और उसके विचारों तथा इच्छाओं के प्रति सहानुभूति दरशाएँ।
- काम या बात की शुरुआत दोस्ती भरे अंदाज में करें और सामनेवाले को ज्यादा बोलने का अवसर दें।
- गलती होने पर उसे स्वीकार करने में झिझकें नहीं।
- चुनौतियाँ दीजिए और लीजिए।
- दूसरों को प्रोत्साहित करते हुए बताएँ कि गलतियों को सुधारना कठिन काम नहीं है।
- बहस का लाभ यह है कि उससे बचकर निकल जाएँ।
- बात इस प्रकार आरंभ करें कि सामनेवाला तुरंत 'हामी भर दे।'
- लोगों की गलतियों को दो टूक बताने की भूल कभी न करें।
- व्यक्ति को एक ऐसी छवि में कैद कर दें, जिसे वह बदलना न चाहे।
- व्यक्ति को नाम से पुकारें, जो उसके लिए सबसे महत्त्वपूर्ण तथा आनंददायक शब्द होता है।
- सबके विचारों का सम्मान करें। उन्हें गलत न ठहराएँ।
- सामने मौजूद व्यक्ति को अपमनित न करें।
- सामनेवाले को प्रोत्साहित करें और यह बताएँ कि गलतियों को सुधारना मुश्किल काम नहीं है।
- सामनेवाले को बोलने के लिए प्रोत्साहित करें और अच्छे श्रोता बनें।
- सामनेवाले व्यक्ति के विचारों तथा इच्छाओं के बारे में सहानुभूति जरूर प्रदर्शित करें।
- सामनेवालों में सच्ची तथा वास्तविक दिलचस्पी लें।
- हमेशा मुसकान बिखेरें।
- हमेशा सच्ची तारीफ से अपनी बात की शुरुआत करें।
- हर सुधार की खुले दिल से तारीफ करें।

इस पुस्तक से अधिकाधिक लाभ लेने के तरीके

• यदि आप इस पुस्तक से अधिक-से-अधिक लाभ उठाना चाहते हैं तो एक अपरिहार्य एवं किसी भी नियम अथवा विधि से अत्यधिक महत्त्वपूर्ण शर्त का होना आवश्यक है। जब तक आपके पास वह आवश्यक शर्त नहीं है, तब तक

अध्ययन करने के ढंग के आपके हजारों नियम भी व्यर्थ हैं, किंतु अगर आप के पास वह प्रधान गुण है, तो आप किसी भी पुस्तक से बिना सुझाव पढ़े कोई कमाल कर सकते हैं।

वह चमत्कारित शर्त क्या है? वह है—सीखने की गहन एव प्रेरक उत्कंठा तथा चिंता रोकने और जीवनयापन करने का प्रबल एवं दृढ संकल्प।

ऐसी उत्कंठा का विकास आप कैसे कर सकते हैं? आप अपने आप को निरंतर स्मरण दिलाते रहकर कि ये सिद्धांत कितने प्रमुख हैं, यह कर सकते हैं। अपने सामने एक चित्र खींचिए कि उन सिद्धांतों का प्रभाव आप को वैभवपूर्ण और अधिक सुखी जीवन बिताने में किस प्रकार सहायता करेगा। मन-ही-मन बार-बार दुहराते रहिए कि 'मेरे मस्तिष्क की शांति, मेरा सुख, मेरा स्वास्थ्य और संभवत: आगे जाकर मेरी आय भी बहुत हद तक इस पुस्तक में बताए गए पुरातन, सहज एवं निरंतन सत्यों के प्रयोग पर निर्भर करती है।'

• प्रत्येक अध्याय को पहले जल्दी-जल्दी सरसरी निगाह से पढ़ जाइए। आप को शायद अगला अध्याय पढ़ने का लोभ हो आए, किंतु ऐसा मत कीजिए। यदि आप केवल मनोरंजन के लिए पढ़ रहे हैं तो बात दूसरी है, किंतु यदि आप चिंता का निवारण कर जीवनयापन करने के लिए पढ़ रहे हैं तो प्रत्येक अध्याय को सांगोपांग दुहरा लीजिए। आगे चलकर इससे आपके समय की बचत होगी और उसका परिणाम भी निकलेगा।

• पढ़ते समय पढ़ी हुई सामग्री पर विचार करने के लिए बार-बार रुकते जाइए, मन-ही-मन सोचिए कि प्रत्येक सुझाव का प्रयोग आप कब और कैसे कर सकते हैं। इस प्रकार का पढ़ना जल्दी पढ़ने से कहीं अधिक सहायक होगा।

• पढ़ते समय अपने हाथ में पैंसिल, लाल पैंसिल या पेन रखिए और जब कभी आप ऐसा सुझाव पढ़ें व आपको लगे कि उसका उपयोग आप कर सकते हैं, तो उसके पास एक लकीर खींच लीजिए। यदि वह चार तारोंवाला संकेत हो तो प्रत्येक वाक्य के नीचे लकीर खींचिए या उसपर क्रॉस का चिह्न लगा दीजिए। चिह्न लगाने और नीचे लकीर खींचने से पुस्तक अधिक मनोरंजक बन जाती है और जल्दी से उसकी पुनरावृत्ति करने में सरलता हो जाती है।

• मैं एक ऐसे व्यक्ति को जानता हूँ, जो पंद्रह वर्ष से एक बड़ी इंश्योरेंस कंपनी का मैनेजर है। वह हर महीने अपनी कंपनी द्वारा जारी किए गए इंश्योरेंस के सभी इकरारनामे पढ़ता है और वह उन्हें महीनों एवं वर्षों तक पढ़ता रहता है। क्यों?

इसलिए कि उसने अनुभव से यह सीखा है कि उन इकरारनामों की शर्तों को ठीक-ठीक याद रखने का यही एक तरीका है।

• एक बार मैंने पब्लिक स्पीकिंग पर एक पुस्तक लिखने में लगभग दो वर्ष बिता दिए, फिर भी अपनी पुस्तक में जो कुछ भी मैंने लिखा था, उसे याद रखने के लिए उस पुस्तक को समय-समय पर मुझे पढ़ते रहना पड़ता है। जिस शीघ्रता से हम बातों को भूल जाते हैं, उसपर आश्चर्य होता है।

इसलिए यदि आप इस पुस्तक से वास्तविक और स्थायी लाभ प्राप्त करना चाहते हैं तो यह मत समझिए कि एक बार इसे सरसरी निगाह से देख लेना पर्याप्त है। इसको भली-भाँति पढ़ लेने के बाद आपको चाहिए कि हर महीने इसे दुबारा पढ़ने में आप कुछ घंटे खर्च करें और प्रतिदिन इसे आप अपनी डेस्क पर अपने सामने रखें। प्राय: इसे उलटते-पलटते और निरंतर अपने मन पर संस्कार डालते रहें कि इस पुस्तक की सहायता से आप कितनी बड़ी उन्नति कर सकते हैं। याद रखिए, इन सिद्धांतों का निरंतर प्रयोग तथा दोहराव ही इन्हें आपके स्वभाव का एक अंग बना सकेगा और तभी आप अनजाने ही इन पर आचरण करने लगेंगे। इसके सिवा दूसरा कोई उपाय है ही नहीं।

• बर्नाड शॉ ने एक बार कहा था, "यदि आप किसी मनुष्य को कोई बात सिखाना चाहेंगे तो वह कभी नहीं सीखेगा।" शॉ का यह कथन सही था। सीखना एक सक्रिय प्रक्रिया है। हम काम करके ही सीखते हैं। इसलिए यदि आप उन सिद्धांतों पर पूर्ण प्रभुत्व पाना चाहते हैं, जिनका अध्ययन आप इस पुस्तक में कर रहे हैं, तो उनके संबंध में कुछ कीजिए। जब भी सुयोग मिले, इन नियमों का प्रयोग कीजिए। यदि आप ऐसा नहीं करेंगे तो उन्हें जल्दी ही भूल जाएँगे। केवल वही ज्ञान मस्तिष्क में टिकता है, जिसका उपयोग किया गया हो।

संभवत: हर समय आपको इन सुझावों का प्रयोग कठिन लगे। मैं यह इसलिए कह रहा हूँ कि मैंने यह पुस्तक लिखी है। फिर भी प्राय: इसमें लिखी गई प्रत्येक बात का प्रयोग करना मुझे कठिन जान पड़ता है। इसलिए जब भी आप यह किताब पढ़ें, याद रखें कि आप केवल जानकारी प्राप्त करने का ही प्रयत्न नहीं कर रहे हैं, बल्कि नई आदतों का निर्माण करने का प्रयत्न कर रहे हैं। हाँ, आप नवीन जीवन-मार्ग का निर्माण कर रहे हैं और उसके लिए यथा समय सतत प्रयोग करते रहने की आवश्यकता रहेगी। इसलिए इन पन्नों को प्राय: देखते रहिए। इसे चिंता पर विजय पाने के लिए एक व्यावहारिक गुटका समझिए और जब आपके सामने कोई कठिन

समस्या आ खड़ी हो, तो विचलित न होइए। स्वभाव एवं आवेग में मत बह जाइए। ऐसा करना सामान्यत: गलत होता है। इसके बजाय इन पन्नों को टटोलिए और रेखांकित अनुच्छेदों को पढ़ जाइए। तब इन नवीन रीतियों का उपयोग कीजिए और उनके चमत्कार को देखिए।

• जब कभी आपकी पत्नी आपको इस पुस्तक के किसी एक सिद्धांत को भंग करते हुए टोके तो आप उसे तय नकदी दे दीजिए, वह आपको उत्साहित एवं प्रेरित करेगी।

• इस पुस्तक के पृष्ठ खोलिए और पढ़िए कि वॉल स्ट्रीट बैंकर, एच.पी. हॉवेल तथा वेन फ्रेंकलिन ने अपनी गलतियों को किस प्रकार सुधारा? आप भी इस पुस्तक में वर्णित सिद्धांतों के प्रयोग की पुष्टि करने के लिए हॉवेल तथा फ्रेंकलिन की पद्धति को काम में क्यों नहीं लाते? यदि आप ऐसा करेंगे तो परिणाम में दो बातें होंगी—

पहली, आप अपने को एक ऐसी शिक्षा-प्रक्रिया में नियोजित करेंगे, जो अमूल्य एवं कौतूहलपूर्ण है।

दूसरी, आप देखेंगे कि चिंता रोकने और जीवनयापन करने की आपकी क्षमता कड़वी बेल की तरह फलने-फूलने लगेगी।

• आप एक डायरी रखिए, जिसमें आपको चाहिए कि इन सिद्धांतों के प्रयोग की सफलताओं को लिख डालें। जो कुछ लिखें, ठीक लिखें। नाम, तिथियाँ तथा परिणामों को भी लिखें। इस प्रकार का लेखा रखने से आपको बड़े उद्योग करने की प्रेरणा मिलेगी और आज से कई वर्ष बाद किसी शाम को, जब कभी आप उसमें लिखी घटनाओं पर दृष्टि डालेंगे तो यह लेखा आपको अत्यंत मोहक प्रतीत होगा।

पुस्तक को कैसे पढ़ें?

- आगे बढ़ने से पहले प्रत्येक परिच्छेद को दुहरा लीजिए।
- पढ़ते समय बार-बार रुकिए और मन-ही-मन सोचिए कि प्रत्येक सुझाव का उपयोग आप किस प्रकार कर सकते हैं।
- प्रत्येक प्रमुख विचार को रेखांकित कीजिए।
- प्रति मास पुस्तक का पुनरावलोकन कीजिए।
- जब भी सुयोग मिले, इन सिद्धांतों का उपयोग कीजिए। आपकी रोज की समस्याओं को हल करने के लिए इस पुस्तक को व्यावहारिक-

पुस्तिका के रूप में काम में लीजिए।

- जब कभी आपका कोई मित्र आपको इन सिद्धांतों को भंग करते हुए टोके, तो आप उसे हर बार पैसे देकर अपने इस अध्ययन को एक रोचक खेल बना दीजिए।
- प्रति सप्ताह अपनी प्रगति का ब्योरा लीजिए तथा मन-ही-मन सोचिए कि आपने क्या भूलें की हैं, भविष्य के लिए आपने क्या सुधार किए हैं तथा क्या शिक्षा ग्रहण की है ?
- इस पुस्तक के पृष्ठ भाग में एक डायरी रखिए, जो यह बताए कि आपने इन सिद्धांतों का प्रयोग कब और कैसे किया है ?

अनुक्रम

	पुस्तक-परिचय	5
1.	आलोचना से बचें, इससे सुधार नहीं होता	13
2.	सच्ची तारीफ करें और कामयाबी को चूमें	28
3.	सामनेवाले की बातों को महत्त्व देना सीखें	42
4.	गरमजोशी से स्वागत करें और सच्ची दिलचस्पी जगाएँ	61
5.	मुसकान बिखेरें और अपना बनाएँ	71
6.	नाम में बहुत कुछ रखा है	79
7.	धैर्य के साथ दिलचस्पी से लोगों को सुनें	88
8.	मनपसंद बातों से मन जीतें	98
9.	तारीफ का प्रयोग जादुई छड़ी की तरह करें	103
10.	बहस छोड़ें और लोगों को बोलने दें	115
11.	अपनी कमियों को खुले दिल से स्वीकारना सीखें	122
12.	पराजय से निकालें विजय का सूत्र	133
13.	विरोधियों को पक्षधर बनाना कितना आसान	141
14.	'नहीं' को 'हाँ' में बदलने के प्रयोग	149
15.	ज्यादा बोलने से नहीं, सुनने से बात बनती है	154

16. सहयोग पाने के लिए सहयोग करना जरूरी	163
17. नाटकीयता की व्यावहारिकता को समझें	177
18. गलतियाँ निकालने से पहले अच्छाइयाँ गिनाएँ	184
19. आदेश से अधिक कारगर होती है सलाह	193
20. बदलाव मुश्किल है, नामुमकिन नहीं	207

आलोचना से बचें, इससे सुधार नहीं होता

अगर आप अपने जीवन से निराश हो चुके हैं तो दिल से कुछ काम करें, उसी के लिए जिएँ और मरें, निश्चित ही आपको वह खुशी मिलेगी, जिसकी आप तलाश कर रहे हैं।

न्यूयॉर्क : 7 मई, 1931। पुलिस और एक दोषी आदमी के बीच मुठभेड़ चल रही थी। अंतिम चरण में पहुँची मुठभेड़ लोगों में बहुत रोमांच पैदा कर रही थी। वेस्ट एवेन्यू में अपनी प्रेमिका के घर छिपे 'दुनाली बंदूक' नाम से मशहूर दुर्दांत हत्यारे क्रॉले को चारों ओर से घेर लिया गया था। हत्यारा क्रॉले न तो सिगरेट पीता था, न शराब। ऊपर की मंजिल पर छिपे क्रॉले को डेढ़ सौ से अधिक पुलिसकर्मी धरती से लेकर छत तक घेरे हुए थे। पुलिस ने छत को भेदकर आँसू गैस के इस्तेमाल से इस दुर्दांत हत्यारे को निकालना चाहा। आस-पास की कई इमारतों पर सशस्त्र पुलिस तैनात थी। कई घंटों तक न्यूयॉर्क के इस इलाके में मशीनगनों तथा गोलियों की बौछार होती रही। एक कुरसी के पीछे छिपा क्रॉले पुलिस पर लगातार गोलियाँ बरसा रहा था। इससे पहले न्यूयॉर्क शहर के लोगों ने ऐसा नजारा संभवतः ही देखा हो, इसलिए हजारों लोग इस मुठभेड़ का रोमांच उठा रहे थे।

आखिर क्रॉले को पुलिस ने पकड़ लिया। बाद में पुलिस कमिश्नर ई.पी. मलरूनी ने बताया, "क्रॉले न्यूयॉर्क के इतिहास में अब तक के सबसे खतरनाक अपराधियों में से एक था। वह इतना चौकन्ना और चालाक था कि आहट मिलते ही किसी को भी मार देता था।"

'दुनाली बंदूक' उर्फ क्रॉले पर जब पुलिस गोलियों की बौछार कर रही थी, तब उसने एक चिट्ठी लिखी, 'मेरी शर्ट के नीचे एक बड़ा दयालु, परंतु दुःखी दिल

है, एक ऐसा कोमल दिल, जो किसी को भी नुकसान नहीं पहुँचाना चाहता।' उसके घावों से लगातार बहते खून के निशान उस चिट्ठी पर भी लग गए।

इसके कुछ समय पहले की बात है, क्रॉले लॉन्ग आइलैंड पर गाँव की एक वीरान सड़क पर अपनी प्रेमिका के साथ मस्ती कर रहा था कि तभी एक पुलिसवाला उसकी कार के पास पहुँचा और लाइसेंस दिखाने के लिए कहा। इतने पर ही बेरहम क्रॉले ने अपनी रिवॉल्वर निकालकर पुलिसवाले के सीने को गोलियों से छलनी कर दिया। पुलिसवाला मरकर जमीन पर गिर गया, तो क्रॉले ने एक और गोली उसके सीने में दाग दी। वही बेरहम क्रॉले कह रहा था, 'मेरी शर्ट के नीचे एक दयालु, परंतु दुःखी दिल है, ऐसा दिल, जो किसी भी प्राणी को नुकसान नहीं पहुँचाना चाहता।'

क्रॉले को उसके बेरहम कारनामों के लिए मृत्युदंड मिला। जब उसे सिंग-सिंग कारावास में फाँसी के लिए ले जाया जा रहा था, तो उसने कहा, "यह लोगों की जान लेने की नहीं, खुद को बचाने की सजा है।"

इस कथा का सारांश यह है कि क्रॉले अपने किसी भी अपराध के लिए खुद को कसूरवार नहीं मानता था। आप मानते हैं कि अपराधियों में यह असामान्य सी बात हो सकती है क्या? तो यह कहानी सुनिए—

"अपनी जिंदगी के सुनहरे दिन मैंने लोगों के दुःख-दर्द दूर करने, उन्हें सुखी बनाने में खपा दिए, लेकिन बदले में मुझे क्या मिला, सिर्फ गालियाँ और पुलिस से लुका-छिप-छिपी।"

ये विचार अमरीका में शिकागो के सबसे कुख्यात दोषी अल केपोन के हैं। केपोन भी अपने कुकर्मों के लिए खुद को कसूरवार नहीं मानता था, बल्कि वह तो खुद को बड़ा परोपकारी मानता था। उसका मानना था कि लोग उसे समझ नहीं सके।

डच शुल्ट्ज भी खुद को बड़ा परोपकारी मानता था, जो न्यूयॉर्क का एक कुख्यात दुष्कर्मी था। एक अखबारी इंटरव्यू में उसने कहा था कि वह भलाई करता है और उसे अपने काम पर पूरा यकीन भी था।

न्यूयॉर्क की कुख्यात जेल सिंगसिंग के वॉर्डन लुईस लॉस मेरे जानकार थे। इस विषय पर ज्यादा जानकारी के लिए मैंने उनसे संपर्क किया। उन्होंने बताया कि "उनकी जेल के बहुत कम दोषी खुद को गलत समझते थे। ज्यादातर अपने गलत कामों को कुतर्कों से सही ठहराने की कोशिश करते थे कि उन्होंने अपनी जान

बचाने के लिए किसी पर गोली चलाई या फिर परोपकार के लिए बैंक लूटा। इन्हीं कुतर्कों से हर दोषी आदमी खुद को सही सिद्ध करने की पूरी कोशिश करता है और खुद को सजा का हकदार भी नहीं मानता।"

अगर अल केपोन, क्रॉले, डच शुल्ट्ज या फिर जेल में बंद ज्यादातर दोषी खुद को 'कसूरवार' नहीं मानते, तो फिर वे लोग खुद को क्या कहते हैं, जिनसे हमारा दैनंदिन सामना होता है?

अमरीकी स्टोर्स की चेन के मालिक खुद जॉन वानामेकर ने यह बात मानी कि किसी और को दोष देना निरी मूर्खता है। वर्षों पहले ही मैंने यह समझ लिया था। मेरे पास सिर खपाने के लिए अपनी खुद की ढेरों मुसीबतें हैं, तो फिर मैं इस बात में वक्त क्यों बरबाद करूँ कि भगवान् ने सबको सोचने की एक जैसी बुद्धि क्यों नहीं दी।'

मैंने बीसियों गलतियाँ कीं और तैंतीस साल में जो सबक सीख पाया, उसे वानामेकर ने जल्दी ही सीख लिया था। बाद में मैं समझा कि सौ में से निन्यानवे लोग जो त्रुटि करते हैं, उसके लिए अपने आपको कभी कसूरवार नहीं मानते। कभी भी उन्हें अपनी त्रुटि दिखाई नहीं देती, वे कभी भी अपने अंदर नहीं झाँकते।

किसी की आलोचना करना बेकार है, क्योंकि इससे उसमें कोई सुधार नहीं होता, बल्कि आलोचना का मारा आदमी अपने बचाव में बहाने और कुतर्क करने लगता है। फिर आलोचना से सामनेवाले का आत्मसम्मान भी आहत होता है और वह आपसे नफरत करने लगता है।

प्रख्यात मनोवैज्ञानिक बी.एफ. स्किनर ने अनुभूत प्रयोगों द्वारा यह साबित किया है कि आलोचना से किसी आदमी में सुधार के बजाय आपके उससे संबंध जरूर बिगड़ जाते हैं। इनसानों की तरह जानवर भी दुर्व्यवहार से बिदकते हैं। जिस जानवर से अच्छा बरताव किया जाता है, अच्छे काम के लिए जिसे सराहा जाता है, वह तेजी से अच्छा काम करता और सीखता है।

महान् मनोचिकित्सक हैंस सेल्ये का भी कथन है, "आलोचना से परिजन, सहकर्मियों, मातहतों, मित्रों, कर्मचारियों इत्यादि सभी का मनोबल टूटता है, जो सुधार आप चाहते हैं, वैसा कुछ नहीं होता। हर आदमी आलोचना से डरता है, हर आदमी तारीफ चाहता है।"

ओक्लाहोमा में एनिड निवासी जॉर्ज बी. जांसटन एक इंजीनियरिंग कंपनी में सुरक्षा अधिकारी थे। उनका काम यह देखना था कि फील्ड में कार्यरत हर कर्मचारी

अनिवार्यतः हेलमेट पहने हो। पहले वे बिना हेलमेट कर्मचारी पर बुरी तरह बरस पड़ते थे। उसे नियम-कानून समझाने लगते थे। नतीजतन कर्मचारी बुझे मन से उनके सामने तो हेलमेट पहन लेते थे, लेकिन उनके जाने के बाद हेलमेट पुनः निकाल देते थे।

तब जॉर्ज ने एक नई तरकीब के बारे में सोचा। आगे से वे जब भी किसी कर्मी को बिना हेलमेट के देखते तो पूछते कि क्या हेलमेट उसके सिर पर ठीक से फिट नहीं हो रहा या आरामदायक नहीं है। बातों-बातों में वे उसे यह एहसास भी करा देते कि हेलमेट उसकी सुरक्षा के लिए है, बोझ के लिए नहीं। परिणाम यह हुआ कि सभी कर्मचारियों को अपनी सुरक्षा का एहसास हुआ और उन्होंने मनमरजी से हेलमेट पहनने शुरू कर दिए। जॉर्ज के प्रति उनके मन में कोई खटास भी नहीं आई।

यकीन करें, आलोचना से किसी समस्या का हल नहीं निकलता। एक उदाहरण देखिए—अमरीकी राष्ट्रपति थियोडोर रूजवेल्ट तथा राष्ट्रपति टैफ्ट के बीच के मतभेद ने रिपब्लिकन पार्टी में बँटवारा करा दिया, जिससे वुडरो विल्सन व्हाइट हाउस मैं बिठा दिए गए और पहले विश्वयुद्ध में यह मामला बहुत गरमाया, जिसने इतिहास का रुख बदल डाला। सन् 1908 में रूजवेल्ट व्हाइट हाउस से बाहर चले गए तथा उन्होंने विलियम हॉवर्ड टैफ्ट को पूरा सहयोग दिया, जो राष्ट्रपति चुन लिये गए, फिर शेरों का शिकार करने के लिए रूजवेल्ट अफ्रीका चले गए। उनके लौटने तक हालात पूरी तरह बदल चुके थे, जिनको देखकर वे गुस्से से भड़क गए। अनुदारवाद के लिए उन्होंने टैफ्ट की आलोचना करना शुरू कर अमरीका में दी और तीसरी बार खुद ही राष्ट्रपति बनने की कोशिश करने लगे। उन्होंने बुल मूस नामक पार्टी का गठन किया और जी.ओ.पी. (ग्रैंड ओल्ड पार्टी अर्थात् रिपब्लिकन पार्टी) को लगभग धराशायी ही कर दिया। अगले चुनावों में विलियम हॉवर्ड टैफ्ट तथा उनकी रिपब्लिकन पार्टी की बुरी तरह हार हुई और उन्हें सिर्फ दो राज्यों ऊटा तथा वरमॉण्ट में ही विजय प्राप्त हुई। यह इस पार्टी की अब तक की सबसे अपमानपूर्ण हार थी।

इस हार के लिए रूजवेल्ट ने विलियम हॉवर्ड टैफ्ट को कसूरवार माना, लेकिन क्या खुद राष्ट्रपति टैफ्ट ने भी अपने आप को कसूरवार माना होगा? संभवतः बिल्कुल भी नहीं। भरे गले से आँखों में आँसू भरकर टैफ्ट ने बस इतना ही कहा, "मैंने जो कुछ भी किया, उसके अलावा में और कर भी क्या सकता था?" आखिर कसूर किसका था? टैफ्ट का या फिर रूजवेल्ट का? कोई भी नहीं जानता,

मैं भी नहीं। मैं इस बात का फिक्र भी नहीं करता। मैं तो सिर्फ इतना बताना चाहता हूँ कि रूजवेल्ट की इतनी आलोचना भी टैफ्ट से यह मनवाने में कामयाब नहीं हो सकी कि कसूर उनका था, तो क्या फायदा हुआ इन सब भर्त्सनाओं का? कुछ भी नहीं। दोनों के मन में एक-दूसरे के लिए कड़वाहट भर गई और टैफ्ट तो अपने पक्ष में तर्क देने लगे।

दूसरा नमूना हम टीपॉट डोम तेल स्कैंडल का ही ले सकते हैं। सन् 1920 के शुरुआती दशक में यह खबर समाचार-पत्रों की सुर्खियों में छाई रहती थी। इस स्कैंडल को अमरीकावासी सदैव ही याद रखेंगे। इस स्कैंडल के कुछ तथ्य इस तरह से हैं—हार्डिंग के केबिनेट में मंत्री अल्बर्ट बी. फॉल को एल्क हिल एवं टीपॉट डोम तेल के सरकारी भंडारों को पट्टे पर देना था। कुछ ऐसे तेल के भंडार, जिन्हें नौ सेना के मुस्तकबिल के उपयोग हेतु अलग रख दिया गया था, लेकिन फॉल ने न तो इनकी नीलामी की, न इनके लिए टेंडर बुलवाए। उन्होंने तो अपने दोस्त एडवर्ड एल. डोहेनी को यह फायदेमंद ठेका प्लेट में सजाकर दे दिया। डोहेनी ने भी फौरन फॉल को दस लाख डॉलर 'लोन' का नाम देकर पुरस्कार स्वरूप दे दिए। बाद में फॉल ने जिले की यूनाइटेड स्टेट्स मेरींस को आदेश दिया कि वह एल्क हिल भंडारों से रिसनेवाले तेल का फायदा उठा रहे प्रतियोगियों को वहाँ से हटा दे। प्रतियोगी कंपनियों को बंदूकों के साए में वहाँ से हटाया गया तो उन्होंने हताश होकर कचहरी की शरण ली। फिर तो टीपॉट डोम स्कैंडल का भंडाफोड़ हो गया और हाहाकार मच गया। हार्डिंग सरकार पर खतरे के बादल मँड़राने लगे, पूरा अमरीका सिहर उठा, रिपब्लिकन पार्टी का भविष्य अँधेरे में डूबने लगा तथा फलतः मंत्री अल्बर्ट बी. फॉल को जेल जाना पड़ा।

मंत्री फॉल पर तो जैसे आलोचनाओं का पहाड़ टूट पड़ा। इतनी सार्वजनिक निंदा किसी-किसी को ही सहनी पड़ती है; परंतु क्या कभी भी उन्हें कोई पश्चात्ताप हुआ, क्या कभी उन्होंने अपनी गलती मानी? कदापि नहीं। हरबर्ट हूवर ने एक सामाजिक भाषण में वर्षों बाद बताया कि राष्ट्रपति हार्डिंग की जान किसी मानसिक आघात के कारण गई, क्योंकि उनके एक साथी ने उनके साथ धोखा किया था। श्रीमती फॉल तो यह सुनकर धक्क रह गईं और रोते हुए वे चीखीं, "क्या! हार्डिंग के साथ फॉल धोखा करेंगे? असंभव! मेरे पति तो किसी को धोखा देने के बारे में कभी सोच भी नहीं सकते। सोने-चाँदी के भंडार भी मेरे पति का ईमान डाँवाँडोल नहीं कर सकते। वे कभी कोई गलत काम नहीं कर सकते। उल्टा उन्हीं को धोखा

दिया गया और बलि का बकरा बना दिया गया।"

यही तो मानव स्वभाव है। हर कोई यही तो करता है। हरेक दोषी अपना कसूर दूसरे के सिर पर डाल देता है। वह विपरीत हालातों को कसूरवार ठहराता है, परंतु अपने ऊपर कभी भी कोई कलंक नहीं लगने देता। इसीलिए अगली बार किसी की भी आलोचना करने से पहले अल-केपोने, 'दुनाली बंदूक' क्रॉले तथा अल्बर्ट हॉल को जरूर याद कर लें। आलोचना तो बूमरैंग की भाँति लौटकर हमारे पास ही आती है, अर्थात् आलोचना करनेवाले को खुद अपनी ही आलोचना का सामना करना पड़ता है। हमें यह बात भी अपने दिमाग में रखनी चाहिए कि जिस आदमी की हम आलोचना कर रहे हैं या फिर जिसे सुधारने की हम कोशिश कर रहे हैं, वह उसके अंतर में या तो अपने पक्ष में कोई तर्क पेश करेगा या फिर शिष्ट व विनम्र टैफ्ट की भाँति वह कह देगा, "जो कुछ भी मैंने किया, उसके अलावा मेरे पास और कोई उपाय भी तो नहीं था।"

15 अप्रैल, सन् 1865 की सुबह अब्राहम लिंकन का पार्थिव शरीर एक सस्ते लॉजिंग हाउस के एक बड़े से कक्ष में रखा हुआ था। यह कमरा फोर्ड थिएटर के ठीक सामने था और यहीं पर जॉन विल्कीस बूथ ने लिंकन को गोलियों से छलनी कर दिया था। लिंकन का वह बिस्तर उनके हिसाब से काफी छोटा था। रोजा बॉन्हर की विख्यात पेंटिंग 'द हॉर्स फेयर' की सस्ती नकल उनके बिस्तर के ऊपर टँगी हुई थी और एक गैसलाइट पीली रोशनी फेंक रही थी। रक्षामंत्री स्टैटन ने लिंकन के पार्थिव शरीर के समक्ष खड़े होकर लोगों से कहा, "लोगों के हृदय पर राज करनेवाला संसार का सर्वश्रेष्ठ शासक अब हमें छोड़कर चला गया है!"

लिंकन में लोगों का दिल जीतने की ऐसी कौन सी कला थी? क्या रहस्य था उनकी कामयाबी का? पूरे 10 वर्षों तक मैंने लिंकन की अनेक जीवनियाँ पढ़ी हैं तथा एक पुस्तक 'लिंकन द अननोन' लिखने में तो मुझे पूरे तीन साल लग गए थे। मेरा यह विश्वास है कि लिंकन के घरेलू और सामाजिक जीवन तथा उनके पूरे व्यक्तित्व का जितना अध्ययन मैंने किया है, संभवत: ही किसी अन्य ने किया हो। मैंने यह भी अध्ययन किया है कि लिंकन लोगों के साथ कैसे बरताव करते थे? क्या वे दूसरों की निंदा करते थे। हाँ, बिल्कुल, अपनी जवानी में इंडियाना की पिजियन क्रीक वैली में न सिर्फ लोगों की आलोचनाएँ करते थे, वरन् पत्रों तथा कविताओं के माध्यम से लोगों का उपहास करते हुए वे उन्हें प्रकाशित भी करवाते थे। एक ऐसे ही पत्र से एक बार नफरत की आग ऐसी भड़की कि वह जीवन भर जलती रही।

इलिनॉय में वकील के तौर पर प्रैक्टिस करते समय भी लिंकन खुलकर अपने विरोधियों पर आक्रमण करते हुए पत्र लिखते थे तथा उन्हें समाचार-पत्रों में प्रकाशित करवाते थे, लेकिन एक बार तो बात कुछ ज्यादा ही बिगड़ गई थी।

सन् 1842 में लिंकन ने जेम्स शील्ड्स नाम के अहंकारी तथा चिड़चिड़े राजनेता पर एक व्यंग्य भेजा, जो स्प्रिंगफील्ड के समाचार-पत्र 'स्प्रिंगफील्ड जर्नल' में छप गया। सारा शहर शील्ड्स का मजाक उड़ा रहा था। ऐसे में शील्ड्स तो क्रोध के मारे आगबबूला हो गया, फिर उसने पता लगा ही लिया कि यह पत्र लिंकन ने लिखा था। शील्ड्स घोड़े पर सवार होकर लिंकन के सामने गया तथा उसके सामने द्वंद्वयुद्ध का प्रस्ताव रख दिया। लिंकन द्वंद्वयुद्ध के पक्ष में नहीं थे, लेकिन अपना आत्मसम्मान बचाने के लिए उन्हें ऐसा करना पड़ा। उन्हें कई हथियारों के विकल्प दिए गए और बाँहें लंबी होने के कारण लिंकन ने तलवारबाजी को चुना। इसके लिए वेस्ट पॉइंट ग्रैजुएट से तलवारबाजी का प्रशिक्षण भी लिया। जिस दिन द्वंद्वयुद्ध होना था, उस दिन शील्ड्स और लिंकन का आमना-सामना मिसिसिपी नदी के तट पर हुआ। ऐसे में एक की मौत तो निश्चित थी, लेकिन आखिरी क्षणों में उनके मित्रों के बीच-बचाव के कारण द्वंद्वयुद्ध टल गया।

हालाँकि लिंकन के जीवन की यह सबसे दुःखद घटना थी, लेकिन इस घटना से उन्होंने एक सबक भी सीख लिया। इसके बाद उन्होंने कभी भी किसी को अपमानजनक पत्र नहीं लिखे। लोगों का मजाक उड़ाना छोड़ दिया, फिर तो उन्होंने अपने शब्दकोश में से आलोचना शब्द को ही निकाल फेंका। लिंकन ने गृहयुद्ध के समय पोटोमैक की सेना के लिए एक के बाद एक कई नए जनरल नियुक्त किए और हरेक जनरल मैक्लेलन, पोप, बर्नसाइड हुकर, मीड सभी ने इतनी बड़ी-बड़ी गलतियाँ कीं कि लिंकन हताश होकर फर्श पर इधर-से-उधर घूमते रहते थे। लेकिन लिंकन, जिनका हृदय दुर्भावनाओं से नहीं, बल्कि सद्भावनाओं से भरा-पूरा था, एकदम शांत रहे। किसी की भी आलोचना नहीं की। उनके प्रिय शब्द तो ये थे, "किसी की भी आलोचना भूलकर भी मत करो। इससे आपको भी आलोचनाओं का सामना करना पड़ेगा।"

जब कभी भी लिंकन की पत्नी तथा दूसरे लोग दक्षिणी प्रांतों की निंदा करते थे, तो लिंकन यही कहते थे, "उनकी निंदा मत करो; उनके जैसे हालातों में हम भी वैसे ही होते।" लेकिन लिंकन के पास लोगों की आलोचना करने के सारे अवसर मौजूद थे। सिर्फ एक उदाहरण से आप यह बात समझ सकते हैं। गोटिसबर्ग का युद्ध

जुलाई 1863 के पहले तीन दिनों में लड़ा गया था। 4 जुलाई की रात में ही जनरल 'ली' दक्षिण दिशा में पीछे हटने लगा था। अचानक ही तूफानी बादलों के कारण हुई तीव्र वर्षा से बाढ़ आ गई। जैसे ही 'ली' अपनी हारी हुई सेना के साथ पोटोमैक पहुँचा, तो उसने देखा कि सामने तो बाढ़ से उफनती हुई नदी है, जिसे पार करना असंभव है और उसके पीछे विजेता यूनियन आर्मी है। 'ली' चारों ओर से फँस चुका था, बचने का कोई रास्ता नहीं था। लिंकन भी यह समझ गए थे कि यह भगवान् की कृपा से मिला एक सुअवसर था। 'ली' की सेना को पराजित करने का सुनहरा मौका, जिससे युद्ध फौरन समाप्त हो सकता था। इसी आशा में लिंकन ने जनरल मीड को यह आदेश दिया कि वे युद्ध से संबंधित कोई बैठक न बुलाएँ, सीधे 'ली' की सेना पर हमला कर दें। लिंकन ने अपने आदेशों को टेलीग्राफ कर दिया तथा एक परिचायक को मीड के पास भेजकर फौरन काररवाई करने के लिए कहा।

लेकिन जनरल मीड ने लिंकन के आदेश के विरुद्ध काम किया। मना करने के बावजूद उसने सैन्य सभा की एक बैठक बुलाई। वह 'ली' पर हमला करने से झिझक रहा था और इस बात के लिए उसने बहाने बनाकर लिंकन को टेलीग्राफ कर दिया कि वह 'ली' पर हमला नहीं कर सकता, फिर बाढ़ का पानी भी उतर गया और 'ली' अपनी सेना के साथ सुरक्षित नदी पार कर गया। लिंकन का क्रोध सातवें आसमान पर था। लिंकन अपने बेटे के सामने चीख-चीखकर कह रहे थे, "हे भगवान्! इसका क्या मतलब है? दुश्मन पूरी तरह हमारे कब्जे में था। कितना सुनहरा अवसर था। हमें तो सिर्फ अपने हाथ फैलाकर उसे पकड़ना था और फिर भी हमने उसे नहीं पकड़ा। मेरी बात किसी ने नहीं मानी, हालात हमारे अनुकूल थे तथा 'ली' के प्रतिकूल। अगर मैं वहाँ होता, तो 'ली' हमारे शिकंजे में होता और मैं खुद उसे अपने हाथों से कोड़े मारता।"

याद रहे, अपनी जिंदगी के इस पड़ाव में लिंकन अत्यंत शील, संयत थे तथा उनकी भाषा बहुत संयमित एवं शिष्ट होती थी। अपार निराशा के बीच लिंकन ने मीड को यह पत्र लिखा। सन् 1863 में लिंकन द्वारा लिखा यह पत्र गंभीर आलोचना से भरा-पूरा था—

मेरे प्रिय जनरल,

मुझे लगता है कि आप 'ली' के बच निकलने को गंभीरता से नहीं ले रहे हैं। वह पूरी तरह हमारे जाल में था और उसको बंदी बना लेने से यह युद्ध समाप्त हो जाता, लेकिन अब तो युद्ध न जाने तब तक

चलेगा ? जब आप नदी के इस पार ही 'ली' पर हमला नहीं कर पाए, तो अब आप ऐसा कैसे कर पाएँगे ? अब तो 'ली' नदी के उस पार सुरक्षित है और आप अपनी दो-तिहाई से अधिक सेना को तो नदी के उस पार नहीं ले जा सकते। यह बात तो एकदम तथ्यहीन है। मुझे नहीं लगता कि अब आप ज्यादा कुछ कर सकेंगे। मुझे इस बात का बहुत दुःख है कि हम सुनहरा अवसर गँवा चुके हैं और अब हम सिर्फ हाथ ही मल सकते हैं।

सोचिए, जनरल मीड को यह पत्र पढ़कर कैसा लगा होगा ?

आश्चर्य, मीड को यह पत्र कभी मिला ही नहीं। कारण, लिंकन ने कभी इसे भेजा ही नहीं। यह पत्र तो लिंकन की मृत्यु के पश्चात् उनकी फाइलों के बीच पड़ा था।

मुझे तो ऐसा लगता है कि लिंकन ने यह पत्र लिखने के बाद अपने कक्ष की खिड़की के बाहर झाँककर देखा होगा और फिर खुद से कहा होगा, 'लिंकन, एक मिनट रुको'। संभवत: मैं कुछ अधिक ही उतावला हो रहा हूँ। मैं मीड को 'ली' पर आक्रमण करने की मंत्रणा इसलिए दे रहा हूँ, क्योंकि मैं व्हाइट हाउस के शांत वातावरण में जी रहा हूँ। मेरे लिए ऐसी मंत्रणा देना एकदम सरल है, लेकिन अगर मैंने भी गेटिसबर्ग में रहकर पिछले दिनों के दौरान हुए खून-खराबे को देखा होता, जैसा कि मीड ने देखा है, अगर मेरे कानों में भी मरनेवालों और घायलों की चीख-पुकारें गूँज रही होतीं, तो निश्चित रूप से मैं भी हमला करने के लिए इतना तत्पर कभी भी नहीं होता। यदि मेरी प्रवृत्ति भी मीड की तरह सुरक्षात्मक होती, तो मैंने भी वही किया होता, जैसा कि मीड ने किया था। यदि मैं इस पत्र को अब भेजता भी हूँ तो मेरे मन की भड़ास तो निकल जाएगी, पर मीड के दिल को बहुत चोट पहुँचेगी। वह भी मेरी निंदा करेगा और फिर खुद को सही साबित करने में समय गँवाएगा। इससे हम दोनों के मन में एक-दूसरे के प्रति दुर्भावना पैदा हो जाएगी और फिर एक सेनापति के रूप में मीड की छवि भी खराब हो जाएगी। हो सकता है कि मीड अपने पद से त्याग-पत्र ही दे दे।'

मैं आपको पहले ही बता चुका हूँ कि लिंकन ने उस पत्र को उठाकर एक तरफ रख दिया था। लिंकन का कटु अनुभव इस बात

का गवाह था कि तीखी आलोचना सदैव ही व्यर्थ होती है और उससे किसी को भी फायदा नहीं होता। महान् लेखक मार्क ट्वेन कभी-कभी तो क्रोध में आकर पागल से हो जाते थे और फिर क्रोध से इतना विषैले पत्र लिखते थे कि पेपर तक हिल उठता था। उदाहरणतया, एक बार क्रोध में भरे मार्क ने एक आदमी को लिखा, "मेरा मन चाहता है कि तुम्हें जीवित दफन कर दिया जाए। अगर तुम भी ऐसा ही चाहते हो, तो मुझे बता दो, बाकी बंदोबस्त मैं खुद कर लूँगा।" एक अन्य अवसर पर उन्होंने एक संपादक को पत्र लिखकर यह बताया कि उनका प्रूफरीडर 'मेरी स्पेलिंग तथा विराम-चिह्नों' को सुधारने की कोशिश करता है। ट्वेन ने फौरन आदेश दिया, "आप अगली बार मेरे लिखे अनुसार ही छापें और प्रूफरीडर से कह दें कि वह अपने सुझावों को अपने घिसे-पिटे, सड़े हुए दिमाग में ही रहने दे।"

इसी तरह के विषैले पत्र लिखकर मार्क ट्वेन सुकून की साँस लेते थे। इससे उनके मन का सारा उफान बाहर आ जाता था और किसी को कोई नुकसान भी नहीं होता था, क्योंकि उनकी पत्नी इतनी समझदार थी कि चुपके से उन पत्रों को फाड़कर कूड़ेदान में फेंक देती थी। उन पत्रों ने कभी भी डाक के डिब्बे की शक्ल नहीं देखी थी। तो क्या आप किसी ऐसे आदमी को जानते हैं, जिसे आप परिवर्तित करना, सुधारना या फिर कुछ अच्छा बनाना चाहते हैं। बहुत से उत्कृष्ट विचार हैं। मैं भी इसका पक्षधर हूँ, लेकिन क्यों न इसका शुभारंभ खुद से ही कर लिया जाए। यदि स्वार्थहीन होकर सोचोगे, तो तुम सबसे पहले खुद को सुधारना चाहोगे। यह कोई खतरनाक खेल भी नहीं होगा। दार्शनिक कंफ्युशियस ने कहा भी था, "अपने पड़ोसी की छत पर पड़ी बर्फ के बारे में शिकायत तब तक मत करो, जब तक कि आपके खुद के घर की सीढ़ियाँ साफ न हों।"

एक बार अपनी जवानी में मैंने रिचर्ड हार्डिंग डेविस नामक लेखक को एक मूर्खतापूर्ण पत्र लिखा, क्योंकि उन दिनों मैं सभी को प्रेरित करने की नाकाम कोशिश में लगा रहा था। मैं लेखकों के बारे में एक पत्रिका के लिए लेख तैयार कर रहा था तथा मैंने डेविस से उनके काम करने की शैली के बारे में पूछा। कुछ दिनों पहले ही मुझे एक पत्र

मिला था, जिसके आखिर में लिखा था, "डिक्टेट किया गया, लेकिन पढ़ा नहीं गया।" इस वाक्य ने मुझे बहुत प्रेरित किया। मैं सोचने लगा कि इसका लेखक निश्चित ही कोई महान् तथा व्यस्त आदमी होगा, तभी तो उसने ऐसा लिखा है। अब मेरी मूर्खता देखिए, मैं व्यस्त बिल्कुल भी नहीं था, लेकिन रिचर्ड हार्डिंग डेविस पर रौब मारना चाहता था, इसीलिए मैंने भी अपनी छोटी सी चिट्ठी के आखिर में ये शब्द लिखकर भेज दिए, "डिक्टेट किया गया, लेकिन पढ़ा नहीं गया।"

उसने तो मेरे पत्र का उत्तर तक देना मुनासिब नहीं समझा, बल्कि मेरे ही पत्र के आखिर में एक पंक्ति और जोड़कर लौटती डाक से मेरे पास भिजवा दिया, "आपके बैड मैनर्स का तो कोई उत्तर भी नहीं है।" वह सही था, त्रुटि मेरी ही थी और इसके लिए मेरी निंदा भी होनी चाहिए थी, लेकिन अपनी त्रुटि होते हुए भी मुझे बहुत खराब लगा। 10 वर्षों बाद जब मैंने श्रीमान् डेविस की मौत का समाचार सुना, तब भी मेरे दिमाग में वही विचार घूम रहा था, उन्होंने मेरी बेइज्जती की थी।

अब यदि हममें से कोई भी किसी के लिए अपने मन में नफरत और द्वेष की मनोदशा पैदा कर लेता है, तो यह दशकों तक चलती रहती है और संभवत: उस आदमी की मौत के बाद भी यह समाप्त नहीं होती, तो इसके लिए हमें सिर्फ इतना करना चाहिए कि हम कुछ गिने-चुने शब्दों में उस आदमी की आलोचना कर दें, चाहे हमारी आलोचना तार्किक हो या अतार्किक।

जब भी अन्य लोगों के साथ मेल-जोल बढ़ाएँ, उनके साथ व्यवहार करें, तो सदैव यह बात अपने दिमाग में रखनी चाहिए कि हमारा सामना सिर्फ तार्किक बुद्धिवाले लोगों के साथ नहीं होगा। हर आदमी में कुछ भावनात्मक गुण अवश्य होते हैं, कुछ खामियाँ भी जरूर होती हैं, गर्व भी होता है तो अहंकार भी जरूर होता है।

अंग्रेजी साहित्य के महान् उपन्यासकार थॉमस हार्डी ने कटु आलोचना के कारण ही तो उपन्यास लेखन से संन्यास ले लिया था। अंग्रेज कवि थॉमस चैटरटन की आत्महत्या की वजह भी तो निंदा ही थी। अपनी जवानी में अति अशिष्ट रह चुके बेंजामिन फ्रैंकलिन आगे जाकर इतने कूटनीतिक बन गए, इतने व्यवहार कुशल बन गए कि

उनको फ्रांस राजदूत के रूप में भेजा गया था। आखिर क्या था उनकी कामयाबी का रहस्य? उनका कथन था—"मैं किसी के भी विषय में खराब नहीं बोलूँगा, हर किसी के बारे में सिर्फ अच्छी बात ही बोलूँगा।"

तो बुराई करना, निंदा करना, शिकायत करना, आलोचना करना, ये सब करना बहुत आसान होता है। कोई बेवकूफ ही ऐसा कर सकता है या फिर यों कहें कि ज्यादातर बेवकूफ यही तो कहते हैं, लेकिन लोगों को समझने तथा उनको माफ करने के लिए आदमी को बहुत समझदारी तथा संयम की जरूरत होती है, कार्लाइल ने इसीलिए तो कहा था, "महान् आदमी छोटे लोगों के साथ व्यवहार करने में अपनी महानता का परिचय देते हैं।"

एक प्रसिद्ध टेस्ट पायलट बॉब हूवर आमतौर पर 'एयर शो' में प्रदर्शन करते थे। एक बार वे सैन डिएगो से 'एयर शो' में भाग लेने के पश्चात् लॉस एंजिल्स में अपने घर की ओर लौट रहे थे। अचानक ही हवा में तीन सौ फीट की ऊँचाई पर दोनों इंजन बंद हो गए। कुशल तकनीक से उन्होंने हवाई जहाज को नीचे उतार लिया, लेकिन इससे किसी आदमी को चोट नहीं आई। हाँ, जहाज का तो काफी नुकसान हो गया। नीचे उतरने पर बॉब हूवर ने सबसे पहले हवाई जहाज के ईंधन की जाँच-पड़ताल की। वह यह देखकर चकित रह गए कि उनके दूसरे विश्वयुद्ध वाले प्रोपेलर जहाज में गैसोलीन के स्थान पर जेट का ईंधन डाल दिया गया था।

फिर उन्होंने उस मेकैनिक के बारे में पता लगाया, जिसने उनके हवाई जहाज की सर्विस की थी। वह एक युवा मेकैनिक था और खुद ही अपनी त्रुटि पर शर्म से पानी-पानी हो रहा था। जैसे ही हूवर उसके समीप पहुँचे, तो उसकी आँखों से आँसू बहने लगे। उनकी जरा सी बेपरवाही की वजह से तीन जिंदगियाँ भी जा सकती थीं और हवाई जहाज का तो काफी नुकसान हो ही चुका था।

सोचिए, उस समय उस मेकैनिक की शक्ल देखकर हूवर को कितना क्रोध आया होगा? उसे फटकार लगाने, यहाँ तक कि उसे मारने का भी मन किया होगा, लेकिन हूवर ने मेकैनिक को डाँट लगाना तो दूर, उसकी आलोचना तक नहीं की। इसके बजाय उन्होंने उससे

कहा, "तुम्हें यह बताने के लिए कि मैं तुम पर कितना भरोसा करता हूँ तथा तुम दुबारा कभी ऐसा नहीं करोगे, मेरी इच्छा है कि कल ही तुम मेरे एफ-51 हवाई जहाज की सर्विसिंग करो।"

अधिकतर माता-पिता अपने बच्चों की आलोचनाएँ करते नहीं थकते। क्या आप सोच रहे हैं कि मैं आपको ऐसा करने से रोक रहा हूँ। नहीं, मेरा ऐसा कोई इरादा नहीं है। मैं सिर्फ यह बताना चाहता हूँ कि आप उनकी आलोचना करने से पहले अमरीकी पत्रकारिता के एक प्रसिद्ध लेख 'फादर फॉरगेट्स' को अवश्य पढ़ लें। पहली बार यह लेख 'पीपुल होम जर्नल' के एक संपादकीय के रूप में प्रकाशित हुआ था। 'रीडर्स डाइजेस्ट' में इसका लघु रूपांतरण इस तरह प्रकाशित हुआ था—

"कुछ लेख गहन अनुभूति के किसी खास पल में लिखे जाते हैं और वह लेख पाठकों के दिल को छू जाते हैं। ऐसा ही एक लेख 'फादर फॉरगेट्स' भी है। अब यह लेख लगातार पुनः प्रकाशित हो रहा है। इसके लेखक डब्ल्यू लिविंगस्टोन लारनेड का कहना है कि यह लेख हजारों अखबारों और पत्रिकाओं में प्रकाशित हो चुका है। कई विदेशी भाषाओं में भी यह लेख उतना ही सफल हुआ है। मैंने हजारों लोगों को यह अनुमति दी है कि वे इसका उपयोग गिरिजाघर, विद्यालय तथा व्याख्यान मंच में कर सकें। यह अनेक बार असंख्य कार्यक्रमों में रेडियो पर प्रसारित हो चुका है। कॉलेज तथा उच्च विद्यालय की पत्रिकाओं में भी यह लेख छप चुका है। कई बार एक लघु लेख ही रहस्यमय कारणों से 'क्लिक' हो जाता है। इस लेख के साथ भी कुछ ऐसा ही हुआ है।

फादर फॉरगेट्स (हरेक पिता यह याद रखे)
—डब्ल्यू लिविंगस्टन लारनेड

"जरा सुनो बेटे! मैं तुमसे कुछ बातें करना चाहता हूँ। तुम तो गहरी नींद में सोये हुए हो। तुम्हारा प्यारा छोटा सा हाथ तुम्हारे कोमल गाल के नीचे दबा हुआ है। तुम्हारे पसीने में तर माथे पर घुँघराले बाल बिखरे हुए हैं। मैं अकेला हूँ और चुपचाप तुम्हारे कक्ष के भीतर आया हूँ। अभी कुछ मिनटों पहले मुझे बहुत पछतावा

हुआ, जब मैं लाइब्रेरी में अखबार पढ़ रहा था। इसीलिए तो मैं आधी रात के समय किसी दोषी आदमी की तरह तुम्हारे बिस्तर के पास खड़ा हुआ हूँ। ये वे बातें हैं, जिनके बारे में मैं सोच रहा था—बेटे, आज मैंने तुम पर बहुत क्रोध किया था। जब तुम विद्यालय जाने के लिए तैयार हो रहे थे, तो मैंने तुम्हें खूब डाँट पिलाई थी। तुमने तौलिए की जगह परदे में हाथ पोंछ लिये थे। तुम्हारे गंदे जूते देखकर भी में तुम पर क्रोधित हुआ था। सारा फर्श तुम्हारे द्वारा बिखेरी गई चीजों से भरा पड़ा था, इसके लिए भी तुम्हें बहुत कोसा था। जब तुम नाश्ता कर रहे थे, तब भी मैंने तुम्हें भला-बुरा कहा था। कारण, तुमने खाने की मेज पर खाना बिखेर दिया था। खाते समय तुम्हारा मुँह खुला था और चपड़-चपड़ की आवाज आ रही थी।

"तुम्हारी कुहनियाँ मेज पर थीं। तुमने टोस्ट पर कुछ ज्यादा ही मक्खन लगा लिया था। सिर्फ इतना ही नहीं, मेरे दफ्तर जाते वक्त भी जब तुम खेलने जा रहे थे और तुमने मुझे 'गुड बाय डैडी' बोला था, तब भी मैंने तुम्हें गुस्से में टोक दिया था, 'जरा अपना कॉलर तो ठीककर लो।' दफ्तर से लौटने पर भी मैंने देखा कि तुम अपने साथियों के साथ मिट्टी में खेल रहे थे। तुम्हारी जुराबों में छेद हो गए थे और तुम्हारे कपड़े बहुत गंदे थे। मैं अपने क्रोध पर काबू नहीं रख पाया और तुम्हारे साथियों के सामने ही तुम्हें अपमानित कर दिया था। ज्ञात है, जुराबें कितनी महँगी हो गई हैं, कपड़े कितने कीमती हैं। जब खुद अपनी कमाई से खरीदोगे, तब पता चलेगा। यही सब तो मैंने कहा था और एक पिता अपने बच्चे का इससे अधिक दिल किस तरह दुःखा सकता है ?

"तुम्हें तो याद ही होगा कि रात को जब मैं लाइब्रेरी में पढ़ रहा था और तुम मेरे कक्ष में आए थे तो तुम कितने सहमे हुए और आतंकित थे। तुम्हारी आँखों में झलक रही थी, तुम्हारे सीने की चोट। तब भी मैंने अखबार के ऊपर से देखते हुए पढ़ने में रुकावट डालने के लिए तुम्हें बुरी तरह झिड़क दिया था, 'कभी तो चैन से जीने दिया करो।' और तुम दरवाजे पर ही बुत बन गए थे।

"तुम कुछ भी बोले नहीं थे। मेरे पास भागकर आए थे और मेरे गले में अपनी बाँहें डाल दी थीं और मुझे प्यार किया था और फिर 'गुड नाइट डैडी' कहकर एकदम गायब हो गए थे, तुम्हारी नन्हीं बाँहों की पकड़ ऐसी मजबूत थी कि वह यह एहसास करा रही थीं कि इतनी उपेक्षा के बावजूद तुम्हारे मन-मंदिर में खिला प्रेम-रूपी पुष्प अभी तक मुरझाया नहीं है और फिर तुम सीढ़ियों पर जोर-जोर से खट-खट करके चढ़ गए थे। हाँ बेटे, इस घटना के कुछ क्षणों बाद ही मेरे हाथों से

अखबार छूट गया और मैं आत्मग्लानि में डूब गया। आखिर मैं ऐसा क्यों होता जा रहा हूँ? मेरी आदत डाँटने-फटकारने की होती जा रही है। अपने बच्चे को मैं यह कैसा बचपन दे रहा हूँ? कहीं ऐसा तो नहीं है कि मैंने तुम्हें प्यार करना छोड़ दिया है, लेकिन मुझे तुमसे कुछ अधिक ही आशाएँ हैं और मैं तुम्हारे बचपने को अपनी आयु के तराजू पर तौलने लगा हूँ।

"तुम बहुत प्यारे, सच्चे और अच्छे हो। तुम्हारा नन्हा, मासूम सा हृदय तो चौड़ी पहाड़ियों के पीछे से उगती सुबह की भाँति विशाल है। तुम्हारे अंदर तो बहुत बड़प्पन है, तभी तो इतनी डाँट के बावजूद तुम मुझे 'गुड नाइट किस' देने आ गए थे। तुम में कोई मैल नहीं है, यह रात बस इसीलिए इतनी खास है मेरे बेटे! मैं अँधेरे में तुम्हारे बिस्तर के सिरहाने घुटनों के बल बैठा हूँ, लज्जित, अपमानित, तुमसे बहुत छोटा।

"यह तो सिर्फ एक दुर्बल उपश्चात्ताप है। मुझे ज्ञात है कि अगर मैं अभी तुम्हें जगाकर यह बताऊँगा तो तुम कुछ भी नहीं समझोगे, लेकिन मैंने सोच लिया है, कल से मैं तुम्हें प्यारा पापा बनकर दिखाऊँगा। मैं तुम्हारे सुख-दुःख सब बाँटूँगा। अगली बार तुम्हें डाँटने में पहले अपनी जीभ को अपने दाँतों के नीचे दबा लूँगा। यह मंत्र सदैव रटता रहूँगा, 'मेरा बेटा तो अभी बालक है, छोटा सा, प्यारा सा, नन्हा सा मासूम बालक।' अब मुझे अपनी इस सोच पर बहुत दुःख होता है कि मैं तुम्हें बहुत बड़ा मानने लगा था, लेकिन आज जब मैंने देखा कि तुम कैसे थके-थके मासूम से पलंग पर सो रहे हो, एकदम निश्चिंतता के साथ, तो बेटे, मुझे यह एहसास हो गया है कि तुम अभी छोटे से बच्चे ही तो हो। कल तक तुम अपनी माँ की बाँहों में झूलते थे, उसके कंधे पर सिर रखकर सो जाते थे। मैंने तुमसे कुछ ज्यादा ही उम्मीद बाँध ली थी, कुछ ज्यादा ही।"

तो इस लेख का भी यही सार निकला कि लोगों की आलोचना करने के बजाय हमें यह जानने, समझने की कोशिश करनी चाहिए कि जो काम वे करते हैं, उसके पीछे कारण क्या हैं? हालातों पर ध्यान देना बहुत रोचक व फायदेमंद सिद्ध होगा। इससे माहौल हलका-फुल्का बना रहेगा। सबको समझ लेने का मतलब सबको माफ कर देना ही तो होता है।

अगर आप जो कर रहे हो, वह आपको पसंद नहीं है तो आपको कभी सफलता हासिल नहीं होगी।

□

सच्ची तारीफ करें
और कामयाबी को चूमें

अगर आपको नींद नहीं आ रही है तो उठो और कुछ करो, बजाय लेटे रहने और चिंता करने के। नींद की कमी नहीं, चिंता आपको नुकसान पहुँचाती है।

अमरीकी लेखक सिंगमंड फ्रॉयड ने कहा था, "किसी भी कार्य को करने के पीछे आदमी की दो मूल इच्छाएँ होती हैं—महान् बनने की अभिलाषा और सेक्स की आकांक्षा।

इसी बात को कुछ अलग ढंग से अमरीका के महान् दार्शनिक जॉन ड्यूई ने इस तरह कहा था, "मानव प्रकृति में महानतम आकांक्षा, महान् बनने की आकांक्षा होती है।"

इस पूरे संसार में सिर्फ एक तरीका अपनाकर ही हम किसी से कोई काम करवा सकते हैं। सोचिए, क्या है वह तरीका? यह आसान सा तरीका है, उस खास आदमी में उस खास काम को करने की इच्छा जाग्रत् करना। यह बात दिमाग में रख लें कि इसके अलावा दूसरा कोई तरीका नहीं है, दूसरों से काम करवाने का।

हाँ, यह अलग बात है कि आप किसी के सीने पर बंदूक तानकर बैठ जाएँ और उससे अपनी घड़ी आदि निकालने के लिए कहने लगें या फिर अपने से नीचे के कर्मचारी को नौकरी से निकालने की धमकी देकर उसे कोई काम करने के लिए विवश कर सकते हैं। एक बच्चे से भी आप कोई काम जबरन नहीं करवा सकते। हाँ, अगर आप उसे बुरी तरह पीट डालें या फिर किसी अन्य तरह से भयादोहन करें, तो वह कोई काम जरूर कर सकता है, लेकिन इन हिंसक तरीकों के परिणाम दुखद ही होते हैं।

इस तरह सिर्फ एक तरीके से मैं आपसे कोई चीज हासिल कर सकता हूँ।

और वह तरीका है, आपको वह चीज देना, जिस चीज के आप इच्छुक हैं। आखिर आप किस चीज के इच्छुक हैं?

मैं आपसे फिर पूछता हूँ, आप क्या चाहते हैं? वैसे तो हम बीसियों चीजें चाहते हैं, लेकिन बहुत कम चीजें ऐसी होती हैं, जिन्हें हम इतनी आतुरता से चाहते हैं कि उनके बिना हमारा जीवन जीना ही असंभव हो जाता है। अधिकतर लोग निम्नलिखित चीजों के इच्छुक होते हैं—

- अच्छा भोजन
- भरपूर नींद
- बालकों का बेहतर मुस्तकबिल और उनके जीवन का कल्याण
- महत्त्व की दृढ इच्छा
- अच्छा स्वास्थ्य तथा जीवन का पूरा संरक्षण
- परलोक का सुधार
- सेक्स की आत्म-संतुष्टि
- इतना पैसा कि हम अपनी इच्छाएँ पूरी कर सकें

ऊपर लिखी लगभग सारी आकांक्षाएँ तो पूरी हो जाती हैं, सिर्फ एक को छोड़कर। वह आकांक्षा अन्य आकांक्षाओं से भी ज्यादा दृढ होती है और वह आकांक्षा बढ़ती ही रहती है, कभी संतुष्ट नहीं होती। वह आकांक्षा है, 'महत्त्व की दृढ इच्छा।'

एक बार अब्राहम लिंकन ने अपने एक पत्र की शुरुआत इस तरह की थी, "हर किसी को अपनी तारीफ अच्छी ही लगती है।" विलियम जेम्स ने इस बात को कुछ इस तरह कहा था, "हर आदमी मन की गहराई से यही चाहता है कि उसे तारीफ मिले, उसे सराहा जाए।" इस बात का भी तो वही अर्थ हुआ, जो बात फ्रॉयड याजॉन ड्यूई ने कही थी। अन्य सारी दबी इच्छाएँ तो शांत हो जाती हैं, सिर्फ यही वह मानवीय भूख है, जो स्थायी है। और वह दुर्लभ आदमी जो लोगों की इस तारीफ की भूख को संतुष्ट करने में सफल हो जाता है, लोग पूर्ण रूप से उसकी मुट्ठी में बंद हो जाते हैं, दूसरे लोग उससे इतना प्रेम करने लगेंगे कि उसके शव को दफनानेवाले तक उसकी मौत पर शोक मनाएँगे।

यही तो मुख्य अंतर होता है इनसानों और जानवरों में। यह उस समय की बात है, जब में मिसूरी के फार्म पर काम करता था तथा मेरे पिताजी बढ़िया नस्ल के शानदार डयूरॉक जर्सी सुअरों व मवेशियों को ले जाया करते थे। हमें अनेक बार

प्रथम पुरस्कार मिल चुके थे। मेरे पिताजी ने गर्व से सफेद मलमल के कपड़े पर नीले रिबन लगा दिए थे तथा जब भी कोई हमारे घर में आता था, तो मेरे पिताजी बड़े गर्व से उस मलमल के टुकड़े को उसे दिखाते थे; एक छोर को मेरे पिताजी पकड़ते थे तो दूसरे को मैं।

सोचिए, क्या सुअरों को अपने द्वारा जीते गए रिबनों की कोई जानकारी भी थी या वे इस बात की कोई परवाह करते थे? संभवत: नहीं। वे पुरस्कार तो मेरे पिताजी को महत्त्वपूर्ण होने का अनुभव कराते थे, जिससे उनकी छाती गर्व से चौड़ी हो जाती थी। यह महत्त्वपूर्ण आकांक्षा तो हमारे पूर्वजों के समय से ही चली आ रही है। यदि उनमें महानता की दृढ इच्छा न होती, तो संभवत: सभ्यता का विकास ही नहीं हुआ होता और हम आज भी जानवरों की ही भाँति नग्नावस्था में घूम रहे होते। महत्त्वपूर्ण बनने की इसी महत्त्वाकांक्षा के कारण ही तो एक अनपढ़ और निर्धन ग्रॉसरी क्लर्क कानून की पुस्तकों में दिलचस्पी लेने लगा था, जिन्हें उसने पचास सेंट में एक कबाड़ी से खरीदा था। यह ग्रॉसरी क्लर्क कोई और नहीं, अब्राहम लिंकन थे।

महान् उपन्यासकार डिकेंस को भी तो महत्त्वपूर्ण बनने की दृढ इच्छा ने ही उपन्यास लिखने के लिए प्रोत्साहित किया था। इसी आकांक्षा के कारण सर क्रिस्टोफर रेन ने पत्थरों में सिंफनी लिख दी थी। इसी अभिलाषा के तले दबकर ही तो रॉकफेलर ने करोड़ों डॉलर जमा कर लिये थे और कभी भी उन्हें खर्च नहीं किया था। इसी हार्दिक इच्छा के कारण ही तो आपके शहर का सबसे अमीर परिवार एक ऐसा घर बनवाने के लिए दिन-रात कोल्हू के बैल की भाँति काम करता है, जैसा पूरे शहर में किसी और का न हो, यह अलग बात है कि उनको इतने बड़े घर की जरूरत भी नहीं होती। महत्त्वपूर्ण होने की यही आकांक्षा तो आपसे नए फैशन के कपड़े पहनवाती है, नए मॉडल की कार खरीदवाती है और यही आकांक्षा आपसे अपने बच्चों की चतुराई के झूठे किस्से भी कहलवाती है।

लेकिन यह आकांक्षा तब खतरनाक साबित हो जाती है, जब कुछ लड़के-लड़कियाँ गैंग में सम्मिलित होकर अपराध करने लगते हैं। न्यूयॉर्क के भूतपूर्व पुलिस कमिश्नर ई.पी. मलरूनी ने एक बार रहस्योद्घाटन किया था कि हर युवा दोषी आदमी भी अहं से भरा होता है। वह भी चाहता है कि वह सुर्खियों में आए और इसी इच्छा के फलीभूत होकर वह गिरफ्तार होने के बाद सबसे पहले उन समाचार-पत्रों पर दृष्टि डालता है, जिन्होंने उसे रातोरात हीरो बना दिया है। सजा को लेकर वे बेफिक्र रहते हैं, वे तो इसी बात को सोच-सोचकर खुश होते रहते हैं

कि उनकी तसवीर किसी प्रसिद्ध खिलाड़ी, फिल्म तथा टेलीविजन स्टार्स या किसी बड़े राजनेता की तरह छपी है।

तो आप मुझे बता दीजिए कि किस बात से आप अपने आपको महत्त्वपूर्ण समझते हैं और फिर मैं आपको बता दूँगा कि आप क्या हैं? इसी बात से तो आपके चरित्र का निर्धारण होता है। यही तो सबसे महत्त्वपूर्ण बात है। आप जॉन डी. रॉकफेलर का उदाहरण ले सकते हैं। डी. जॉन को चीन पीकिंग शहर में एक हॉस्पिटल का निर्माण करवाने के लिए करोड़ों डॉलर का दान देने में ही महत्त्वपूर्ण होने की अनुभूति होती थी, ऐसे बीसियों निर्धन लोगों के भले के लिए जिन्हें उन्होंने पहले कभी भी नहीं देखा था। दूसरी ओर डिलिंजर नामक लुटेरे को बैंक की डकैती डालने तथा हत्यारा बनने में ही महानता की अनुभूति होती थी। एब बार जब एफ.बी.आई. के एजेंट ने उसे खोज लिया, तो उसने बड़े गर्व से कहा, "हाँ, मैं ही डिलिंजर हूँ।" वह तो खुद देश का सबसे कुख्यात दोषी आदमी होने पर ही गर्व का अनुभव करता था। उसने इसीलिए तो कहा था, "मैं ही डिलिंजर हूँ। हाँ, इस समय मैं तुम्हें कोई नुकसान नहीं पहुँचाऊँगा।" तो रॉकफेलर तथा डिलिंजर दोनों ही तो महत्त्वपूर्ण बनना चाहते थे, अंतर सिर्फ उनकी सोच का था।

अपनी ओर लोगों का ध्यान आकर्षित करने के लिए या उनकी सहानुभूति पाने के लिए कई बार तो लोग बीमार तक होने का बहाना बना डालते हैं। इस बात का सबसे ज्वलंत नमूना श्रीमती मैकिंले हैं। उन्हें तो महत्त्वपूर्ण होने की अनुभूति तब होती थी, जब उनके पति, यानी अमरीका के राष्ट्रपति अपना सारा काम-धंधा छोड़कर, उनको अपनी बाँहों में लिये बैठे रहते थे तथा उन्हें शांत करते रहते थे। वे अपने पति को लेकर इतनी व्याकुल रहती थीं कि दाँतों के डॉक्टर के पास भी वे उन्हीं के साथ जाती थीं, एक बार जब उनके पति ऐसा नहीं कर पाए, तो उन्होंने पूरा घर सिर पर उठा लिया था।

ऐसी ही एक स्वस्थ तथा प्रतिभाशाली महिला के विषय में मुझे लेखिका मेरी रॉबर्ट्स राइनहार्ट ने भी बताया था कि अपने आपको महत्त्वपूर्ण होने का अनुभव कराने के लिए उन्होंने बिस्तर पकड़ लिया था। श्रीमती राइनहार्ट ने मुझे बताया था कि इस औरत को किसी विकट परिस्थिति का सामना करना पड़ गया था। संभवत: उसे अपने आगामी जीवन में अकेलापन दिख रहा था तथा जीवन में कोई अपना कोई आशा नहीं थी।

10 साल तक उसकी बूढ़ी माँ बिस्तर पर पड़ी बेटी की सेवा-चाकरी करती रही।

उसे बिस्तर पर बैठे-बैठे खाना देती थी। सारा दिन सेवा में लगी रहती थी। इतने बुढ़ापे में इतना काम! आखिर बेटी की चाकरी करते-करते थक-हारकर बूढ़ी माँ मर गई, फिर कुछ और दिन बेटी को बिस्तर पर पड़े रहने का बहाना मिल गया। वह माँ की मौत का शोक जो मना रही थी, लेकिन फिर वह उठ गई। उसने अपने कपड़े बदले और एक बार फिर जीवन को जीना शुरू कर दिया। कई मनोविश्लेषकों का मत है कि महत्त्वपूर्ण होने की अनुभूति ही कई लोगों को पागल हो जाने के लिए भी प्रेरित कर देती है। वे लोग पागलपन के स्वप्नलोक में ही खुद को महत्त्वपूर्ण मानने लगते हैं, क्योंकि असली दुनिया में तो कोई उन्हें पूछता तक नहीं है। एक सर्वे के अनुसार, अमरीका में लोग जितने मानसिक रोगों से पीड़ित हैं, उतने अन्य किसी भी बीमारी से नहीं हैं।

तो फिर जरा सोचिए, पागलपन का कारण क्या है? इस प्रश्न का सही-सही उत्तर तो किसी के भी पास नहीं है, लेकिन यह तो निश्चित है कि कुछ बीमारियाँ जैसे 'सिफलिस' दिमाग की कोशिकाओं को नष्ट कर देती हैं तथा इसका परिणाम पागलपन होता है। लगभग आधे मानसिक रोगों के पीछे शारीरिक कारणों को जिम्मेदार समझा जाता है, जैसे नशीले या विषैले पदार्थ एवं दुर्घटनाएँ, लेकिन आधे पागलपन के शिकार लोगों की दिमाग-कोशिकाओं में कोई शारीरिक बाधा नहीं होती। पोस्टमॉर्टम परीक्षणों में जब मृत लोगों के दिमागी ऊतकों को सूक्ष्मदर्शी से देखा गया, तो वे उतने ही स्वस्थ दिख रहे थे, जितने कि किसी आम आदमी के।

तो फिर ये पागलपन का शिकार क्यों होते हैं?

मैं इस सवाल का उत्तर जानने के लिए बहुत उत्सुक था। इसलिए मैं एक ऐसे मनोचिकित्सक के पास गया, जिसे अनेक पुरस्कार और सम्मान मिल चुके थे, लेकिन उसने भी साफ कह दिया कि वह क्या, कोई भी यह नहीं जानता कि लोग पागल क्यों हो जाते हैं? लेकिन यह भी सच है कि कई पागल पागलपन की अवस्था में उस महत्त्व का अनुभव करते हैं, जो उन्हें असली दुनिया में प्राप्त नहीं होता। इस विख्यात मनोचिकित्सक ने ही मुझे यह कहानी सुनाई थी—

"मेरी एक ऐसी महिला रोगी है, जिसकी शादी का अंत बहुत दुखद हुआ था। वह जीवन में प्रेम, शारीरिक संतुष्टि, सामाजिक प्रतिष्ठा, बच्चे, बढ़िया रहन-सहन सबकुछ पाना चाहती थी, लेकिन जीवन उसकी आशाओं के अनुरूप नहीं चल रहा था। उसका पति, उसके साथ भोजन करना भी पसंद नहीं करता था। उसकी कोई संतान भी नहीं थी और सामाजिक प्रतिष्ठा भी नहीं थी। इस बात से उसके दिल को इतना गहरा सदमा पहुँचा कि वह पागल हो गई तथा अपनी कल्पना में ही उसने

अपने पति को तलाक भी दे दिया और अपने आप को कुँआरी समझने लगी। वह विश्वास करने लगी थी कि अब वह एक अमीर आदमी की बीवी बन चुकी है और फिर वह इस बात पर जोर देने लगी थी कि लोग उसे 'लेडी स्मिथ' कहकर पुकारें। बच्चों को लेकर तो इतनी उत्साहित थी कि वह कल्पना करती थी कि हर रात वह नए बच्चे को जन्म देती है। जब कभी भी मैं उसे देखने जाता था तो वह कहती थी, 'डॉक्टर साहब, कल रात को यहाँ एक खूबसूरत बच्ची का जन्म हुआ है।'"

जरा सोचिए, उसके स्वप्नों का महल तो असलियत की आँधियाँ सह नहीं पाया था, लेकिन उसके पागलपन के काल्पनिक महल के सारे सपने सच हो रहे थे। तो फिर यह बात सुखद है या दुःखद ? मुझे नहीं मालूम। वैसे उस डॉक्टर ने यह भी बताया कि "अगर मेरे भीतर इतनी ताकत होती कि मैं उसकी सोचने-समझने की शक्ति लौटा सकूँ तो भी मैं ऐसा बिल्कुल नहीं करता, क्योंकि जितनी खुश वह आज अपनी पागलपन की अवस्था में है, उतनी खुश वह पहले कभी भी नहीं थी।"

तो फिर जब हर कोई महत्त्व की मनोदशा को इतना महत्त्व देता है कि वह उसके लिए सचमुच पागल भी हो तो सकता है, तो आप सोचिए कि मैं और आप अपने आस-पास के लोगों को सच्ची या फिर झूठी ही तारीफ देकर कितना महान् चमत्कार कर सकते हैं और क्या वह प्राप्त नहीं कर सकते।

हमें इतिहास में बीसियों उदाहरण मिल जाएँगे कि किस तरह प्रसिद्ध लोगों ने महत्त्वपूर्ण होने की अपनी अभिलाषा को अभिव्यक्त किया था। जॉर्ज वाशिंगटन चाहते थे कि सब उन्हें 'हिज माइटिनेस, द प्रेसिडेंट ऑफ यूनाइटेड स्टेट्स' के नाम से पुकारें। कोलंबस चाहते थे कि लोग उन्हें 'एडमिरल ऑफ द ओशन एंड वायसराय ऑफ इंडिया' कहें। कैथरीन महान् तो उन पत्रों को हाथ भी नहीं लगाती थीं, जिन पर 'हर इंपीरियल मेजेस्टी' नहीं लिखा होता था। श्रीमती लिंकन तो व्हाइट हाउस में श्रीमती ग्रांट पर बहुत जोर से दहाड़ती थीं, "तुम्हारी इतनी जुर्रत कि तुम मेरी अनुमति के बिना मेरे सामने बैठ जाओ।"

सन् 1928 में हमारे देश के रईसों ने एडमिरल बर्ड के अंटार्कटिका अभियान के लिए इस शर्त पर धन दिया था कि बर्फीले पर्वतों की श्रेणियों के नाम उनके नाम पर रखे जाएँ। महान् लेखक शेक्सपियर भी अपने परिवार के लिए 'कोट ऑफ आर्म्स' प्राप्त करके अपने नाम को और भी अधिक महत्त्वपूर्ण बनाना चाहते थे। महान् लेखक विक्टर ह्यूगो की हार्दिक इच्छा थी कि पेरिस शहर का नामकरण उसके नाम पर किया जाए।

यह बात उस समय की है, जब आयकर नहीं हुआ करता था तथा पचास डॉलर साप्ताहिक कमानेवाला आदमी बहुत रईस समझा जाता था। चार्ल्स श्वाब अमरीकी कारोबार से जुड़ा था, फिर एंड्रयू कारनेगी ने उन्हें सन् 1921 में यूनाइटेड स्टेट्स स्टील कंपनी के पहले प्रेसीडेंट के रूप में नियुक्त कर लिया था और उस समय श्वाब सिर्फ अड़तीस साल के थे। बाद में श्वाब यू.एस. स्टील को छोड़कर कठिनाई में फँसी वेथहलम स्टील कंपनी के प्रेसीडेंट बन गए थे तथा उन्होंने इसे अमरीका की सबसे फायदेमंद कंपनियों में शुमार कर दिया था।

अब आप सोचिए, एंड्रयू कारनेगी ने चार्ल्स श्वाब को वार्षिक दस लाख डॉलर या तीन हजार डॉलर प्रतिदिन से अधिक मेहनताना क्यों दिया था? क्या इसलिए कि श्वाब का दिमाग बहुत तेज था या फिर इसलिए कि वे इस स्टील उद्योग के सबसे बड़े दिग्गज थे? लेकिन ऐसा बिल्कुल भी नहीं था। खुद चार्ल्स श्वाब का मत था कि उसके नीचे काम करनेवाले कई कर्मचारी स्टील बनाने के बारे में उनसे ज्यादा जानकारी रखते थे।

श्वाब कहते थे कि उन्हें इतना अधिक मेहनताना मिलने का सबसे बड़ा कारण था कि कि वे लोगों के साथ व्यवहार करने की कला में पारंगत थे। उन्होंने अपनी इस व्यवहार-कुशलता का रहस्य मुझे बताया था। ऐसे शब्द, जो हर किसी की जबान पर होने चाहिए। हर दुकान, हर दफ्तर, हर विद्यालय में इन शब्दों को टँगवा देना चाहिए। ऐसे शब्द, जो बच्चों को जबानी याद होने चाहिए, बजाय उस लैटिन ग्रामर या ब्राजील की वार्षिक वर्षा की मात्रा को कंठस्थ करने के, जो कभी उनके जीवन में काम नहीं आएगी, लेकिन ये शब्द सदैव ही आपके जीवन में काम आएँगे। ये हैं, श्वाब के वे अमूल्य शब्द, "मुझे ज्ञात है कि मेरा सबसे बड़ा धन अपने कर्मचारियों का उत्साहवर्धन करने की कला है, और मैं प्रशंसा तथा प्रोत्साहन के द्वारा लोगों से सर्वश्रेष्ठ प्रदर्शन करवा लेता हूँ।"

"कोई भी बात किसी भी आदमी की आकांक्षाओं पर इतनी बुरी तरह आघात नहीं करती, जितनी कि वरिष्ठ लोगों की आलोचना। मैं कभी भी किसी की आलोचना करने की भूल नहीं करता। मैं तो बस लोगों को प्रोत्साहित करने में लगा रहता हूँ, ताकि उन्हें काम करने की प्रेरणा मिलती रहे। साथ ही तारीफ करने में लगा रहता हूँ और गलतियाँ निकालने में कंजूसी कर जाता हूँ। अगर मुझे कोई बात पसंद आती है, तो मैं खुले मन से तारीफों के पुल बाँध देता हूँ तथा मुक्तकंठ से उसकी तारीफ करने में जुट जाता हूँ।'

श्वाब तो यह करते थे, लेकिन एक सामान्य आदमी क्या करता है? उसके एकदम विपरीत। अपने कर्मचारियों की कोई बात पसंद न आने पर उनपर टूट पड़ते हैं और अगर उन्हें कोई बात पसंद नहीं आती, तो वे भी कुछ नहीं करते। एक बहुत प्राचीन कहावत के अनुसार, "एक बार गलत काम करने पर हमें बार-बार उसके बारे में सुनना पड़ता है, लेकिन बीसियों सही काम करने पर हमें उनके बारे में एक भी बार सुनने को नहीं मिलता।"

श्वाब के अनुसार, "अपनी जिंदगी के दीर्घ अनुभव की कलावधि में संसार के कई महान् लोगों से मिला हूँ, लेकिन मुझे आज तक कोई भी ऐसा आदमी नहीं मिला, चाहे वह कितने भी ऊँचे पद पर क्यों न हो, जो निंदा और आलोचना के स्थान पर तारीफ के वातावरण में अधिक अच्छे ढंग से काम न कर पाता हो।"

यही तो एंड्रयू कारनेगी की कामयाबी का रहस्य था। कारनेगी सदैव ही अपने सहयोगियों की सार्वजनिक तौर पर और अकेले में भी खूब तारीफ किया करते थे। अपनी कब्र के पत्थर पर भी कारनेगी ने अपने कर्मचारियों की तारीफ की थी। खुद के लिए उन्होंने एक स्मृति-पत्र लिखा था, "यहाँ पर वह आदमी सोया पड़ा है, जिसे ज्ञात था कि अपने से चतुर लोगों को अपने आस-पास कैसे इकट्ठा किया जा सकता है।"

इस सच्ची तारीफ के कारण ही तो जॉन रॉकफेलर इतनी कामयाबी हासिल कर पाए थे। एक बार उनके सहयोगी एडवर्ड टी. बेडफोर्ड के कारण दक्षिण अमरीका के एक ठेके में उनकी कंपनी को चालीस प्रतिशत नुकसान हुआ था और इसके लिए रॉकफेलर उनकी आलोचना कर सकते थे, लेकिन वे जानते थे कि बेडफोर्ड ने अपनी तरफ से तो पूरी कोशिश की थी और वैसे भी नुकसान तो अब हो ही चुका था, इसीलिए रॉकफेलर उन्हें बधाई देने का अवसर ढूँढ़ने लगे। उन्होंने बेडफोर्ड को बधाई दी कि उन्होंने निवेश की साठ प्रतिशत रकम डूबने से बचा ली। रॉकफेलर ने कहा, "यह तो बहुत बढ़िया रहा। हम सदैव ही अपने दिमाग का इतना अच्छा उपयोग नहीं कर पाते।"

अब मैं आपको एक काल्पनिक कहानी सुना रहा हूँ, लेकिन इसमें बहुत सी सच्चाई छिपी है और यही कारण है कि मैं यह कहानी इस पुस्तक में लिख रहा हूँ—

एक अनपढ़ महिला ने पूरे दिन की जी तोड़ मेहनत के बाद अपने परिवारजनों के सामने भोजन के स्थान पर भूसे का ऊँचा ढेर रख दिया। पति और बच्चों द्वारा इस विचित्र बरताव का कारण पूछने पर उस औरत ने उत्तर दिया, "मैं तो सोचती थी, तुम्हारा ध्यान इस ओर कभी जाता ही नहीं है कि तुम्हारे सामने भूसा रखा जाता

है या फिर खाना। मैं बीस वर्षों से तुम सबके लिए खाना बनाती आ रही हूँ, लेकिन तुम लोगों ने मुझे कभी भी यह नहीं बताया कि तुम लोग भूसा तो नहीं खा रहे हो।"

अभी कुछ ही समय पहले यह शोध किया गया कि पत्नियाँ घर छोड़कर क्यों भाग जाती हैं? क्या आप जानते हैं कि इसका मुख्य कारण होता है, तारीफ की कमी। यही बात घर-गृहस्थी छोड़कर भागनेवाले पतियों पर भी लागू होती है। लगभग हरेक पति-पत्नी अपने पार्टनर को यह बताने में बहुत कंजूसी दिखाते हैं कि वे एक-दूसरे के पर्याय हैं और एक के बिना दूसरा अधूरा है।

एक बार मेरी कक्षा के एक सदस्य ने अपनी जिंदगी की एक घटना सुनाई, जिसमें उसकी पत्नी ने उससे एक अनुरोध किया था। उसकी पत्नी और दूसरी महिलाएँ एक 'आत्मसुधार' कार्यक्रम में सम्मिलित होने के लिए गिरिजाघर गईं। एक दिन उस पत्नी ने अपने पति से अनुरोध किया कि वह उसे ऐसी छह कमियाँ बता दें, जिन्हें सुधारकर वह अच्छी पत्नी बन जाए। उसका पति तो यह सुनकर चकित हो गया। उसने भरी कक्षा के सामने कहा, "मुझे यह अनुरोध सुनकर बहुत हैरानी हुई। वैसे तो मैं बड़ी आसानी से छह तो क्या छह सौ कमियों की सूची तैयार कर सकता था, जिनमें सुधार की जरूरत थी, लेकिन मैंने ऐसा नहीं किया। इसके स्थान पर मैंने उससे कहा, "मुझे इस बारे में सोचने के लिए एक रात का समय चाहिए। कल सुबह मैं तुम्हें इसका उत्तर दे दूँगा।"

दूसरी सुबह तो मैं अन्य दिनों से कुछ जल्दी ही उठ गया और अपनी पत्नी के लिए छह गुलाब मँगवा लिये और उसके साथ लिखकर एक चिट्ठी चिपका दी, "मुझे तो तुम में छह तो क्या एक भी कमी ऐसी नहीं दिखी, जिसमें सुधार की जरूरत हो। मुझे तो तुम ऐसी ही अच्छी लगती हो।" और उस शाम मेरी पत्नी दरवाजे पर ही मेरा इंतजार कर रही थी। उसकी आँखों में आँसू भरे थे और मैं अपनी इस जीत पर खुश था कि मैं कितना समझदार हूँ, जो पत्नी के अनुरोध पर भी मैंने उसकी आलोचना नहीं की।

अगले रविवार जब वह गिरिजाघर गई, तो उसने यह बात सारी महिलाओं को बताई और फिर बहुत सी महिलाओं ने मुझसे पूछ ही लिया, "इतनी बुद्धिमानी की बात हमने तो पहले कभी नहीं सुनी।" और अब मुझे एहसास हुआ कि प्रशंसा में कितनी शक्ति होती है।

लॉरेंज जिगफेल्ड ने ब्रॉडवे में धूम मचा दी थी। उनकी छवि एक ऐसे प्रोड्यूसर की थी, जिसमें अमरीकी महिलाओं को ग्लैमरस दिखाने की अद्भुत प्रतिभा घुली

हुई थी। हर बार वे इतनी साधारण महिलाओं का चयन करते थे, जिनकी और कोई देखना भी न चाहे, लेकिन जब वे स्टेज पर आती थीं, तो इतनी ग्लैमरस तथा रहस्यमयी लगती थीं कि कोई उन्हें पहचान भी नहीं पाता था। आत्मविश्वास तथा तारीफ के महत्त्व को समझने के कारण ही वे जानते थे कि सिर्फ तारीफ तथा महत्त्व दिए जाने पर एक साधारण सी युवती भी खुद को सर्वश्रेष्ठ समझने लगती है। वे जनसाधारण की भावनाओं से अवगत थे, तभी तो उन्होंने सामूहिक गायन में काम करनेवाली लड़कियों की पगार 30 से बढ़ाकर 175 डॉलर साप्ताहिक कर दी थी। साथ-साथ वे विशाल हृदय भी थे। 'फॉपट्टे' के मंचन की प्रथम रात्रि को उन्होंने सभी सितारों को टेलीग्राम भेजे थे तथा शो में काम करनेवाली हरेक कोरस गर्ल को अमरीकन ब्यूटी रोजेज उपहार में दिए थे।

एक बार मेरे सिर पर डाइटिंग का ऐसा भूत सवार हुआ कि मैं लगातर छह-सात दिनों तक भूखा रहा। यह कोई कठिन काम नहीं था। आठवें दिन मुझे उतनी भूख नहीं लग रही थी, जितनी कि दूसरे दिन लग रही थी। यह तो हम सभी जानते हैं कि यदि किसी के परिवार या कर्मचारियों को छह दिनों तक खाना न मिले, तो वह ग्लानि महसूस करेगा कि अब मैं इस लायक भी नहीं रहा कि अपने परिवार का पालन-पोषण भी कर सकूँ; लेकिन कई लोग ऐसे भी होते हैं, जो अपने परिवार अथवा कर्मचारियों की सच्ची तारीफ छह दिन, छह हफ्ते, छह साल, 60 साल या उम्र भर भी नहीं करते और फिर उन्हें अपराधबोध नहीं सताता। हम सब यह क्यों भूल जाते हैं कि तारीफ भी तो भोजन की ही तरह हमारी दैनिक जरूरत है।

प्रसिद्ध अभिनेता अल्फ्रेड लुंट ने 'रियूनियन इन विएना' में मुख्य भूमिका निभाते समय कहा था, "मुझे जिस चीज की सबसे ज्यादा जरूरत है, वह है मेरे स्वाभिमान का पोषण।"

हम सभी अपने दोस्तों, अपने बच्चों तथा अपने प्रियजन को शारीरिक पोषण तो पर्याप्त मात्रा में देते हैं, परंतु उन्हें आत्मसम्मान का पोषण देना बिल्कुल भूल जाते हैं। ऊर्जावान् बनाने के लिए हम उन्हें बींस, पनीर, आलू खिलाते हैं, लेकिन तारीफ के दो शब्द बोलना भूल जाते हैं, जो वर्षों तक उनकी यादों में सुबह के मधुर संगीत की तरह गूँजते रहेंगे।

एक रेडियो कार्यक्रम 'द रेस्ट ऑफ द स्टोरी' में पॉल हार्वे ने बताया था कि किस तरह से सच्ची तारीफ किसी आदमी की जिंदगी बदलने की ताकत रखती है। इसके लिए उन्होंने एक घटना सुनाई—

"वर्षों पहले डेट्रॉइट की एक अध्यापिका ने लेवी मॉरिस से कहा था कि वह कक्षा में गायब हुए चूहे को ढूँढ़ने में उसकी मदद करें। उस अध्यापिका ने लेवी मॉरिस की खूब तारीफ की कि ईश्वर ने उसे आँखें नहीं दीं तो क्या हुआ, लेकिन उसके बदले में ईश्वर ने उसे सुनने की अद्‌भुत शक्ति प्रदान की है। लेवी में कुछ तो खास था, जो उस अध्यापिका ने उसकी श्रवण-शक्ति की तारीफ की थी। इससे पहले किसी ने भी उनकी इतनी तारीफ नहीं की थी। वर्षों बाद लेवी अब यह बात मानते हैं कि वे तारीफ के दो शब्द उनके जीवन में मील का पत्थर साबित हुए। उस घटना के पश्चात् तो उन्होंने अपनी श्रवण शक्ति को चमत्कारी रूप से विकसित कर लिया और फिर 'लेवी वंडर के स्टेज' नाम का चोगा पहनकर सत्तर के दशक के एक महान् गीतकार तथा पॉप गायक बन गए।

हाँ, कई पाठक बंधु मेरी इस बात से एकमत नहीं होंगे। उन्हें तो तारीफ चापलूसी, मक्खन पॉलिश लगती है। वे तो कहते हैं कि मैंने इनका उपयोग बहुत बार करके देख लिया है, समझदार लोग तो इससे और भी ज्यादा चिढ़ जाते हैं। यह बात बिल्कुल सही है। चापलूसी समझदार लोगों के सामने कोई मायने नहीं रखती। यह एकदम बकवास होती है, लेकिन कई लोगों में तारीफ की इतनी तृष्णा होती है कि वे चापलूसी को भी सच्ची तारीफ मानकर निगल जाते हैं, ठीक उसी तरह जिस तरह भूख से तड़पते हुए आदमी को घास और कीड़े-मकोड़े भी अमृत लगते हैं।

चापलूसी पसंद तो महारानी विक्टोरिया भी बहुत थीं। प्रधानमंत्री बेंजामिन डिजराइली ने इस बात को स्वीकार किया था कि वे महारानी की चापलूसी करते थे। डिजराइली ब्रिटेन के जाने-माने योग्य, सुसंस्कृत तथा चतुर निपुण आदमी थे। वे तो इस कला में निपुण थे। अब जो वस्तु उनके काम आ गई, जरूरी नहीं कि वह आपके और मेरे लिए भी उतनी ही प्रभावशाली हो। चापलूसी नकली सिक्का है, जिससे लंबे समय में नुकसान अधिक तथा फायदा कम होता है, तो अगर आप नकली सिक्के को बाजार में लेकर घूमें तो कठिनाई में पड़ जाएँगे। इस तरह तारीफ तथा चापलूसी में तो जमीन-आसमान का अंतर होता है। एक असली होती है, तो दूसरी नकली। एक सोना है, तो दूसरी पीतल। एक दिल से निकलती है, तो दूसरी दाँतों से। एक निस्स्वार्थ होती है, तो दूसरी स्वार्थपूर्ण। एक की हरेक जगह प्रशंसा होती और दूसरी की हर तरफ निंदा।

अभी कुछ ही दिनों पहले मैंने मैक्सिको सिटी के चापुल्टैपेक पैलेस में मैक्सिकन हीरो जनरल अल्वारो ऑब्रेगौन की प्रतिमा देखी। उसी प्रतिमा के नीचे

जनरल ऑब्रेगॉन की फिलॉसफी के अमूल्य शब्द लिखे हुए थे, "उन दुश्मनों से मत डरो, जो आप पर आक्रमण करते हैं, बल्कि उन मित्रों से डरो, जो तुम्हारी चापलूसी करते नहीं थकते।"

इसीलिए मैं आपसे नहीं कह रहा कि आप भी चापलूसी करें। मैं तो आपसे एक अलग ही बात कह रहा हूँ। मैं आपसे एक नया जीवन शुरू करने के लिए बोल रहा हूँ।

बकिंघम पैलेस की अपनी स्टडी की दीवार पर सम्राट् जॉर्ज पंचम ने सूत्र-वाक्य टाँग रखे थे। इनमें से एक सूत्रवाक्य यह था, 'मुझे कोई यह सिखा दे कि मैं न तो किसी की झूठी तारीफ करूँ और न ही किसी की झूठी तारीफ सुनने के लिए उत्सुक रहूँ।' चापलूसी की सही परिभाषा तो एक बार मैंने कहीं पढ़ी थी, जो इस तरह थी, 'चापलूसी का अर्थ है, सामनेवाले को वही बात बताना, जो वह अपने बारे में सोचता है।'

राल्फ वाल्डो इमर्सन ने एक बार कहा था, "आप चाहे जो भी भाषा उपयोग कर लें, आप सदैव वही बात कह सकेंगे, जो आप हैं।"

अब अगर आपको चापलूसी ही करनी है, तो सबकी चापलूसी करके आप सरलता से मानवीय संबंधों के विशेषज्ञ बन सकते हैं। हम अपना लगभग पिचानवे प्रतिशत खाली समय अपने खुद के बारे में ही सोचने में बिता देते हैं और बाकी का 5 प्रतिशत समय अपनी समस्याओं के बारे में सोचने में नष्ट कर देते हैं, लेकिन अगर हम थोड़ा बहुत दूसरे लोगों की अच्छाइयों के बारे में भी सोचने में व्यतीत करें, तो हमें चापलूसी की जरूरत ही नहीं पड़ेगी। हम तो सिर्फ सच्ची तारीफ करेंगे, क्योंकि तब हमारे दिमाग में उस आदमी की अच्छाइयाँ घूम रही होंगी। वैसे भी आज के संसार में सच्ची तारीफ पाना व देना, दोनों ही दुर्लभ से हो गए हैं। हम आम तौर पर अपने बच्चे के अच्छे नंबर लाने पर उसकी तारीफ करना भूल जाते हैं या फिर जब आपकी बेटी अच्छा केक बनाती है, तो आप सोचते हैं कि अगर तारीफ कर दी, तो इसका दिमाग सातवें आसमान पर पहुँच जाएगा, लेकिन बच्चों को इतना आनंद किसी अन्य चीज में नहीं आता, जितना कि अपने माता-पिता द्वारा की गई तारीफ में आता है। और आपको खाना सचमुच में स्वादिष्ट लगे, तो उसके रसोइए तक यह संदेश अवश्य भिजवा दें। जब कोई थका-हारा सेल्समैन आपके साथ बहुत शिष्टाचार से पेश आए, तो उसका उल्लेख भी अवश्य करें।

हरेक सार्वजनिक वक्ता, हरेक गिरिजाघर का पादरी, हरेक नेता यह समझता

है कि यदि श्रोतागण की भीड़ में से एक भी आदमी ताली न बजाए या फिर उसकी कही बात की तारीफ न करे, तो उसे कितना खराब लगता है। उसका तो सारा उत्साह ही फीका पड़ जाता है। यही बात दुकानों, दफ्तरों, कर्मचारियों, सहयोगियों, हमारे परिजन तथा मित्रों सभी पर समान रूप से लागू होती है। हमें यह बात सदैव अपने दिमाग में रखनी चाहिए कि हमारे सारे संगी-साथी मनुष्य हैं और मनुष्य को तारीफ के दो बोल जरूर चाहिए, जो असली सिक्का है, जिसे हर कोई अपने पास सँभालकर रखना चाहता है। अपनी हरेक दिवस की यात्रा में कृतज्ञता की चिनगारियों की दोस्ताना पगडंडी को छोड़ने का प्रयत्न करें और आप चकित रह जाएँगे कि किस तरह इन चिनगारियों से दोस्ती की नन्ही-नन्ही लौ प्रज्वलित हो जाएँगी, जो आपकी अगली यात्रा से आपको गरमाहट जरूर देंगी।

न्यू फेयरफील्ड, कनेक्टिकट की पामेला डन्हैम की अनेक जिम्मेदारियों में से एक जिम्मेदारी यह भी थी कि उन्हें एक नया जेनिटर सुपरविजन करना था, जिसका काम काफी खराब था। दूसरे साथी कर्मचारी उसका बहुत मजाक उड़ाया करते थे कि वह बहुत बकवास काम करता है। यह बहुत गलत बात थी, क्योंकि इस मजाक के वातावरण में दुकान का बहुत सारा कीमती समय यों ही नष्ट हो रहा था।

पैम ने इस कर्मचारी को प्रेरित करने की बहुत कोशिश की, बहुत तरीके आजमाए, लेकिन सब निष्फल रहे, फिर उसने देखा कि कभी-कभी तो वह कर्मचारी किसी काम को बहुत अच्छे ढंग से कर लिया करता था। इसीलिए पैम ने सोचा कि अबकी बार वह उस कर्मचारी की तारीफ दूसरे लोगों के सामने जरूर करेगी। तारीफ पाकर तो वह अपना सारा काम अच्छे ढंग से करने लगा। अब सब लोग उसका सम्मान करते हैं तथा उसके काम को सराहते भी हैं। तो सच्ची तारीफ के परिणाम भी सक्रिय निकले, जबकि आलोचना तथा मजाक से कुछ भी हासिल नहीं हो सका।

यदि आप लोगों को ठेस पहुँचाएँगे तथा उनकी निंदा करेंगे, तो कभी भी सक्रिय परिणाम नहीं निकलेंगे, न ही कुछ प्राप्त होगा। इसीलिए इस पुरानी कहावत को मैंने अपने शीशे पर चिपका रखा है—

"इस रास्ते पर मैं सिर्फ एक ही बार चलूँगा। इसलिए अगर मेरे किसी काम से किसी का भला हो सकता है, तो मैं वह अच्छा काम भी कर दूँगा। मैं इसे न तो मुस्तकबिल के हवाले करूँगा, न अनदेखा करूँगा, क्योंकि इस पथ पर मैं दोबारा नहीं लौटूँगा।"

इमर्सन ने भी बहुत पते की बात कही थी, हरेक आदमी में कोई-न-कोई बात ऐसी जरूर होती है, जो मुझसे अच्छी है। मैं फौरन ही वह बात सीख लेता हूँ। अब अगर वह बात इमर्सन के बारे में उपयोगी है, तो हमारे और आप सबके बारे में तो हजार गुना अधिक उपयोगी है। हमें सिर्फ अपनी ही उपलब्धियों तथा इच्छाओं के बारे में सोचना छोड़ देना चाहिए। हमें चापलूसी को भी भूल जाना चाहिए, खुले दिल से तारीफ करनी चाहिए एवं मुक्त भाव से गले लगाना और प्रशंसा करनी चाहिए। ऐसा करने से आप पाएँगे कि लोग आपके मूल्यवान् शब्दों को अपनी स्मृतियों की तिजोरी में पूरे ध्यान से सँजोकर रखेंगे और जीवन भर उन्हें कंठस्थ करते रहेंगे, फिर जो कुछ आपने कहा था, वह आप तो भूल जाएँगे, लेकिन जिससे कहा था, वे कभी भी नहीं भूल पाएँगे।

आप उत्साहित होने का नाटक कीजिए और आप उत्साहित हो जाएँगे।

◻

सामनेवाले की बातों को महत्त्व देना सीखें

किसी दूसरे को खुशी देने में खुशी पाना ही सारी कलाओं का सार होता है। जब से मनुष्य पैदा होता है, तभी से वह जो कुछ भी करता है, कुछ प्राप्त करता है, कुछ प्राप्त करने के लिए ही करता है। यहाँ तक कि रेड क्रॉस में दिया जानेवाला धन भी इसीलिए दिया जाता है, क्योंकि आप लोगों की मदद करना चाहते हैं, आप एक सुंदर, निस्स्वार्थ, अपनी आत्मा के उत्थान के लिए किए जानेवाले दैवीय कार्य करना चाहते हैं। ईश्वर का भी यही मत है, 'जितना भी तुम मेरे इन निर्धन भाइयों की सहायतार्थ करते हो, वह सब तुम मेरे लिए ही करते हो।'

सोचिए, यदि आपके मन में पैसे की इच्छा अधिक होती और आप लोगों की भलाई की इच्छा नहीं रखते, तो आप ऐसा कभी भी नहीं करते। या फिर आपने रेड क्रॉस में यह चंदा इसलिए दे दिया हो कि इनकार करने में आपको लज्जा अनुभव हो रही हो या फिर किसी आदमी ने आपको ऐसा करने के लिए प्रोत्साहित किया हो, लेकिन यह बात तो निश्चित है कि आपके द्वारा रेड क्रॉस में दिया गया चंदा आपकी चाहत का ही एक हिस्सा था।

इस बात में उलझने का तो कोई फायदा नहीं कि हम क्या चाहते हैं? यह तो सरासर बचकाना और मूर्खतापूर्ण कार्य है। आप जो कुछ चाहते हैं, उसमें आपकी दिलचस्पी छिपी हुई है, परंतु इसमें किसी अन्य की कोई दिलचस्पी नहीं है। हम सब यही तो करते हैं, हम सब सिर्फ खुद में ही दिलचस्पी लेते हैं। इसीलिए इस पूरी दुनिया में दूसरों को प्रेरित करने का सबसे सफल तरीका यही है कि हम सामनेवाले की इच्छाओं को महत्त्व दें, उसी के हिसाब से बात करें और उसे यह बताएँ कि वह अपनी इच्छाओं की पूर्ति कैसे कर सकता है?

अब जब भी आप किसी से कोई काम करवाना चाहें, तो इस बात को सदैव दिमाग में रखें। उदाहरण के लिए यदि आपका बालक सिगरेट पीता है और आप उसकी सिगरेट छुड़वाना चाहते हैं, तो उसे डाँटिए-फटकारिए नहीं, उसे दस बातें भी मत सुनाइए, यह मत बताइए कि आप चाहते क्या हैं? आप उसे समझाइए कि अगर वह सिगरेट नहीं छोड़ेगा, तो बास्केटबॉल टीम का हिस्सा नहीं बन सकेगा या एथलेटिक्स कप कभी भी नहीं जीत सकेगा।

यह बात सिर्फ बच्चों पर ही नहीं, बल्कि मवेशियों या चिमपांजियों पर भी लागू होती है। उदाहरण के लिए एक बार राल्फ वॉल्डो इमर्सन तथा उनका बेटा, एक बछड़े को तबेले में ले जाने की जी-तोड़ कोशिश कर रहे थे। इमर्सन उसे धक्का दे रहे थे तथा पुत्र उसे खींच रहा था। वे भी अपनी इच्छानुसार काम कर रहे थे और बछड़ा भी वही कर रहा था, जो वे लोग कर रहे थे। वह भी सिर्फ अपनी ही इच्छा की चिंता कर रहा था, इसीलिए उसने अपने पैर सख्ती से जमीन में गड़ा लिये और मैदान छोड़कर तबेले की ओर जाने के लिए तैयार नहीं हुआ। एक आइरिश नौकरानी ने यह सब देख लिया। वह इमर्सन की तरह आलेखन या पुस्तक-लेखन तो कर नहीं सकती भी। उसने इस बारे में सोचना शुरू कर दिया कि बछड़ा आखिर चाहता क्या है? और उसने अपनी उँगली बछड़े के मुँह में डाल दी, बछड़ा मजे से उँगली चूसते हुए आगे बढ़ गया।

हैरी ए. ओवरस्ट्रीट ने अपनी पुस्तक 'इंफ्लुएंसिंग ह्यूमन बिहेवियर' में लिखा है, "कार्य-कर्म तो हमारी मूल इच्छा से पनपता है।" इसीलिए व्यापार, विद्यालय, घर तथा राजनीति में दूसरों को काम करने के लिए प्रेरित करनेवालों के लिए सबसे कारगर सलाह यही दी जा सकती है, "सामनेवाले आदमी में सबसे पहले काम करने की दृढ इच्छा जाग्रत् करें, जिसने यह काम कर लिया, उसके साथ तो पूरी दुनिया है और जो यह न कर सका, वह अकेला ही रह जाएगा।"

एंड्रयू कारनेगी, स्कॉटलैंड में बहुत निर्धनता में पले-बढ़े थे। अपनी नौकरी की शुरुआत में उन्हें तो दो सेंट प्रति घंटा के हिसाब से मिलते थे, लेकिन उन्हीं एंड्रयू कारनेगी ने बाद में 365 मिलियन डॉलर दान में दे दिए। तो क्या था इतनी विशाल कामयाबी का रहस्य? उन्होंने शुरू से ही यह सीख लिया था कि लोगों को प्रेरित कैसे करना चाहिए। विद्यालय तो वे बस चार साल गए थे, लेकिन लोक व्यवहार की पाठशाला के वे एक निपुण छात्र थे।

एक बार उनकी एक रिश्तेदार अपने दोनों बच्चों को लेकर बहुत चिंतित थीं।

वे येल में रहते थे और इतने व्यस्त थे कि उन्हें घर पर चिट्ठी लिखने की याद ही नहीं रहती थी। यहाँ तक कि वे तो अपनी माँ की चिट्ठियों का भी उत्तर नहीं देते थे। इस पर कारनेगी ने अपनी इस रिश्तेदार से सौ डॉलर की शर्त लगा ली कि वह लौटती डाक से चिट्ठी के अपने उत्तर मँगाकर दिखाएगा तथा उत्तर देने के लिए उन बच्चों को विवश भी नहीं करेगा। शर्त लगाने के पश्चात् कारनेगी ने उस बालक को एक लंबी चिट्ठी लिख दी तथा आखिर में यह भी लिख दिया कि वह हरेक के लिए पाँच डॉलर का नोट साथ में भेज रहा है, लेकिन कारनेगी ने कोई भी नोट नहीं भेजा था और फिर चमत्कार हो गया। लौटती डाक से उनकी चिट्ठी का उत्तर आया, जिसमें 'प्यारे नंबरल एंड्रयू' को धन्यवाद दिया गया था और बाद में क्या लिखा होगा, यह तो आप खुद समझ सकते हैं।

खुद की बात को मनवाने का एक और उदाहरण क्लीवलैंड, ओहियो के स्टैन नोवाक का है, जिन्होंने हमारे प्रशिक्षण में भाग लिया था। एक दिन संध्या के समय घर लौटने पर स्टैन ने देखा कि उनका सबसे छोटा बेटा टिम फर्श पर बैठा-बैठा पैर पटक-पटककर चीख-चिल्ला रहा था। कारण, उसे अगले दिन से किंडरगार्डन विद्यालय में जाना था और वह इसके लिए तैयार नहीं था। यदि कोई अन्य होता, तो ऐसे समय में जबरन उसको कक्षा में ले जाकर उससे जख्ती से पेश आता, लेकिन उस शाम स्टैन को यह एहसास हो गया कि अगर वह ऐसा करेगा, तो टिम सही मानसिकता के साथ विद्यालय नहीं जा सकेगा, फिर स्टैन ने अपने आपको टिम के स्थान पर रखकर सोचना शुरू किया, 'अगर मैं टिम की जगह होता, तो मैं विद्यालय जाने के लिए क्यों उत्साहित होता?' फिर उसकी पत्नी और उसने मिलकर टिम की रुचिकर बातों की एक सूची बनाई। टिम को फिंगर पेंटिंग, गाना गाने तथा नए दोस्त बनाना पसंद था, फिर घर के सब लोग काम में लग गए। हम सबने फिंगर पेंटिंग करना प्रारंभ कर दी। कमाल हो गया! मेरी पत्नी लिल, मेरे बड़े बेटे बॉब तथा मुझे भी इसमें मजा आने लगा, फिर टिम ने भी दरवाजे से बाहर झाँककर देखा और वह कहने लगा कि हम सब उसे भी इस खेल का हिस्सा बना लें, फिर मैंने उसको उसकी ही भाषा में यह समझाया कि फिंगर पेंटिंग सीखने के लिए उसे किंडरगार्टन में जाना होगा। वहाँ पर उसे और भी मजेदार खेल सिखाए जाएँगे। अगली सुबह जब मैं काफी जल्दी उठ गया, तो मैंने देखा कि टिम लिविंग रूम की कुरसी पर बैठा-बैठा सो रहा था। मैंने पूछा कि तुम यहाँ क्या कर रहे हो, तो उसने कहा कि "मैं तो किंडरगार्टन जाने की प्रतीक्षा कर रहा हूँ। मैं नहीं चाहता कि मैं वहाँ देर से

पहुँचूँ।" तो जरा सोचिए कि किस तरह से हमारे पूरे परिवार के उत्साह ने टिम में यह दृढ इच्छा जाग्रत् कर दी थी, जो किसी धमकी या भय से पैदा नहीं हो सकती थी।

अगली बार जब आपको भी किसी को कोई काम करने के लिए मनाना पड़े, तो पहले खुद से पूछें, 'मैं इस आदमी में यह काम करने की इच्छा कैसे जाग्रत् कर सकता हूँ?' इस प्रश्न से एक फायदा यह होगा कि हम बिना जाने-बूझे किसी परिस्थिति में कूदने तथा अपनी इच्छाओं के बारे में अर्थहीन बातें करने से बच जाएँगे।

काफी समय पहले मैं न्यूयॉर्क के एक होटल के बॉलरूम को बीस रातों के लिए किराए पर ले लेता था, जिससे मैं वहाँ पर अपनी व्याख्यानमाला का आयोजन कर पाऊँ, लेकिन एक बार अचानक मुझे यह सूचना दी गई कि इस बार मुझे पहले से तीन गुना ज्यादा किराया देना पड़ेगा। एक बात और कि यह खबर जब तक मेरे पास पहुँचती, उससे पहले ही टिकट छपकर बँट भी चुके थे तथा व्याख्यान माला का सारा प्रचार-कार्य भी हो चुका था। साफ सी बात थी कि मैं इतना अधिक किराया नहीं देना चाहता था, लेकिन होटलवाले मेरी इच्छा के अनुसार तो नहीं चलेंगे। होटल का मालिक मेरी इच्छा के हिसाब से नहीं, बल्कि अपनी इच्छा के हिसाब से काम करता था। मैं दो दिनों बाद व्यवस्थापक से मिलने गया तथा मैंने उससे कहा, "हालाँकि आपका पत्र पढ़कर मुझे बहुत धक्का लगा है, लेकिन इसके लिए मैं आपको कसूरवार नहीं मानता। आपके स्थान पर यदि मैं होता, तो मैं भी आपको इसी तरह का पत्र लिखता। आप होटल के व्यवस्थापक हैं और जाहिर सी बात है, आप अधिक-से-अधिक फायदा कमाना चाहेंगे। आपके ऐसा न करने पर आपकी नौकरी भी जा सकती है। अब हम ऐसा करते हैं कि एक कागज पर यह लिख लें कि किराया बढ़ाने से आपको कौन-कौन से फायदे होंगे तथा कौन-कौन से नुकसान।

मैंने एक पेपर उठाकर उसके बीचोबीच एक पंक्ति खींच दी तथा एक ओर 'फायदे' तथा दूसरी ओर 'नुकसान' शीर्षक लिख दिया।

सबसे पहले मैंने फायदेवाली बातें लिखीं, "बॉलरूम फ्री, आपको फायदा यह होगा कि डांस तथा अन्य अवसरों के लिए आपका बॉलरूम खाली रहेगा। इससे आपको बहुत फायदा होगा, क्योंकि जितना पैसा आप इन आयोजनों से कमा सकते हैं, उससे कम पैसा व्याख्यानमाला के लिए किराए पर देने से हो पाएगा, जिससे निःसंदेह आपके हाथ से फायदा के कई अवसर छूट जाएँगे।"

"अब हमें नुकसान पर भी ध्यान देना है। सबसे पहली बात तो यह है कि मुझे बॉलरूम किराए पर देने से आपकी आमदनी बढ़ने के स्थान पर घट जाएगी। दरअसल आपकी बिल्कुल भी आमदनी नहीं होगी, क्योंकि जितना किराया आप माँग रहे हैं, उतना किराया तो मैं बिल्कुल भी नहीं दे पाऊँगा। विवशता में आयोजन रद्द करना होगा।"

"लेकिन इससे भी बड़ा एक और नुकसान है, जो आपको सहना पड़ेगा। मेरी व्याख्यान माला में अनेक सुसंस्कृत तथा पढ़े-लिखे लोग आपके होटल में आते हैं, जिससे आपके होटल का प्रचार अपने-आप ही हो जाता है। यदि आप अपने होटल का विज्ञापन किसी अखबार आदि में भी देंगे, तो भी इतने लोग आपके होटल में नहीं जाएँगे, जितने कि मेरी व्याख्यान माला में आते हैं। इसके अलावा आपको विज्ञापन के लिए कम-से-कम 5000 डॉलर तो जरूर खर्च करने होंगे। तो फिर मेरी व्याख्यानमाला तो अपने-आप ही आपके होटल की अच्छी पब्लिसिटी का माध्यम है। अपनी बात स्पष्ट करते समय मैंने दोनों 'हानियों' को उनके सही कॉलम में लिख दिया तथा फिर उस पेपर को व्यवस्थापक को पकड़ाते हुए कहा, "मैं चाहता हूँ कि आप फायदा तथा नुकसान दोनों के बारे में ठंडे दिमाग से सोच लें और फिर मुझे अपना आखिरी फैसला सुना दें।"

मैं तो यह देखकर चकित रह गया, जब उस व्यवस्थापक का एक पत्र मुझे मिला, जिसमें उसने मेरा किराया 300 प्रतिशत के स्थान पर सिर्फ 50 प्रतिशत ही बढ़ाया था।

आप इस बात पर भी ध्यान दीजिए कि मैंने यह छूट पाने के लिए अपनी इच्छा व्यवस्थापक को नहीं बताई थी। मैंने तो उसी के बारे में सोचा था कि वह कैसे अपनी मनचाही चीज प्राप्त कर सकता था। अगर मैंने भी वैसा ही किया होता, जैसा कि एक सामान्य आदमी करता है कि उसके दफ्तर का दरवाजे पटकते हुए भीतर घुस जाता और उससे कहने लगता कि यह तो सरासर अन्याय है, आपने इतना किराया बढ़ा दिया। अब तो मेरे सारे टिकट भी छप चुके हैं, मैं इतना किराया किसी हालत में भी नहीं दूँगा। तब उसका क्या परिणाम निकलता? होटल व्यवस्थापक तो और भी ज्यादा इस बात पर अड़ जाता, फिर गरमागरमी होती, बहस होती, तनातनी होती और परिणाम निरर्थक। चाहे मैं कितनी भी कोशिश क्यों न कर लेता, वह अपनी गलती कभी भी नहीं मानता और न ही मेरी बात मानता।

हेनरी फोर्ड ने भी मानवीय संबंधों की कला की बड़ी मनोहारी व्याख्या की

है, "सफलता का सिर्फ एक ही रहस्य है और वह यह कि हममें वह क्षमता हो कि हम अपने सामनेवाले का दृष्टिकोण, उसकी मानसिकता को समझ सकें तथा किसी भी घटना को सिर्फ अपने दृष्टिकोण से ही न देखें।" यह कहावत इतनी स्पष्ट तथा सरल है कि हमें इसकी सच्चाई को पहली ही बार में समझ लेना चाहिए, लेकिन फिर भी 90 प्रतिशत से अधिक लोग 90 प्रतिशत से अधिक समय इसे अनदेखा करने में नष्ट करते हैं।

इस बात की एक और बड़ी मिसाल है। प्रतिदिन सुबह डाक से आई चिट्ठियों पर नजर डालिए, तो आपको ज्ञात हो जाएगा कि अधिकतर लोग सामान्य बुद्धि के इस अत्यंत उपयोगी नियम की उपेक्षा करके इसकी आलोचना करते हैं। अब आप इस पत्र को ही लें, जिसे एक विज्ञापन एजेंसी के प्रमुख ने लिखा है और जिसके दफ्तर पूरे महाद्वीप में फैले हुए हैं। यह पत्र देश भर के सभी स्थानीय रेडियो स्टेशनों के मैनेजरों को भिजवाया गया था (मैंने हर पैराग्राफ की अपनी प्रतिक्रिया उसके साथ में ही लिखी है)।

श्रीमान् जॉन ब्लैंक,
ब्लैंकविले, इंडियाना
प्रिय श्रीमान् ब्लैंक,
  कंपनी रेडियो के क्षेत्र में विज्ञापन एजेंसी के उच्च शीर्ष पर अपनी स्थिति को सदैव स्थापित रखना चाहती है।
  मेरी प्रतिक्रिया यह है—'आपकी कंपनी क्या चाहती है? (इतनी परवाह कौन करता है? मैं तो खुद ही अपनी समस्याओं से घिरा हुआ हूँ। मेरे मकान के कर्ज को बैंक फोरक्लोज कर रहा है। स्टॉक मार्केट नीचे गिरती जा रही है। आज सुबह मेरी ट्रेन भी छूट गई, मुझे इसीलिए ज्यादा पैसे खर्च करके बस से जाना पड़ा। पिछली रात को मेरे पड़ोसी ने मुझे डांस पार्टी में भी नहीं बुलाया। डॉक्टरों ने पहले ही बता दिया है कि मैं उच्च रक्तचाप से ग्रस्त हूँ। सिर में भी दर्द रहता है। मैं परेशान होकर दफ्तर जाता हूँ, अपनी डाक खोलता हूँ और वहाँ न्यूयॉर्क में बैठा एक अहंकारी इस बात पर डींगें हाँक रहा है कि उसकी कंपनी क्या चाहती है? बकवास है, सबकुछ।)
  इस एजेंसी के राष्ट्रीय एडवरटाइजिंग अकाउंट्स नेटवर्क के

आधार स्तंभ थे। प्रतिवर्ष हम इतना अधिक विज्ञापन करते हैं कि अन्य सभी एजेंसियों से आगे हैं तथा इस धंधे में शीर्ष पर काबिज हैं।

मेरी प्रतिक्रिया यह है (तुम बहुत महान् हो, अमीर हो, टॉपर हो, क्या यह सच है? अगर हो भी, तो उससे क्या फर्क पड़ता है? मुझे तो इस बात से बिल्कुल भी फर्क नहीं पड़ता। अब चाहे तुम अमरीका के जनरल मोटर्स तथा जनरल इलैक्ट्रिक एवं जनरल स्टाफ जितने बड़े हो जाओ, मेरी दृष्टि में तो तुम एकदम बेवकूफ हो। यदि तुममें जरा सी भी बुद्धि होती, तो तुम्हें यह अनुभव अवश्य होता कि मेरी दिलचस्पी इस बात में क्यों होगी कि तुम कितने महान् हो। तुम्हारी इस अभूतपूर्व कामयाबी की चर्चा तो मुझे छोटा होने की अनुभूति करा रही है तथा मैं खुद को महत्त्वपूर्ण समझ रहा हूँ।)

'हम तो सिर्फ यही चाहते हैं कि रेडियो के माध्यम से अपने ग्राहकों की उत्कृष्ट सेवा कर सकें।'

मेरी प्रतिक्रिया यह है—(मैं यह चाहता हूँ। हम यह चाहते हैं। बार-बार तुम यही बताते जा रहे हो। मेरी इस बात में कोई दिलचस्पी नहीं है कि तुम अमरीका के राष्ट्रपति हो या फिर सड़क चलते भिखारी। मैं तुम्हें आखिरी बार बता दूँ कि मेरी दिलचस्पी तो इस बात में है कि मैं क्या चाहता हूँ और तुम्हारे इस बेवकूफी भरे पत्र में कहीं भी इस बारे में एक भी शब्द नहीं लिखा गया है।)

इसलिए क्या आप कंपनी का नाम साप्ताहिक स्टेशन जानकारी की अपनी खास सूची में जोड़ पाएँगे? बुद्धिमत्तापूर्ण बुकिंग के समय के लिए व्यापक जानकारी एजेंसी के लिए बहुत उपयोगी तथा कारगर सिद्ध होगी?

मेरी प्रतिक्रिया यह है—'विशेष' सूची। तुम्हारा इतना साहस! पहले तो तुमने अपनी कंपनी के गुणों की महिमा सुना-सुनाकर मुझे अपनी ही दृष्टि में महत्त्वहीन बना दिया और अब तुम मुझसे यह आशा सँजोए बैठे हो कि मैं तुम्हारी कंपनी को 'विशेष' सूची में नामांकित कर दूँ और तुम इतने एहसानफरामोश हो कि तुमने 'कृपया' तक लिखने का कष्ट नहीं किया।

इस पत्र की फौरन पावती भेजें और यह भी बताएँ कि हम

वर्तमान समय में क्या कर रहे हैं? मुझे पूरी उम्मीद है कि परस्पर सहयोग हम दोनों के लिए ही लाभकारी सिद्ध होगा।

मेरी प्रतिक्रिया इस तरह है—(अरे बेवकूफ आदमी! तुमने तो मुझे एक बेकार पत्र भेज दिया। एक ऐसा पत्र, जो ठीक उसी तरह बिखरा हुआ है, जिस तरह से पतझड़ में पेड़ों की पत्तियाँ बिखर जाती हैं। मैं तो अपने कर्ज, अपने रक्तचाप के बारे में पहले से ही बहुत चिंतित हूँ, ऐसे में तुम मुझसे उम्मीद कर रहे हो कि मैं तसल्ली से बैठकर तुम्हारे पत्र को पढ़ूँ तथा उसकी पावती भी भेजूँ और वह भी फौरन। अरे, मैं खाली बैठा हूँ क्या? और हाँ, एक बात और तुम मुझ पर आदेश चलानेवाले होते कौन हो? तुम्हारा कहना है कि इससे हम दोनों को ही फायदा होगा। चलो, तुमने मेरे बारे में सोचा तो सही, मुझे तुम्हारे फायदा का तो पता है, लेकिन मुझे क्या फायदा होनेवाला है, इस बारे में तुमने कुछ भी साफ-साफ नहीं लिखा है।)

—आपका अपना

जॉन डोए, व्यवस्थापक, रेडियो विभाग

पुनश्चः ब्लैंकविले जनरल से लिया गया यह रीपिंट आपको जरूर पसंद आएगा और 'आप इसे अपने स्टेशन पर प्रसारित करना चाहेंगे। मेरी प्रतिक्रिया इस तरह है—(चलो, तुमने पुनश्चः वाले खंड में किसी ऐसी बात का वर्णन तो किया, जो मेरे काम की है, फिर तुमने इसी बात से अपना पत्र शुरू क्यों नहीं किया? अब इसका कोई फायदा नहीं है। विज्ञापन जगत् का एक ऐसा आदमी, जो इतनी अधिक अनावश्यक बातें लिखकर दूसरों का समय नष्ट करने का दोषी हो, वह निश्चित रूप से किसी मानसिक बीमारी का शिकार होगा। तुम यह क्यों जानना चाहते हो कि हम वर्तमान में क्या कर रहे हैं? तुम्हें तो बस अपने थाइराइड ग्लैंड के लिए थोड़े से आयोडीन की जरूरत है।)

अब आप ही बताइए कि विज्ञापन जगत् से जिनका इतना दीर्घकालिक संबंध रहा हो तथा जो लोग दूसरों को अपना गुलाम बनाने के लिए प्रभावशाली कला-विशेषज्ञ होने का दावा करते हैं, यदि ऐसे लोग ही इतनी बेवकूफी भरी चिट्ठी लिखते हैं, तो फिर एक मामूली से बुचर और बेकर या ऑटो मेकैनिक से आप क्या उम्मीद रख सकते हैं?

अब यहाँ पर एक पत्र दिया जा रहा है, जिसे एक बड़े फ्रेट टर्मिनल के अधीक्षक ने हमारे पाठ्यक्रम के एक छात्र एडवर्ड वर्मिलन को लिखा था। अब इस पत्र का उस छात्र पर क्या असर पड़ा होगा, आप पहले खुद इसे पढ़ लीजिए, फिर मैं आपको बताऊँगा।

ए. जेरेगाज, संस इंसरसन
28, फ्रंट स्ट्रीट, बुक्रलिन, न्यूयॉर्क 11201
सेवा में श्रीमान् एडवर्ड वर्मिलन,
प्रिय महोदय,

    हमारे सभी खरीदार अपना अधिकतर माल संध्या के समय ही भिजवाते हैं, इसलिए उस माल को बाहर भिजवाने में हमें बहुत परेशानी का सामना करना पड़ता है। इसी कारण हमारे यहाँ आम तौर पर भीड़ इकट्ठी हो जाती है। हमारे कर्मचारियों को अवकाश के समय में भी काम करना पड़ता है। हमारे वाहन देरी से निकल पाते हैं तथा कई बार तो सामान पहुँचने में भी देर हो जाती है। 10 नवंबर को आपकी कंपनी ने हमारे यहाँ जिन 510 वस्तुओं की वापसी भेजी थी, वह भी हमें संध्या के समय चार बजकर बीस मिनट पर प्राप्त हुई थी।

    इन परेशानियों से निबटने के लिए हमें आपके सहयोग की सख्त जरूरत है। क्या आप इतना कष्ट कर सकते हैं कि आगे से जब भी आपको माल भिजवाना हो, ऐसा प्रयास करें कि या तो आपका वाहन हमारे यहाँ जल्दी पहुँच जाए या फिर कुछ माल आप सुबह ही भिजवा दें। इस तरह का बंदोबस्त करने से आपको भी फायदा होगा, क्योंकि इससे आपके वाहन जल्दी ही खाली हो जाएँगे तथा आपको यह भी निश्चिंतता हो जाएगी कि आपका माल मुनासिब समय पर उसी दिन निकल जाएगा।

—आपका अपना
जे.बी. अधीक्षक

अब इस पत्र को पढ़कर ए. जेरेगाज, संस इंसरसन के सेल्स व्यवस्थापक श्रीमान् वर्मिलन पर इसकी क्या प्रतिक्रिया हुई, इस बारे में उन्होंने मुझे यह लिखकर भेजा—

'मुझ पर तो इस पत्र का विपरीत ही असर पड़ा। शुरू से उन्होंने अपने पत्र में अपनी ही समस्याओं का रोना रोया था और इस बात में मेरी कोई भी दिलचस्पी नहीं थी। वे हमसे सहयोग तो माँग रहे थे, लेकिन उन्होंने हमसे एक बार भी यह नहीं पूछा कि क्या इन सब परिवर्तनों से हमें भी कोई परेशानी होगी।

और आखिर में उन्होंने यह और लिख दिया कि यदि हम उन्हें बताएँगे, तो उससे हमारा भी फायदा होगा कि हमारा माल उसी दिन फौरन रवाना हो सकेगा।

इस बात को दूसरे शब्दों में ऐसे कहा जा सकता है कि जिस बात में हमारी सबसे अधिक दिलचस्पी थी, उस बात को आखिर में लिखा था, इसीलिए इस पत्र का सकारात्मक असर होने के बजाय नकारात्मक असर हो गया।

अब हम इस पत्र में कुछ अदला-बदली करते हैं और फिर देखते हैं कि इसका असर सक्रिय होगा या फिर नकारात्मक? हम अपनी समस्याओं का रोना नहीं राएँगे। हम तो हेनरी फोर्ड के नजरिए को ध्यान में रखते हुए इस पत्र में बदला-बदली करेंगे।

इस पत्र को सही तरीके से कुछ इस तरह लिखा जा सकता है। यह तो संभव हो सकता है कि यह तरीका भी सर्वश्रेष्ठ न हो, फिर भी पहलेवाले से तो अच्छा ही है—

मिस्टर एडवर्ड वर्मिलन
ए. जेरेगाज, संस इंसरसन, 28 फ्रंट स्ट्रीट
बुकलिन, न्यूयॉर्क 11201
प्रिय श्रीमान् वर्मिलन,

आपकी कंपनी पिछले चौदह-पंद्रह वर्षों से हमारे साथ अच्छा कारोबार कर रही है और हम हृदय से आपके प्रति अपनी कृतज्ञता प्रकट करते हैं कि आप इतने लंबे समय से हमारे अच्छे खरीदार हैं। हम आपको और भी अच्छी तरह गतिपूर्ण सेवाएँ प्रदान करना चाहते हैं, लेकिन हमें दु:ख है कि जब आपके वाहन संध्या के समय देर से माल लेकर हमारे यहाँ पहुँचते हैं (जैसा कि 10 नवंबर को भी हुआ था), तो ऐसा कर पाना हमारे लिए सदैव संभव नहीं हो पाता। हम तो पूरी कोशिश करते हैं, लेकिन कई दूसरे खरीदार भी संध्या के समय ही देर से अपना माल हमारे यहाँ भेजते हैं।

इसी कारण हमारे यहाँ काफी भीड़ एकत्र हो जाती है। इसका परिणाम यह निकलता है कि आपके ट्रकों को काफी देर तक यहाँ रुकना पड़ता है और इसी कारण आपका माल भी देर से पहुँचता है। इसमें आपका और हमारा दोनों का ही समय बरबाद होता है। ऐसा हम दोनों के लिए ही नुकसान कारक है। इसलिए इससे बचने के उपाय ढूँढ़ने चाहिए। यदि आप अपना माल सुबह के समय भिजवा दें, तो आपके वाहन जल्दी खाली हो जाया करेंगे, आपका माल भी समय पर पहुँच सकेगा तथा हमारे कर्मचारी आपके द्वारा बनाए गए मैकेरोनी व नूडल्स आदि का स्वादिष्ट भोजन करने के लिए समय से घर पहुँच सकेंगे।

हमें तो बस आपको उत्कृष्ट तथा गतिपूर्ण सेवाएँ प्रदान करने में ही संतोष मिलेगा, चाहे आपका माल कभी भी पहुँचे। हमें ज्ञात है कि आप बहुत व्यस्त रहते हैं, इसलिए इस पत्र का उत्तर देने का कष्ट बिल्कुल भी न करें।

—आपका अपना

जे.बी. अधीक्षक

न्यूयॉर्क के एक बैंक में कार्यरत बारबरा एंडरसन फीनिक्स, एरिजोना में रहना चाहती थी, क्योंकि उसके बच्चे का स्वास्थ्य ठीक नहीं रहता था। हमारे पाठ्यक्रम में सीखे गए नियमों का सही तरीके से उपयोग करते हुए उसने फीनिक्स के 12-13 बैंकों को यह पत्र लिखा—

प्रिय महोदय,

आपके बैंक के विकासार्थ मेरा दस वर्षीय अनुभव बेहद काम आ सकता है। इस समय मैं न्यूयॉर्क की बैंकर्स ट्रस्ट कंपनी में शाखा व्यवस्थापक के पद पर कार्यरत हूँ, लेकिन इससे पहले मैं कई पदों पर काम कर चुकी हूँ। मुझे बैंकिंग के सभी पहलुओं, जैसे क्रेडिट, लोन, टेलर तथा प्रशासन आदि का अच्छा ज्ञान है। मैं मई के महीने से फीनिक्स में रहने आ रही हूँ और मुझे पूरा विश्वास है कि मेरी सेवाएँ आपके बैंक के विकास के लिए फायदेमंद सिद्ध होंगी। 3 अप्रैल के

आस-पास मैं फीनिक्स में ही रहूँगी और चाहती हूँ कि आप देख लें कि मैं किस तरह आपके बैंक के लक्ष्यों को प्राप्त करने में आपकी मदद कर सकती हूँ।

—विनीत
बारबरा एल. एंडरसन

अब आपको क्या लगता है कि श्रीमती एंडरसन को अपने इस पत्र का उत्तर मिला होगा या नहीं? मुझे तो लगता है कि एक-आध बैंक को छोड़कर सभी ने उनके इस पत्र का उत्तर जरूर दिया होगा, क्योंकि एंडरसन ने कहीं भी यह नहीं बताया था कि वे क्या चाहती हैं? बल्कि उन्होंने सिर्फ बैंक के विकास के लिए अपनी अच्छी सेवाएँ देने के बारे में कहा था। उनका पूरा ध्यान बैंक की सेवाओं पर केंद्रित था, न कि अपनी निजी आवश्यकता पर।

आज बीसियों सेल्समैन फुटपाथ पर हताश, चिंतित, थके-हारे घूमते देखे जा सकते हैं। कारण फिर वही, वे सिर्फ अपने लाभ, अपनी जरूरतों के बारे में ही सोचते हैं। कभी भी इस बात पर ध्यान नहीं देते कि मैं या आप वह चीज क्यों खरीदें?

लेकिन हर कोई सदैव अपनी ही समस्या को सुलझाना चाहता है। यदि सेल्समैन हमें अपनी बातों से यह अनुभव करा दे कि उसके माल को खरीदकर हमारी समस्याएँ क्यों और कैसे सुलझ करती हैं, तो उसे अपना माल बेचने की जरूरत ही नहीं पड़ेगी। हम अपने-आप ही उसका सामान खरीदने में दिलचस्पी दिखाएँगे। एक और पते ही बात, खरीदार को सदैव यह एहसास होना चाहिए कि वह सामान खरीद रहा है, न कि यह कि कोई सामान आपको जबरन बेचा जा रहा है।

यही कारण है कि बहुत से सेल्समैन जीवन भर सफल नहीं हो पाते, क्योंकि वे सदैव ही अपने नजरिए से देखते हैं, न कि खरीदार के नजरिए से। इसी का एक उदाहरण यहाँ दिया जा रहा है। कई वर्षों तक मैं फॉरेस्ट हिल्स में रहा हूँ, जो ग्रेटर न्यूयॉर्क के मध्य में निजी मकानों की एक छोटी सी कॉलोनी थी। एक बार मैं तेजी से स्टेशन की तरफ जा रहा था कि अचानक मेरी मुलाकात एक रियल एस्टेट ऑपरेटर से हो गई, जो उस इलाके में कई वर्षों से जमीन-जायदाद खरीदने-बेचने का काम कर रहा था। उसे फॉरेस्ट हिल्स की भी अच्छी जानकारी थी, इसीलिए मैंने उससे पूछ लिया कि मेरा घर मेटल लैथ से बना है या हॉलो टाइल्स से। उसने

कह दिया कि वह इस बारे में नहीं जानता, लेकिन अपने-आप ही उसने मुझे एक ऐसी बात भी बताई, जो मुझे पहले से ही ज्ञात थी कि मैं इसकी जानकारी फॉरेस्ट हिल्स गार्डन एसोसिएशन से ले सकता हूँ। अगली सुबह उसका एक पत्र मुझे मिला, लेकिन उस पत्र में उसने मेरे मकान के बारे में कोई जानकारी नहीं दी थी, जबकि वह मिनटों में यह जानकारी प्राप्त कर सकता था, लेकिन उसने जरा सा भी कष्ट उठाना नहीं चाहा। उसने मुझे एक बार फिर यह बताया कि इसकी जानकारी में टेलीफोन करके ले सकता हूँ और फिर बाद में यह भी कह दिया कि मैं उससे अपना जीवन बीमा करवा लूँ। मतलब वह सिर्फ अपने स्वार्थ की पूर्ति करना चाहता था और मेरी मदद करने में उसकी जरा सी भी दिलचस्पी नहीं थी।

बर्मिंघम, अलाबामा के जे. हॉवर्ड ल्यूकास ने हमें एक ही कंपनी के दो सेल्समैनों के विषय में बताया, जिन्होंने एक जैसे हालातों में भिन्न भिन्न तरीके से काम किया, "कई वर्षों पहले मैं एक छोटी सी कंपनी में मैनेजमेंट टीम में सम्मिलित था। हमारे दफ्तर के निकट एक बड़ी बीमा कंपनी का जिला मुख्यालय था। हर इलाके के कुछ एजेंट तय कर दिए गए थे तथा इसी नियम के अनुसार हमारी कंपनी के हिस्से में दो एजेंट आए थे, जिनके नाम मैंने जॉन एवं कार्ल रख दिए थे।

फिर एक दिन कार्ल हमारे दफ्तर में आकर बताने लगा कि उसकी कंपनी ने एग्जीक्यूटिव्ज के लिए एक नई बीमा पॉलिसी शुरू की है, जिसमें हमारी बाद में दिलचस्पी पैदा हो सकती है और जब पॉलिसी के बारे में सबकुछ साफ-साफ ज्ञात हो जाएगा तो वह फिर से हमारे पास आएगा।

"जॉन ने भी उसी दिन हमें फुटपाथ पर देख लिया और वह भी चिल्लाकर कहने लगा, 'ल्यूक! जरा रुको तो, मेरे पास आप लोगों के लिए एक शानदार सूचना है। उसने उत्साहपूर्वक रोमांचित होते हुए कहा कि उसकी कंपनी ने एक बड़ी ही शानदार पॉलिसी शुरू की है। इसी पॉलिसी के बारे में कार्ल ने बड़े आसान ढंग के जिक्र किया था, फिर जॉन ने कहा कि मैं चाहता हूँ कि आप इसके पहले खरीदार बन जाएँ, फिर उसने हमें उस पॉलिसी की विस्तारपूर्वक जानकारी दी तथा अपनी बात को यह कहते हुए विराम चिह्न लगाया कि वह पॉलिसी एकदम नई है और मैं कल ही दफ्तर जाकर इसकी पूरी जानकारी प्राप्त कर लूँगा। इस अवधि में हम दूसरी सारी औपचारिकताएँ पूरी कर लें तथा फार्म आदि हस्ताक्षर करके भिजवा दें, जिससे कंपनी निजी सेवाएँ भी आपको प्रदान कर सके।'

"उसकी बातें इतनी उत्साहपूर्वक थीं कि हम भी बहुत उत्सुक हो गए उस

पॉलिसी को कराने के लिए, जबकि हमें उस पॉलिसी की ज्यादा जानकारी भी नहीं थी। बाद में हमें जो भी जानकारी मिली, वह जॉन द्वारा बताई गई जानकारी के अनुसार ही थी और उसका परिणाम यह निकला कि जॉन ने हममें से हरेक को एक पॉलिसी बेच दी, बल्कि इससे हमारा कवरेज भी कई गुना बढ़ गया। हम यह पॉलिसी कार्ल के माध्यम से खरीद सकते थे, लेकिन उसने हमारी इच्छा को बल देने की जरा भी कोशिश नहीं की थी।"

यह पूरा संसार स्वार्थी लोगों का जमावड़ा है, जो सिर्फ अपना ही भला चाहता है, दूसरे की कोई फिक्र नहीं करता, लेकिन स्वार्थी लोगों की भीड़ में एक-दो लोग ऐसे भी मिल जाते हैं, जो निस्स्वार्थ भाव से दूसरों की मदद करना चाहते हैं। ऐसे लोग खुद का फायदा कभी नहीं चाहते, फिर भी यह फायदा उन्हें स्वत: मिल जाता है। कारण, ऐसे लोगों के प्रतियोगी नाममात्र के ही होते हैं। ओवेन डी. यंग, जो अमरीका के प्रसिद्ध वकील एवं महान् बिजनेस लीडर थे, उन्होंने एक बार कहा था, 'जो आदमी खुद को दूसरों के स्थान पर रख सकते हैं, जो दूसरों के दिमाग के काम करने की योजना को समझ जाते हैं, उन्हें तो इस बात की फिक्र कभी भी नहीं करनी चाहिए कि उनका मुस्तकबिल उज्ज्वल होगा या अंधकारमय!'

तो यदि आप इस पुस्तक को पढ़कर यही बात गाँठ बाँध लें कि किस तरह से दूसरे आदमी के नजरिए से सोचा जा सकता है तथा हालात को दृष्टिकोण के नजरिए से देखा जा सकता है, तो यह आपके जीवन में बड़े बदलाव का पल साबित हो सकता है।

किसी दूसरे आदमी के नजरिए से स्थिति को देखने तथा किसी काम की इच्छा जाग्रत् करने का यह मतलब बिल्कुल नहीं है कि आप सामनेवाले आदमी का शारीरिक या मानसिक शोषण करना चाहते हैं या फिर अपना उल्लू सीधा करके कोई काम निकालना चाहते हो। आपको कोई ऐसा रास्ता निकालना है, जिसमें दोनों का ही फायदा हो। जैसा कि मिस्टर वर्मिलन द्वारा लिखे गए सुझावों पर अमल करने से पत्र भेजनेवाले तथा पत्र प्राप्त करनेवाले दोनों का ही फायदा हुआ। श्रीमती एंडरसन तथा बैंक दोनों को ही उस पत्र से फायदा हुआ, क्योंकि श्रीमती एंडरसन को एक बहुत अच्छी मनचाही नौकरी मिल गई थी तथा बैंक को एक बढ़िया तथा योग्य कर्मचारी मिल गया था। उसी तरह बीमा करनेवाले श्रीमान् जॉन को श्रीमान् ल्यूकास के बीमे का कमीशन मिल गया था तथा उधर श्रीमान् ल्यूकास को भी एक बढ़िया बीमा पॉलिसी प्राप्त हो गई थी।

शेल तेल कंपनी के माइकल ई. व्हिडन का अनुभव भी इसी बात को इंगित करता है कि किस तरह दूसरे आदमी में काम करने के प्रति दिलचस्पी पैदा करके दोनों पक्षों को फायदा पहुँचाया जा सकता है। माइकल वारविड रोड, आइलैंड में इस कंपनी का प्रादेशिक बिक्री प्रतिनिधि था। वह चाहता था कि अपने जिले का टॉप सेल्समैन बन जाए, लेकिन एक सर्विस स्टेशन के कारण वह टॉप का सेल्समैन नहीं बन पा रहा था। इस स्टेशन का मालिक बूढ़ा हो चुका था तथा वह नवीनीकरण के पक्ष में नहीं था। इस स्टेशन की हालत निहायत ही बुरी तथा बदसूरत थी, इसलिए वहाँ पर बिक्री लगातार कम होती जा रही थी।

माइक ने बहुत कोशिश की कि व्यवस्थापक को स्टेशन का नवीनीकरण करने के लिए राजी कर सके। लेकिन माइक को इन कोशिशों का कोई भी फायदा होता नहीं दिख रहा था, फिर माइक ने फैसला किया कि वह व्यवस्थापक को अपने इलाके का सबसे नया शेल स्टेशन दिखाने ले जाएगा। नए स्टेशन की सुविधाओं को देखकर व्यवस्थापक दंग रह गया तथा बाद में माइक के आश्चर्य की कोई सीमा न रही, जब उसने देखा कि व्यवस्थापक ने भी अपने स्टेशन का नवीनीकरण करवा लिया और उसकी बिक्री में भी वृद्धि हो गई थी, फिर माइक अपने जिले के शीर्ष पर पहुँच गया। जिस बात पर चर्चाओं, बहस, तर्क-वितर्क से कोई फायदा नहीं हुआ, उसी पर व्यवस्थापक के मन में तीव्र इच्छा जाग्रत् करने उसे आधुनिक स्टेशन दिखाने से दोनों का ही फायदा हुआ, माइक का भी और व्यवस्थापक का भी।

अधिकतर छात्र स्कूल-कॉलेज जाकर वर्जिल पढ़ना सीख लेते हैं, कैलकुलस के रहस्य भी जान लेते हैं, लेकिन यह बात कभी भी नहीं जान पाते कि उनके दिमाग काम किस तरह से करते हैं। उदाहरण के लिए एक बार मैंने प्रभावी बोलचाल पर नौजवान कॉलेज स्नातकों के लिए एक पाठ्यक्रम का आयोजन किया। इन सभी युवाओं को एक बड़े एयरकंडीशनर निर्माता 'कॅरियर कॉरपोरेशन' के कर्मचारी के रूप में कार्य करना था। उनमें से एक हिस्सेदार दूसरों से यह बात मनवाना चाहता था कि वे सभी खाली वक्त में बास्केटबॉल खेला करें। उसने कहा, "मैं यह चाहता हूँ कि आप सभी बास्केटबॉल खेलना शुरू कर दें। मैं तो यह गेम खेलने के लिए बहुत उत्सुक रहता हूँ, लेकिन जिम में मुझे इस खेल के लिए खिलाड़ी मिल नहीं पाते। इसलिए आप सब आज रात को जिम में जरूर आएँ, क्योंकि मैं बास्केटबॉल खेलने के लिए मरा जा रहा हूँ।"

तनिक ध्यान दीजिए, क्या उसने एक बार भी इस बात की फिक्र की थी कि

आपकी क्या इच्छा है? आप वहाँ क्यों जाना चाहेंगे? आप क्यों परवाह करेंगे कि वह क्या चाहता है? इसके स्थान पर यदि उसने अपने साथियों से कहा होता कि उन्हें जिम्नैजियम में जाने से अनेक फायदे होंगे, जैसे उनका उत्साह बढ़ेगा, उत्साह बढ़ेगा तो भूख भी बढ़ेगी, फिर दिमाग तेजी से काम करेगा और खेल खेलने में संतोष तो आएगा ही, तो जरूर उसके साथियों ने उसकी बात पर विचार किया होता और फायदा भी दोनों का ही होता।

इसलिए मैं प्रोफेसर ओवरस्ट्रीट की फायदेमंद सलाह को दुबारा दुहराना चाहता हूँ, 'सबसे पहले सामनेवाले आदमी में काम करने की दृढ इच्छा जाग्रत् करें। यह काम जिसने कर लिया, पूरी दुनिया उसकी मुट्ठी में हो जाएगी और जो यह करने में नाकामयाब रहेगा, वह अकेला ही रह जाएगा।'

हमारे शिक्षण सत्र में एक छात्र ऐसा था, जो अकसर अपने छोटे बच्चे को लेकर घबराया रहता था। कारण, बच्चा ठीक से खाता-पीता नहीं था, इसलिए उसका वजन भी काफी कम था। उस बच्चे पर भी माँ-बाप द्वारा वही तरीके इस्तेमाल किए गए, जो हर माँ-बाप करते हैं। वे उसपर चिल्लाते रहते थे, कोई कहता था जल्दी खा लो, वरना पिटोगे, तो कोई कहता था, जल्दी खाकर बड़े और मजबूत हो जाओगे।

लेकिन क्या बच्चे ने कभी भी इन बातों को इससे ज्यादा महत्त्व दिया होगा, जितना कोई आदमी रेत भरे किनारे पर रेत के एक अंश की ओर देता है। कोई प्रबुद्ध आदमी ऐसी उम्मीद भी नहीं करेगा कि तीन साल का एक मासूम बालक अपने तीस साल के पिता के नजरिए से देखे। लेकिन उसका पिता तो उससे यही उम्मीद लगाए बैठा था। लेकिन फिर उसके पिता को अपनी त्रुटि एहसास हो गया कि वह सरासर बेवकूफी कर रहा है, उसे अपनी इच्छा का त्याग करके यह सोचना चाहिए कि बालक क्या चाहता है।

इस तरह सोचने पर समस्या का हल भी नजर आने लगा। बच्चे को अपनी तिपहिया साइकिल ब्रकुलिन के घर के आगे चलाना बहुत अच्छा लगता था। इसी मोहल्ले में एक बड़ा बालक रहता था, जो उस छोटे बच्चे की साइकिल छीनकर चलाने लगता था। फिर छोटा बालक दौड़ता हुआ अपनी मम्मी के पास आता और माँ बड़े बच्चे को साइकिल से उतारकर छोटे बच्चे को उसपर बैठा देती थी। यह लगभग हर रोज का नियम था। बच्चे की मानसिकता को जानने के लिए शरलॉक होम्स की जरूरत नहीं थी। उसका गर्व, उसका क्रोध, उसकी उसकी उत्तम दिखने

की महत्त्वाकांक्षा सबकुछ उसकी माँ चुटकियों में ही समझ जाती थी, फिर उसके पिता ने उसे समझाया कि अगर वह अपनी माँ का कहना मानकर ठीक से खाएगा, तो एक दिन वह खुद ही उस बड़े बच्चे से बदला ले सकेगा, फिर तो जैसे बच्चे पर उस गुंडे बच्चे को मारने का भूत सवार हो गया और उसी दिन से उसने ठीक से खाना शुरू कर दिया। वह बालक हरी सब्जियाँ, दूध, पनीर, फल, रोटी सबकुछ बहुत शौक से खाने लगा, ताकि बड़ा होकर उस बच्चे से बदला ले सके।

इस समस्या का हल हो जाने पर माँ-बाप ने उस बच्चे की दूसरी समस्या पर ध्यान दिया। वह बालक रात को साते-सोते बिस्तर गीला कर दिया करता था। वह बालक रात को अपनी दादी माँ के पास सोता था। दादी सुबह उठने पर अकसर कहती थीं, "देखो जॉनी बेटे, तुमने रात को फिर से बिस्तर गीला कर दिया।" बालक कहता, "नहीं दादी, मैंने सू-सू नहीं किया, आपने ही किया होगा।"

चीखने-चिल्लाने, डाँटने-फटकारने, उसे लज्जा का एहसास कराने, बार-बार उसे बताने से किस यह करना गंदी बात है या फिर मम्मी-पापा को यह समझ नहीं है, किसी भी तरह समस्या का हल नहीं निकला, फिर माँ-बाप ने खुद से प्रश्न किया, "हमें बच्चे के मन में यह इच्छा जाग्रत् करनी होगी कि वह बिस्तर गीला करे।" फिर उन्होंने बात की तह तक जाना मुनासिब समझा। आखिर बालक क्या चाहता था ? पहली बात तो यह कि वह अपने पापा की तरह पाजामा पहनना चाहता था, अपनी दादी की तरह नाइटगाउन नहीं। दादी उसकी इस आदत से बहुत परेशान हो चुकी थीं, इसलिए उन्होंने कहा कि अगर वह बिस्तर में सू-सू करना छोड़ देगा, तो वे उसे एक नहीं दो-दो पाजामे दिलवा देंगी। दूसरी बात, बालक अपना अलग बिस्तर चाहता था, इसलिए उसकी दादी ने उसकी यह बात भी मान ली।

फिर उसकी माँ उसे ब्रकुलिन के एक बड़े डिपार्टमेंट स्टोर में ले गई और सेल्सगर्ल से कहा, "हमारे नन्हे महाशय को कुछ खास खरीदारी करनी है।"

सेल्सगर्ल ने भी उसे कुछ अधिक महत्त्व देते हुए कहा, "यंगमैन, मैं तुम्हारी क्या सेवा करूँ ?" बालक भी कुछ तनकर बोला, "मुझे अपने लिए एक आरामदायक बिस्तर खरीदना है।"

जब उसे वह बिस्तर दिखाया गया; जो उसकी मम्मी उसके लिए खरीदना चाहती थी, तो माँ ने सेल्सगर्ल को संकेत कर दिया और फिर उस सेल्सगर्ल ने भी उस बच्चे को वह बिस्तर खरीदने के लिए राजी कर लिया। बिस्तर घर पर पहुँच चुका था। जब रात को उसके पापा दफ्तर से घर लौटे, तो बालक दौड़ता हुआ

आया और पापा को अपना बिस्तर दिखाने ले गया। वह बहुत उत्साहित था। वह कहने लगा कि यह बिस्तर वह खुद खरीदकर लाया है।

पिता ने भी चार्ल्स श्वाब की सलाह पर अमल किया तथा उस बिस्तर को देखकर उसकी खुले दिल से भरपूर प्रशंसा की। फिर पिता ने कहा, "लेकिन इतना सुंदर बिस्तर तो तुम सू-सू करके खराब कर दोगे।"

बच्चे ने फौरन कहा, "सवाल ही नहीं उठता। मैं तो इस बिस्तर को बिल्कुल भी खराब नहीं करूँगा।" बच्चे ने भी अपने वादे पर अमल किया। आखिर वह वादा उसके गर्व से जो जुड़ा था। उसने अपने लिए खुद ही बिस्तर खरीदा था और उसपर वह अपने पापा की तरह पाजामा पहनकर सोया था। वह खुद को पापा की ही तरह बड़ा समझ रहा था।

हमारे पाठ्यक्रम के ही एक अन्य छात्र के.टी. डचमैन पेशे से टेलीफोन इंजीनियर थे। वे अपनी तीन वर्षीय बेटी को नाश्ते के लिए नहीं मना पाते थे। बच्ची इतनी जिद्दी थी कि डाँट-फटकार या प्यार, किसी तरह नहीं मानती थी, फिर माता-पिता ने खुद से प्रश्न किया, "हम ऐसा क्या करें, जो हमारी बच्ची में खाने की इच्छा जाग्रत् हो जाए?

उस छोटी बच्ची को अपनी मम्मी की नकल उतारने में बड़ा मजा आता था। वह जल्दी-से-जल्दी मम्मी की तरह बड़ी होना चाहती थी, फिर एक सुबह उन्होंने बच्ची से कहा कि वह मम्मी की तरह अपना नाश्ता खुद बनाए। उन्होंने बच्ची को गैस के सामने कुरसी पर बिठा दिया। जब छोटी सी बच्ची पेन में अपना नाश्ता बना रही थी, उसी पल उसके पापा रसोई में आ गए और फौरन उस बच्ची ने पूरे उत्साह से कहा, "देखो पापा, आज मैं खुद ही अपने लिए नाश्ता तैयार कर रही हूँ।"

उस दिन तो उस बच्ची ने बिना किसी के कहे ही दो बार नाश्ता किया। यानी उसकी उस नाश्ते में दिलचस्पी तो थी। वह खुद को बहुत महत्त्वपूर्ण समझ रही थी। उसने नाश्ता तैयार करने में आत्माभिव्यक्ति का एक नया रास्ता खोज लिया था।

'आत्माभिव्यक्ति मानव स्वभाव की सर्वोत्तम जरूरत होती है।' विलियम विंटर ने एक बार कहा था। फिर हम सब इस मनोवैज्ञानिक तथ्य को अपने व्यवहार में क्यों नहीं ढाल सकते? जब भी कोई अच्छा विचार हमारे दिमाग में आए, तो हमें उसे अपने विचार के रूप में दूसरों के समक्ष पेश नहीं करना चाहिए। हमें तो ऐसा प्रयास करना चाहिए कि वह अपने आप ही आ जाए, फिर वह विचार उन्हें अपना विचार लगेगा और वे उसे पसंद करने लगेंगे और आपकी इच्छा का पालन भी

आपके कहे बिना ही करने लगेंगे।

इसीलिए यह बात सदैव याद रखें, 'सर्वप्रथम सामनेवाले आदमी में किसी काम को करने की दृढ इच्छा जगाएँ। जिसने यह कर लिया, पूरी दुनिया उसकी मुट्ठी में और जो यह नहीं कर सकता, वह तो अकेला ही रहेगा।'

आप किसी भी भय या डर पर विजय प्राप्त कर सकते हैं, मगर ऐसा करने के लिए आपको अपना मन बनाना होगा, इसके लिए याद रखें, भय या डर का अस्तित्व दिमाग के सिवाय और कहीं नहीं होना चाहिए।

□

गरमजोशी से स्वागत करें और सच्ची दिलचस्पी जगाएँ

आप जो कार्य करने से डरते हैं, उसे जरूर कीजिए और निरंतर करते रहिए। डर पर विजय प्राप्त करने का यह सबसे शानदार और तेज तरीका है, जो आज तक खोजा गया है।

एक बार न्यूयॉर्क टेलीफोन कंपनी ने एक बहुत ही मजेदार जनमत संग्रह किया। उन्होंने जानना चाहा कि टेलीफोन पर होनेवाली बातों में किस शब्द का सबसे ज्यादा उपयोग किया जाता है और सर्वे से ज्ञात हुआ कि 500 चर्चाओं में "मैं–मैं–मैं, शब्द का ही 3,900 बार से अधिक उपयोग किया गया। ठीक इसी तरह जब आप कोई सामूहिक फोटो देखते हैं, तो उसमें भी सबसे पहले अपनी ही तसवीर खोजते हैं। यदि हम लोगों को सिर्फ अपनी ओर आकर्षित करने तथा खुद में उनकी दिलचस्पी जगाने का प्रयास करेंगे, तो कभी भी सच्चे दोस्त नहीं बना पाएँगे। सच्चे दोस्त ऐसे नहीं बनते।

ऑस्ट्रेलिया के प्रसिद्ध मनोवैज्ञानिक अल्फ्रेड एडलर ने अपनी पुस्तक 'व्हाट लाइफ शुड मीन टु यू' में लिखा है, "जिस आदमी को दूसरे लोगों में दिलचस्पी नहीं होती, उसका जीवन सदैव कठिनाइयों से घिरा रहता है, वही दूसरों को भी सबसे अधिक नुकसान पहुँचाता है और इस तरह के आदमी ही सबसे अधिक नाकामयाब भी होते हैं।"

मैं दुबारा कहना चाहूँगा, आप मनोविज्ञान पर चाहे ढेरों पुस्तकें पढ़ लें, फिर भी आपको अपने काम का वक्तव्य तो सिर्फ एडलर के शब्दों में ही मिलेगा, "जिस आदमी की दूसरे लोगों में दिलचस्पी नहीं होती, उसे जीवन में सबसे ज्यादा कठिनाइयों का सामना करना पड़ता है और वह दूसरों को सबसे ज्यादा नुकसान

पहुँचाता है। इस तरह के आदमी ही सबसे ज्यादा नाकामयाब देखे गए हैं।"

लोगों के दिलों पर शासन कैसे किया जाए, इसे सीखने के लिए जरूरी नहीं है कि आप यह पुस्तक पढ़ें। अलबत्ता आप उसकी तकनीक क्यों नहीं सीख लेते, जो संसार में सहज ही सबको अपना दोस्त बना लेता है? आखिर वह कौन है? संभवत: वह कल ही आपको सड़क पर दिख जाए, आपसे कुछ ही दूरी पर ही अपनी पूँछ हिलाते हुए। अगर आपने उसे जरा सा पुचकार दिया तो वह आपसे लिपट जाएगा और अपने प्यार का इजहार भी करने लगेगा। संभवत: आप नहीं जानते कि उसके इस प्यार में कोई स्वार्थ, कोई छल-कपट नहीं है। वह आपको अपना खरीदार भी नहीं बनाना चाहता, वह आपसे पैसा भी नहीं चाहता, वह आपसे शादी भी नहीं करना चाहता।

परंतु क्या कभी आपने इस बात पर ध्यान दिया है कि कुत्ता ही एकमात्र ऐसा प्राणी है, जिसे जीवित रहने के लिए कोई अन्य काम भी नहीं करना पड़ता। वह तो बस प्रेम देता है, प्रेम के अलावा कुछ भी नहीं। मुरगी को तो अंडे देने पड़ते हैं, गाय-भैंस को दूध देना पड़ता है तथा चिड़ियों को भी गाना पड़ता है, चहचहाना पड़ता है, वह भी हमारी खुशी के लिए!

एक बार मेरे पापा मेरे लिए पाँच सेंट में पीले बालोंवाला एक नन्हा पिल्ला खरीदकर लाए। उन दिनों मैं पाँच साल का था। वह पिल्ला ही मेरे दु:ख-सुख का साथी था। संध्या के समय पाँच बजे के लगभग वह रोज बरामदे में बैठकर अपनी मोहक आँखों से सड़क पर ही देखता रहता था और जैसे ही मेरी आवाज सुनता था, तेजी से दौड़कर मेरे पास आता और प्रेम से मेरा स्वागत करते हुए मुझसे जोर से लिपट जाता।

मेरा टिपी पाँच वर्षों तक मेरा सबसे करीबी, सच्चा दोस्त बना रहा। फिर एक रात को अचानक ही मुझसे दस कदमों की दूरी पर बिजली गिर जाने से मर गया। मैं तो जैसे सन्न ही रह गया था। टिपी की मौत मेरे बचपन की सबसे दुखद याद थी।

टिपी ने कभी भी मनोविज्ञान की कोई पुस्तक नहीं पढ़ी थी। उसे इसकी कोई जरूरत ही नहीं थी। टिपी ने ही क्या, मैं समझता हूँ कि हर कुत्ते में ऐसी कोई दैवीय शक्ति होती है, जिससे वह जानता है कि कैसे दूसरों में दिलचस्पी लेकर दो पल में ही किसी के दिल में जगह बनाई जा सकती है। लेकिन यह आदमी के बस की बात नहीं है। उसे तो किसी को अपना बनाने में वर्षों लग जाते हैं। लेकिन यह संसार ऐसे लोगों से भरा पड़ा है, जो इसी बात के प्रयास में लगे रहते हैं कि सारे लोग उनमें

दिलचस्पी दिखाएँ। इसी कारण वे निरंतर गलतियाँ करते हैं और अपने इस प्रयास में नाकामयाब होते चले जाते हैं। लोगों की न आप में कोई दिलचस्पी है, न मुझमें। उनकी सारी दिलचस्पी तो खुद में ही है, सुबह, दोपहर, शाम, रात, चौबीसों घंटे।

एक बार न्यूयॉर्क विश्वविद्यालय से मैंने लघु-कथा लेखन का एक पाठ्यक्रम किया था। उसी पाठ्यक्रम में एक प्रसिद्ध पत्रिका के संपादक ने हमें बताया कि वे अपनी मेज पर पड़ी ढेरों कहानियों में से किसी भी कहानी को जब पढ़ते हैं, तो कुछ पंक्ति पढ़ने के बाद ही अनुमान लगा लेते हैं कि उस कहानी का लेखक लोगों को पसंद करता है या नहीं। यदि लेखक लोगों को पसंद नहीं करता, तो लोग भी उसकी कहानी को पसंद नहीं करेंगे। याद रखिए, यदि आपको सफल कहानीकार बनना है, तो आपको दूसरे लोगों में दिलचस्पी लेनी ही होगी। यदि यह बात एक कहानीकार के बारे में सही है, तो यही बात लोगों से आमने-सामने बातें करने में भी सही साबित होती है।

हॉवर्ड थर्स्टन एक विश्वविख्यात जादूगर थे, जिन्होंने चालीस से ज्यादा वर्षों तक दुनिया के कोने-कोने में जाकर अपना जादुई खेल दिखाया था तथा दर्शकों को रोमांचित कर दिया था। छह करोड़ लोग उनके शो के टिकट खरीद चुके थे और उन्हें लगभग बीस लाख डॉलर का फायदा हुआ था। इतना सबकुछ उन्होंने विद्यालय में जाकर नहीं सीखा था, क्योंकि वे तो बचपन में ही घर छोड़कर भाग गए थे। वे मालगाड़ियों में चुपके-चुपके सवारी किया करते थे, घर-घर जाकर भीख माँगकर पेट भरते थे, भूसे के ढेर पर सोते थे तथा रेल की पटरियों के आस-पास या सड़कों पर लगे पोस्टरों को देखकर उन्होंने पढ़ना सीखा था।

ब्रॉडवे में जब हॉवर्ड थर्स्टन अपना अंतिम शो करनेवाले थे, उस शाम मैं उनके साथ ही ड्रेसिंग रूम में मौजूद था। मैं बहुत उत्साहित था कि उन्होंने यह सब आखिर कैसे सीख लिया? इसीलिए मैंने श्रीमान् थर्स्टन से उनकी कामयाबी का रहस्य जानना चाहा। क्या उन्हें सिर्फ जादू का ही ज्ञान था? नहीं, बिल्कुल भी नहीं। जादू पर तो अनेक पुस्तकें लिखी जा चुकी हैं और कितने ही अन्य जादूगर उनके जैसा ही जादू जानते हैं, लेकिन उनके पास दो ऐसी अमूल्य चीजें थीं, जो दूसरों के पास नहीं थीं। वे अपने व्यक्तित्व से, अपने किरदार से सबको मोहित कर सकते थे। मतलब वे एक सफल तथा कुशल शोमैन थे। उन्हें मानव-प्रकृति का पूरा अनुभव था। वे अपनी हर भंगिमा, हर कार्य, अपनी आवाज की हर तरंग, अपनी आँखें उठाने या झपकाने की हर हरकत की पहले से ही पूरी तैयारी करके मंच पर उतरते थे।

दूसरी सबसे महत्त्वपूर्ण बात यह थी कि उनकी दूसरों में असली दिलचस्पी थी। वे दिखावा पसंद नहीं करते थे। उन्होंने ही मुझे बताया कि कितने ही जादूगर दर्शकों को देखते हैं तथा खुद से कहते हैं, 'मेरे सामने कुछ बेवकूफ लोग विराजमान हैं, जिनमें बिल्कुल भी बुद्धि नहीं है, मैं तो आसानी से इनको मूर्ख बना दूँगा।'

लेकिन थर्स्टन का तरीका सबसे अलग था। हर बार रंगमंच पर जाने से पहले वे खुद से कहते थे, 'मैं बहुत दिल से आभार प्रकट करता हूँ कि ये लोग मुझे देखने आए हैं। इन्हीं लोगों के कारण मैं अपनी आजीविका कमा पाता हूँ तथा अपना जीवन संतोष से गुजार पाता हूँ। मेरी पूरी कोशिश यही रहेगी कि मैं इन लोगों को निराश न करूँ तथा इनके समक्ष अपना सर्वश्रेष्ठ प्रदर्शन कर पाऊँ।' वे बार-बार यह भी कहते थे, 'मैं अपने दर्शकों से असीम प्यार करता हूँ। मैं उन्हें दिल से चाहता हूँ।' हो सकता है कि कुछ लोगों को ये बातें कोरी बकवास लगें, लेकिन मैंने अपनी ओर से एक भी शब्द नहीं जोड़ा है। मैं तो बस आपको संसार के सबसे लोकप्रिय जादूगरों में से एक की कामयाबी का राज बता रहा हूँ।

न्यू जर्सी में चैटहम के बिक्री प्रतिनिधि एडवर्ड एम. साइक्स में भी महत्त्वहीन दिखनेवाले लोगों में दिलचस्पी दिखाने की यही प्रवृत्ति पाई जाती थी। इस प्रवृत्ति का उन्हें फायदा ही हुआ था। उन्होंने बताया, सालों पहले मैं मैसाच्यूसेट्स क्षेत्र में जॉनसन एंड जॉनसन कंपनी के प्रतिनिधि के रूप में ग्राहकों से मिलने जाया करता था। हिंगहैम में दवा की एक दुकान में हमारा खाता था। उस दुकान में जाकर मैं पहले सोडा क्लर्क तथा सेल्स क्लर्क से कुछ देर बात करता, बाद में उसके मालिक के पास जाकर आदेश लेता। एक दिन उस दुकान का मालिक मुझसे कहने लगा कि अब वह जॉनसन एंड जॉनसन का सामान नहीं खरीदना चाहता, क्योंकि वे अपनी गतिविधियों को अब फूड तथा डिस्काउंट स्टोर्स पर केंद्रित कर रहे हैं, जिससे उसकी दवाई की दुकान घाटे में आ गई थी। उसकी बात सुनकर मैं बहुत निराश हो गया तथा कार मैं बैठा घंटों शहर का चक्कर लगाते हुए इसी बारे में सोचता रहा। आखिर मैंने सोचा कि ऐसे परेशान होने से तो कोई फायदा नहीं होनेवाला। क्यों न एक बार फिर दुकानदार से मिलकर उसके सामने अपनी स्थिति स्पष्ट करूँ।

दुकान पर हर बार की तरह पहले सोडा क्लर्क तथा सेल्स क्लर्क से हैलो किया और फिर मालिक से मिलने गया। ज्ञात नहीं, ऐसा क्या हुआ कि वह मेरी और देखकर मुसकराया और फिर मेरा स्वागत करते हुए मुझे पहले से दो गुना ऑर्डर दे दिया। मुझे बहुत आश्चर्य हुआ, मैंने इन सबका कारण पूछा ? उसने बताया

कि मेरे लौटने के बाद सोडा क्लर्क उसके पास गया था। उसने उसे बताया कि मैं बहुत मिलनसार सेल्समैन हूँ और उन्हें मेरे साथ बिजनेस जरूर करना चाहिए। उसे अपने उस कर्मचारी की बात अच्छी लगी, इसीलिए उसने इतना बड़ा ऑर्डर दे दिया। इस बात को मैं कभी भी नहीं भूल सकता। लोगों में सच्ची दिलचस्पी रखना एक सेल्समैन के लिए बहुत फायदेमंद सिद्ध हो सकता है। वैसे यह हर जगह काम आनेवाला महत्त्वपूर्ण सद्गुण है।

पेनसिल्वेनिया में नॉर्थ वॉरेन के जॉर्ज डाइक का प्रसंग भी बड़ा मनोहारी है। तीस वर्षों तक अपने सर्विस स्टेशन बिजनेस में काम करते रहने के पश्चात् उन्हें विवशता में सेवा छोड़नी पड़ी, क्योंकि उनके स्टेशन की जगह के ऊपर नया हाइवे बननेवाला था। लेकिन सेवा निवृत्ति के बाद जल्दी ही वे ऊब गए, इसीलिए संगीत के अपने शौक में रम गए और संगीत-विशेषज्ञों से चर्चा करने लगे।

वे विनम्र तथा मैत्रीपूर्ण स्वभाव के व्यक्ति थे और मिलनेवाले संगीतज्ञ की पृष्ठिभूमि तथा उसकी रुचियों में बहुत दिलचस्पी लेते थे। वे खुद कोई अच्छे संगीतज्ञ नहीं थे, लेकिन उन्होंने अनेक अच्छे संगीतज्ञों से संबंध बना लिये। धीरे-धीरे उन्होंने संगीत-प्रतियोगिताओं में भाग लेना शुरू कर दिया तथा जल्दी ही अमरीका के पूर्वी भाग के संगीत प्रेमी उन्हें 'अंकल जॉर्ज, किंजुआ काउंटी के संगीतकार' के रूप में पहचानने लगे थे। अंकल जॉर्ज जब सत्तर से ऊपर के थे, अपनी जिंदगी के हरेक पल का भरपूर आनंद ले रहे थे, हरेक पल को जी रहे थे। दूसरों में दिलचस्पी लेने के कारण उन्होंने अपने बुजुर्ग जीवन के खालीपन को एक नए जीवन से भर लिया था, जबकि ज्यादातर लोग इस उम्र को बोझ समझकर ढोते हुए समाप्त कर देते हैं।

अमरीकी राष्ट्रपति थियोडोर रूजवेल्ट की कामयाबी का भी यही नुस्खा था। उनका नौकर भी उनसे बहुत प्यार करता था। उनके वैलेट जेम्स ई. एमॉस ने उनपर एक पुस्तक लिखी, जिसका शीर्षक था, 'थियोडोर रूजवेल्ट : हीरो टू हिज वैलेट।' इसमें एक घटना का जिक्र है, "एक बार मेरी श्रीमतीजी राष्ट्रपति थियोडोर रूजवेल्ट से पूछ बैठीं कि बॉब व्हाइट (बटेर) कैसा होता है, क्योंकि उसने बॉब व्हाइट कभी नहीं देखा था। राष्ट्रपति ने विस्तारपूर्वक मेरी पत्नी को बॉब व्हाइट के बाबत बताया, फिर कुछ समय बाद हमारे फोन की घंटी बज गई। मेरा घर रूजवेल्ट के घर के निकट ही था। मेरी पत्नी ने फोन उठाया, जो राष्ट्रपति रूजवेल्ट का था। उन्होंने मेरी पत्नी को बताया कि उनकी खिड़की के बाहर बॉब व्हाइट है, वह खिड़की खोलकर

उसे देख सकती है। ये छोटी-छोटी बातें ही राष्ट्रपति रूजवेल्ट को औरों से अलग करती थीं। वे जब भी हमारे घर के आस-पास से गुजरते थे, तो 'ओह एनी' या 'ओह-जेम्स' जैसे शब्द सुनाई देते थे। चाहे उन्हें कोई दिखाई दे अथवा नहीं। यह मैत्री भाव ही था, जिससे वे सबकी दृष्टि में महान् थे। फिर कौन ऐसा कर्मचारी होगा, जो अपने ऐसे मालिक को नापसंद करेगा। इस तरह के लोग तो ढूँढ़ने से भी कठिनाई से ही मिल पाते हैं।

एक बार राष्ट्रपति टैफ्ट अपनी पत्नी के साथ बाहर गए हुए थे और तभी निवर्तमान राष्ट्रपति रूजवेल्ट व्हाइट हाउस में आए। छोटे लोगों से चाहत का इससे सही उदाहरण नहीं मिलेगा कि उन्होंने सभी पुराने कर्मचारियों, यहाँ तक कि बरतन साफ करनेवाली नौकरानी को भी उसके नाम से पुकारा, फिर उनकी नजर एलिस नामक महिला कुक पर पड़ी, तो उन्होंने पूछा, "तुम अब भी कॉर्न ब्रेड बनाती हो?" एलिस बोली कि वह कभी-कभी नौकरों के लिए ही कॉर्न ब्रेड बनाती है, बड़े लोग इसे खाना पसंद नहीं करते। रूजवेल्ट ने सख्ती से कहा, "संभवत: उन्हें अच्छे खाने की परख नहीं है। प्रेसीडेंट से मिलने पर मैं उन्हें यह बात जरूर बताऊँगा।"

तभी एलिस कॉर्न ब्रेड ले आई। रूजवेल्ट ने दफ्तर में चक्कर लगाते हुए उसे बड़े चाव से खाया और लौटते समय मालियों तथा सेवकों का अभिवादन करना नहीं भूले। हरेक आदमी का अभिवादन उन्होंने उसी तरह किया, जैसे वे पहले करते थे। व्हाइट हाउस में चालीस वर्षों से प्रमुख स्वागतकर्ता रह चुके आइक हूवर ने सजल होकर बताया, "पिछले दो-तीन वर्षों में हमारे जीवन का यह सबसे अच्छा दिन था और हममें से कोई भी सौ डॉलर के बदले में भी इसे बदलने के लिए तैयार नहीं होता।"

कई वर्षों से यह मेरी आदत में सम्मिलित हो गया है कि मैं अपने प्रियजन के जन्मदिन अवश्य याद रखता हूँ। यह कैसे होता है? वैसे ज्योतिष में मेरी न तो दिलचस्पी है, न भरोसा! लेकिन मैं मिलनेवाले से पूछता हूँ कि क्या जन्मतिथि तथा आदमी के स्वभाव में कोई संबंध होता है? फिर मैं उनसे उनकी जन्मतिथि भी पूछ लेता हूँ। अगर उन्होंने कहा 20 नवंबर तो दो-तीन बार इसे दुहराता हूँ और जैसे ही वह दोस्त मेरी ओर पीठ करता है, मैं उसकी जन्मतिथि तथा नाम डायरी में लिख लेता हूँ। फिर नए साल की शुरुआत में मैं उन्हें अपने कैलेंडर पर लिख लेता हूँ। जब भी किसी का जन्मदिन आता है, तो चिट्ठी लिखकर या फिर टेलीग्राम करके उसे शुभकामनाएँ भेज देता हूँ। इसका सामनेवाले पर बहुत सकारात्मक प्रभाव

पड़ता है। वह सोचता है कि कोई तो है, जिसे मेरी स्मृति है।

अब अगर हमें सच्चे दोस्त चाहिए, हम वास्तव में लोगों का दिल जीतने की इच्छा रखते हैं, तो हमें उनसे गरमजोशी से मिलना चाहिए। पूरी गरमजोशी से उनका स्वागत करना चाहिए। जब कोई आपसे फोन पर बातें करे तो भी आपको उत्साह से ही काम लेना चाहिए। 'हैलो' कहने का ढंग ऐसा होना चाहिए कि सुननेवाले को लगे कि आप उससे बात करके खुश हैं। अनेक बड़ी कंपनियाँ तो अपने टेलीफोन ऑपरेटर्स को इस बात का प्रशिक्षण देती हैं, जिससे वे मिलनेवाले से पूरी गरमजोशी से बात कर उन्हें प्रेरित कर सकें। आज से आप भी इस बात का खयाल रखें।

सच्ची दिलचस्पी न सिर्फ आपको सच्चा साथी देती है, बल्कि कंपनी को स्थायी ग्राहक भी देती है। एक बार न्यूयॉर्क के नेशनल बैंक ऑफ नॉर्थ अमरीका के एक संस्करण में मैडलीन रोजडेल नामक महिला खरीदार का यह पत्र छपा 'इस पत्र द्वारा मैं आपको यह बताना चाहती हूँ कि आपके सभी कर्मचारी बहुत विनम्र और मददगार हैं। उनका आचरण अनुकरणीय है। बड़ा अच्छा लगता है, जब लंबी पंक्ति में प्रतीक्षा के पश्चात् कैशियर मीठे स्वर में आपका अभिनंदन करती है। पिछले साल मेरी माँ पाँच महीनों तक हॉस्पिटल में भरती रहीं। मुझे करीबन रोज ही पैसे निकलवाने टेलर काउंटर पर मैरी पेट्रसेलो के पास जाना पड़ता था। वे हर बार मेरी माँ के स्वास्थ्य के बारे में जरूर पूछती थीं। वे सचमुच ही मेरी माँ की तबीयत को लेकर चिंतित थीं।'

अब तो आप यकीन कर सकते हैं कि श्रीमती रोजडेल उस बैंक की स्थायी ग्राहक बनी रहेंगी।

एक बार न्यूयॉर्क के एक बड़े बैंक ने चार्ल्स आर. वॉल्टर्स को किसी कंपनी के बारे में खुफिया जानकारी जुटाने का कार्य दिया। वॉल्टर्स ने जानकारी जुटाई और इस निष्कर्ष पर पहुँचे कि अमुक आदमी ही सारे तथ्य इतने कम समय में दे सकता था। चार्ल्स वॉल्टर्स, जब उस व्यक्ति से मिलने उसके कार्यालय पहुँचे तो एक महिला ने अपना सिर केबिन के भीतर डालकर उस व्यक्ति को बताया कि उस दिन डाक में एक भी विदेशी टिकट नहीं आया था।

उस व्यक्ति ने वॉल्टर्स को बताया कि विदेशी डाक-टिकट वह अपने बारह वर्षीय बेटे के लिए एकत्र कर रहा है। वॉल्टर्स ने अपनी समस्या बताई तो उस व्यक्ति ने यहाँ-वहाँ के तर्कहीन जवाब देने शुरू कर दिए, जो वॉल्टर्स की समस्या को सुलझाने में कतई सहायक नहीं थे। वह व्यक्ति बिल्कुल बात करने की स्थिति

में नहीं था। कहा जाए तो वॉल्टर्स की यह मुलाकात व्यर्थ सिद्ध हुई।

हमारे छात्रों को यह कहानी सुनाते हुए वॉल्टर्स बोले, "मैं समझ नहीं पा रहा था कि कैसे इस स्थिति को सँभालें, कैसे बात की जाए? फिर एकाएक मुझे उस महिला की बातें याद आईं और पुत्र के लिए डाक-टिकट, फिर मुझे यह भी याद आया कि हमारे बैंक का विदेश विभाग विभिन्न डाक-टिकटों को इकट्ठा करता था। हर देश से आनेवाले पत्रों के डाक-टिकट हमारे यहाँ मौजूद थे।

"अगले दिन मैं उस व्यक्ति से मिलने गया। साथ में डाक-टिकट भी ले गया। मैंने संदेश भिजवाया। मुझे बहुत जल्दी से बुलवाकर उसने मेरा गरमजोशी से स्वागत किया। उसके चेहरे पर मैत्री भाव था। डाक-टिकट देखकर तो उसकी बाँछें खिल गईं और बोला, 'वाऊ, ये टिकट मेरे बेटे जॉर्ज को बेहद अच्छे लगेंगे।' उसने मुझे अपने बेटे की तसवीर दिखाई, फिर हम देर तक टिकटों के बारे में ही बातें करते रहे। बाद में उसने मेरे बिना पूछे ही वे सारी जानकारी दे दी, जो मैं चाहता था। मुझे लग रहा था, मानो गुत्थी अपने आप ही सुलझ गई।"

एक और उदाहरण देखिए—फिलाडेल्फिया के रहनेवाले सी.एम. नाफ्ले, एक बड़े डिपार्टमेंटल स्टोर को वर्षों से ईंधन बेचने का प्रयत्न कर रहे थे, लेकिन यह डिपार्टमेंटल स्टोर ईंधन किसी बाहरी डीलर से मँगवाता था और फिर उसे नाफ्ले के दफ्तर के निकट ही इकट्ठा करता था।

एक बार नाफ्ले ने हमारे यहाँ एक भाषण दिया, जिसमें उन्होंने डिपार्टमेंटल स्टोर्स पर क्रोध जताते हुए उसे देश के लिए शाप तक कह दिया, लेकिन इसके बाद भी उन्होंने नाफ्ले से तेल नहीं खरीदा? मैंने उन्हें परामर्श दिया कि वे कोई दूसरा तरीका खोजें। हमने अपने पाठ्यक्रम के छात्रों के लिए एक पक्ष-विपक्ष बहस प्रतियोगिता आयोजित की, जिसका विषय था, 'डिपार्टमेंटल स्टोर्स से देश को नुकसान ज्यादा, फायदा कम'

मैंने नाफ्ले को परामर्श दिया कि वे डिपार्टमेंटल स्टोर के पक्ष में बोलें। नाफ्ले इसके लिए तैयार हो गए, फिर वे उसी डिपार्टमेंटल स्टोर संगठन के मालिक के पास गए, जिससे चिढ़ते थे। नाफ्ले बोले, "मैं यहाँ ईंधन बेचने नहीं, आपसे मदद माँगने आया हूँ।" फिर उसे पक्ष-विपक्ष बहस प्रतियोगिता के बारे में बताते हुए बोले, "मैं आपकी मदद चाहता हूँ। मैं इस डिपार्टमेंटल स्टोर के फायदों के आँकड़े तथा पूरी जानकारी प्राप्त करना चाहता हूँ। मुझे यह प्रतियोगिता हर हाल में जीतनी है और यह काम मैं आपकी मदद से ही कर सकता हूँ।"

मैंने मालिक से एक मिनट के समय की माँग की थी और उसी शर्त पर वह मुझसे मिलने को राजी भी हुआ था, लेकिन मेरी बात सुनने के बाद उसने मुझसे करीब पौने दो घंटे बात की। उसने एक और एग्जीक्यूटिव को बुलवाया, जिसने डिपार्टमेंटल स्टोर्स पर एक पुस्तक लिखी थी। वह मेरी बातों से इतना प्रभावित हुआ कि उसने नेशनल डिपार्टमेंटल चेन स्टोर संघ को फोन करके इस विषय पर हुई प्रतियोगिता की रिपोर्ट भी मँगवा ली। उसे लगने लगा था कि डिपार्टमेंटल स्टोर्स सच में ही लोगों का भला कर रहे हैं और इस बात का उसे गर्व है कि वह भी इस संगठन से जुड़ा होने के कारण बहुत से लोगों का भला कर रहा है। उसकी आँखों में दिव्य चमक थी तथा आत्मविश्वास से उसका चेहरा चमक रहा था। उसने मुझे कुछ ऐसी बातें बताईं, जिनकी मैंने कल्पना भी नहीं की थीं। मेरी सोच उसने एकदम बदल दी थी।

वह मुझे बाहर तक छोड़ने आया तथा प्रतियोगिता के लिए शुभकामनाएँ दीं, फिर उसने मुझसे कहा कि वह परिणाम के बारे में उसे आकर जरूर बताए। इसी बहाने उनकी एक बार फिर मुलाकात हो जाएगी। आखिर में उसने कहा, "मैं चाहता हूँ कि आप फरवरी-मार्च में मुझसे आकर मिलें, तब मैं आपको तेल खरीद का ऑर्डर दूँगा। मानो चमत्कार हो गया। मैं वर्षों से उसे ईंधन बेचने के प्रयास में लगा था, परंतु उसका कोई भी उत्तर नहीं मिल रहा था। और अब यह खुद ही मुझसे ईंधन खरीदने की बात कर रहा था। यह चमत्कार दो घंटे तक उसमें तथा उसकी समस्याओं में दिलचस्पी लेने के कारण हुआ था, लेकिन यदि मैं वर्षों तक यह प्रयास करता रहता कि वह मुझमें या मेरे सामान में दिलचस्पी ले, तो कभी भी सफल नहीं हो पाता।

सच कहा गया है, जब हम दूसरों में तथा उनकी समस्याओं में दिलचस्पी लेने लगते हैं तो वे लोग भी हममें और हमारी समस्याओं में दिलचस्पी लेने लगते हैं।

लेकिन मानवीय नियमों के हरेक नियम की तरह हमारी दिलचस्पी का प्रदर्शन सच तथा असलियत पर निर्भर होना चाहिए, न कि झूठे प्रदर्शन पर। इसमें दिलचस्पी दिखानेवाले तथा जिसमें दिलचस्पी ली जा रही है, उन दोनों का ही भला होना चाहिए। न्यूयॉर्क के आइलैंड में हमारा पाठ्यक्रम करनेवाले मार्टिन गिंसवर्ग ने बताया कि किस तरह एक नर्स द्वारा ली गई खास दिलचस्पी ने उनका जीवन-प्रवाह बदल दिया था। उन्होंने बताया—"मेरी आयु 10 साल थी और उस दिन 'थैंक्स गिविंग डे' आयोजित किया जा रहा था। मैं एक हॉस्पिटल में भरती था तथा दूसरे

दिन मेरी एक बड़ी सर्जरी होनेवाली थी। मुझे ज्ञात था कि आगे कई महीनों तक मुझे बेड पर पड़े दर्द झेलना पड़ेगा। मेरे पिता की मौत हो चुकी थी। मैं अपनी माँ के साथ एक छोटे से घर में रहता था तथा हम दोनों वेलफेयर पर जीवित थे। उस दिन मेरी माँ भी मुझसे मिलने नहीं आ सकी थी। रात घिरते ही मुझे अकेलापन, चिंता तथा भय सताने लगे। मुझे ज्ञात था कि घर पर मेरी माँ मेरे ही बारे में चिंता कर रही होगी। उसने खाना भी नहीं खाया होगा और मुझसे मिलने भी नहीं आ सकी।

"मेरी आँखों से आँसू बहने लगे। आँसू छिपाने के लिए मैंने अपने सिर को तकिए के भीतर दबाकर ऊपर के चादर ओढ़ ली। मैं चुपचाप रोता रहा। शरीर में भी दर्द होने लगा था। लेकिन तभी एक युवा नर्स मेरे पास आई। मेरे रोने की आवाज उसने सुन ली थी। उसने मेरी चादर हटा दी और मेरे आँसू पोंछने लगी। उसने बताया कि वह बहुत अकेली थी। दिन भर काम करती थी, लेकिन परिवार से दूर रहती थी। थोड़ी देर बाद वह हम दोनों का डिनर ले आई। उसने मुझसे बातें करके मेरे भय को दूर करना चाहा।

"उसकी ड्यूटी शाम चार बजे तक ही थी, लेकिन वह रात 11 बजे तक रुकी रही, मेरे साथ बातें करती रही, गेम्स खेलती रही और तब तक रुकी रही, जब तक कि मुझे नींद नहीं आने लगी।

"बाद में कितने ही 'थैंक्स गिविंग डे' आए और आकर चले गए, लेकिन मुझे वह दिन सदैव याद रहता है। मुझे वर्षों बीत जाने के बाद भी आज वह दिन याद है, जब मैं घोर निराशा, हताशा, कुंठा, भय और भी न जाने कितने निष्क्रिय विचारों के बीच घिरा हुआ था, तभी उस अपरिचित नर्स ने आकर अपने प्रेम तथा कोमलता से मेरे सभी निष्क्रिय पहलुओं पर सक्रिय सोच को हावी कर दिया था।"

अब यदि आप चाहते हैं कि दूसरे लोग आपको चाहें, आपकी तारीफ करें, यदि आप सच्चे दोस्त पाना चाहते हैं और आप अपनी मदद करने के साथ-साथ दूसरों की भी मदद करना चाहते हैं, तो इस नियम को सदैव ही अपने दिमाग में रखें।

आप दो साल कोशिश करके भी जितने लोगों की दिलचस्पी अपने में कर पाएँगे, उससे ज्यादा बिजनेस आप दो महीने में दूसरे लोगों में दिलचस्पी लेकर गँवा देंगे।

मुसकान बिखेरें और अपना बनाएँ

आपके पास क्या है या आप क्या हैं? आप कहाँ हैं या आप क्या कर रहे हैं? आप इन बातों से खुश या मायूस नहीं होते, बल्कि आप किस बारे में सोच रहे हैं, उससे होते हैं।

अमरीका की एक बड़ी रबर कंपनी के चेयरमैन का मानना था कि जब तक सामनेवाले को किसी काम में संतोष नहीं मिलता, तब तक वह उस काम में कामयाबी प्राप्त नहीं कर पाता। वह कारोबारी यह मानने को बिल्कुल तैयार नहीं था कि सिर्फ मेहनत ही कामयाबी की चाबी है। मेहनत में ही सारे जादुई तालों की चाबी छिपी है। उनका कहना था कि वे ऐसे बीसियों सफल लोगों को जानते हैं, जिन्होंने अपने क्षेत्र में सिर्फ इसलिए कामयाबी प्राप्त की, क्योंकि उन्हें इसमें संतोष मिलता था। बाद में जब उन्हें अपने काम से संतोष होना बंद हो गया, तो उनका धंधा भी मंदा पड़ गया और फिर वे नाकामयाब होने लगे।

मैं हजारों कारोबारियों से यह अनुरोध कर चुका हूँ कि वे कुछ दिनों तक हर घंटे किसी और को भी देखकर मुसकराएँ। इसका क्या असर होता है? आइए, अब यह भी देख लेते हैं। यह न्यूयॉर्क के प्रसिद्ध स्टॉक ब्रोकर विलियम बी. स्टीनहार्ड का पत्र है। उनकी मिसाल हम कई बार दे चुके हैं।

श्रीमान् स्टीनहार्ड बताते हैं, "हमारी शादी हुए अठारह साल हो चुके थे। मैं अपनी पत्नी से केवल मतलब की बात करता था, उससे अधिक कुछ भी नहीं। उसको देखकर मुसकराने के बारे में तो मैं सोच भी नहीं सकता था। बस सुबह तैयार होकर अपने काम पर निकल जाता था। मैं बहुत कम बोलता था और यकीनन मैं दुनिया का सबसे बोझिल आदमी था।

"बाद में जब आपने मुझे मुसकराने की सलाह दी तथा उसके सक्रिय नतीजों से भी अवगत कराया, तो मैंने सोचा कि मैं भी एक सप्ताह तक खूब हँसकर देखूँगा।

अगली सुबह जब मैं कंघी कर रहा था, तो मैंने आईने में देखते हुए खुद से कहा, 'बिल, आज तुम अपने चेहरे से यह निराशा की घटा हटानेवाले हो। आज तुम्हें मुसकराना है और अच्छा होगा कि यह काम तुम आज और अभी से आरंभ कर दो।' फिर तो नाश्ते की टेबल पर भी मैं मुसकराते हुए आया और अपनी पत्नी को प्यार भरी नजरों से देखा।

"आपने मुझसे कहा था कि मेरे भीतर का यह परिवर्तन देखकर वह चकित हो जाएगी। अरे नहीं, वह तो बावली सी हो गई। कुछ समझ ही नहीं पा रही थी। मैंने उसे बताया कि अब मैं सदैव ऐसे ही मुसकराता रहूँगा और मैंने अपना वादा नहीं तोड़ा। मेरे बदले हुए बरताव से दो महीनों के भीतर ही हमारे घर का बोझिल माहौल खुशनुमा हो गया। हमने इतनी खुशियाँ प्राप्त कर लीं, जितनी पूरे साल नहीं कर पाए थे।

"अब तो मैं दफ्तर जाते समय अपनी इमारत के लिफ्टमैन को भी मुसकराते हुए 'गुड मॉर्निंग' कहता हूँ, मुसकराकर दरबान के अभिवादन का जवाब देता हूँ, बैंक में जाने पर कैशियर की ओर मुसकराकर देखता हूँ। स्टॉक एक्सचेंज में जाने पर वहाँ भी सब लोगों को मुसकराकर देखता हूँ, उन्होंने मुझे सदैव गंभीर देखा था।

"मुझे ज्ञात हो गया है कि मुसकान का बदला मुसकान ही होती है, क्योंकि अब मुझे देखकर सभी मुसकराते हैं, जो कोई भी मेरे पास शिकायत या समस्या लेकर आता है, मैं उसकी बात खुले दिल से मुसकराते हुए सुनता हूँ, और इससे मुश्किल का हल निकालना बहुत सरल हो जाता है। मुसकान के कारण से ही अब मैं अधिक पैसा कमाने लगा हूँ।

"जिस दफ्तर में मैं काम करता हूँ, वहीं एक दूसरे ब्रोकर का भी दफ्तर है। वहाँ काम करनेवाला एक बाबू बहुत भला आदमी है और मुसकान के नतीजों से मैं इतना प्रभावित हो गया कि मैंने अपना सारा तत्त्व ज्ञान उसे दे दिया। उस क्लर्क ने ही मुझे बताया कि पहले वह मुझे बहुत अहंकारी तथा बोझिल आदमी समझता था, लेकिन मेरे बारे में उसके वे विचार अब बदल चुके थे। वह कहता है कि हँसते हुए मैं बहुत खुशदिल और नौजवान लगता हूँ।

"अब मैंने लोगों की आलोचना करना भी छोड़ दिया है। अब तो मैं तारीफ और प्रशंसा करने में विश्वास रखता हूँ। मैं क्या चाहता हूँ? अब मैं ऐसे नहीं बोलता। अब तो अपने सामनेवाले का दृष्टिकोण परखता हूँ। इन सब सकारात्मक विचारधाराओं ने मेरे भीतर बड़ा परिवर्तन ला दिया है। मैं पूरी तरह बदल चुका हूँ

और पहले से बहुत अधिक खुश तथा अमीर हो गया हूँ। अब मेरे पास सच्चे दोस्त हैं, सच्ची खुशियाँ हैं और यही तो सबसे बड़ी दौलत है!"

क्या आपको मुसकराना या हँसना कठिन काम लगता है? तो फिर इस समस्या से छुटकारा पाने के दो तरीके हैं। सर्वप्रथम, स्वयं को हँसने के लिए विवश कर दें। जब भी आप घर में अकेले हों तो सीटी बजाते हुए गीत गुनगुनाएँ, नाचे, झूमें, कुछ इस तरह बरताव करें, जैसे आप बहुत खुश हैं और फिर कुछ समय पश्चात् आपको अपने-आप ही इन बातों में आनंद आने लगेगा। महान् दार्शनिक एवं मनोवैज्ञानिक विलियम जेम्स ने इस बात को कुछ इस तरह स्पष्ट किया था—

"हमारी धारणा है कि हमारे अच्छे-बुरे काम हमारे मनोभावों का अनुसरण करते हैं, लेकिन असलियत तो यह है कि कार्य और मनोभाव साथ-साथ चलते हैं और किसी भी काम पर नियंत्रण करके हम अपने मनोभावों को भी नियंत्रित कर सकते हैं, क्योंकि कार्यों पर नियंत्रण करना सरल है, जबकि मनोभावों को नियंत्रण में रखना बहुत कठिन है। तो बात एकदम साफ है कि प्रसन्न रहने के लिए हमें इस तरह बोलना तथा बरताव करना चाहिए, जैसे हम बहुत खुश हों।"

न्यूयॉर्क शहर की एक दावत में कुछ मेहमान आए हुए थे। उन्हीं मेहमानों में एक ऐसी अमीर महिला भी आई थी, जिसे कुछ ही दिनों पहले बहुत सा पैसा उत्तराधिकार में मिला था। वह सभी का ध्यान अपनी ओर खींचना चाहती थी या फिर लोगों पर अपने पैसे की छाप छोड़ना चाहती थी। इसलिए उसने मोतियों, हीरे, जवाहरात में खुद को पूरी तरह से लाद रखा था, लेकिन उसके चेहरे के भाव पहले जैसे ही थे। चेहरे पर लालच, स्वार्थ, अहंकार के भाव स्पष्ट रूप से झलक रहे थे। वह इस बात को शायद भूल गई थी या फिर याद ही नहीं रखना चाहती थी कि किसी के भी चेहरे के भाव उसके परिधानों से कहीं अधिक महत्त्वपूर्ण होते हैं।

चार्ल्स श्वाब ने तो अपनी मुसकान की कीमत दस लाख डॉलर बताई थी, लेकिन संभवत: वह अपनी हँसी का दाम कुछ कम ही लगा रहा था, क्योंकि उसका पूरा व्यक्तित्व, उसका चुंबकीय आकर्षण तथा लोगों का दिल जीतने की उसकी निपुणता ही तो उसकी असाधारण कामयाबी के रहस्य थे और उसकी मनमोहक और सच्ची मुसकराहट ही उसके व्यक्तित्व का सबसे आकर्षक तत्त्व थी। अच्छा कार्य शब्दों से ज्यादा प्रभावकारी होता है। आपकी मुसकान आपसे कहती है, 'मैं आपको पसंद करती हूँ। आपसे मिलकर मैं बहुत खुश होती हूँ।'

यही रिश्ता तो कुत्ते और हमारे बीच होता है। हमारा कुत्ता हमें देखते ही खुशी

से उछलने लगता है, झूमने लगता है, मानो अपना सारा प्यार हम पर न्योछावर कर देगा और इसीलिए तो हम भी अपने कुत्ते को देखकर इतने खुश हो जाते हैं। यही बात बच्चे की मुसकान के बारे में सही साबित होती है। आपने ऐसे बीसियों उदास चेहरों को जरूर देखा होगा, जो किसी डॉक्टर के क्लीनिक में मुँह लटकाकर बैठ जाते हैं। पशुओं के डॉक्टर स्टीफन के. स्प्राउल ने एक बार मुझे बताया कि एक बार बहुत सारे लोग एक साथ अपने पशुओं को टीका लगवाने के लिए उनके हॉस्पीटल में आए थे, लेकिन कोई भी एक-दूसरे से बात करने को राजी नहीं था। वे सब तो बस यही सोच-सोचकर भन्ना रहे थे कि क्लीनिक में समय बरबाद करने के बदले वे कौन-कौन से आवश्यक काम निबटा सकते थे। हमारी कक्षा में उन्होंने इस बात का उद्घाटन किया। सात-आठ मरीज प्रतीक्षा कक्ष में बैठे हुए थे, तभी एक महिला अपने नौ महीने के बच्चे तथा एक पालतू बिल्ली के साथ भीतर आई। संयोगवश वह महिला एक ऐसे आदमी के साथ बैठ गई, जो देरी के कारण बहुत परेशान था। थोड़ी देर बाद वह बालक उस आदमी को देखकर मुसकराने लगा। वैसे भी बच्चे अकसर ऐसा तो करते ही हैं और वह आदमी महिला के साथ उसके बेटे के बारे में बात करने लगा, फिर वह अपने नाती-पोतों के बारे में बताने लगा और धीरे-धीरे सब लोग उस बातचीत में सम्मिलित हो गए, फिर तो जैसे बोझिल व तनाव से भरा माहौल हलके सुखद अनुभव में तब्दील हो गया। लेकिन ध्यान देनेवाली बात यह है कि झूठी मुसकान से कोई फायदा नहीं होनेवाला। हम नकली चीज को देखते ही समझ जाते हैं, इसलिए उसे जरा भी पसंद नहीं करते। असली मुसकान सबका मन जीतने की शक्ति रखती है। मन को छूनेवाली मुसकराहट, एक ऐसी सच्ची मुसकान, जो मन से आती है, मन तक पहुँचती है, इसीलिए यह अमूल्य होती है।

मनोविज्ञान के प्रोफेसर जेम्स वी. मैकॉनल मिशिगन विश्वविद्यालय में कार्यरत हैं, उन्होंने मुसकान के बारे में अपनी भावनाएँ इस तरह अभिव्यक्त की हैं, 'मुसकान बिखेरनेवाले लोग ठीक तरह से सिखा व बेच पाते हैं और अपने बच्चों का लालन-पालन भी ठीक तरह से कर पाते हैं। मुसकान में बहुत शक्ति होती है। इसीलिए तो यदि हम किसी को कुछ सिखाना चाहते हैं, तो हमें सामनेवाले को प्रोत्साहित करना चाहिए, न कि प्रताड़ित। न्यूयॉर्क के एक बड़े डिपार्टमेंट स्टोर के रोजगार व्यवस्थापक ने मुझे बताया कि वे एक ऐसे आदमी को नौकरी पर रखना पसंद करेंगे, जिसके चेहरे पर सदैव मनमोहक मुसकान फैली रहती हो, भले ही वह कम पढ़ा-लिखा हो। ऐसे आदमी को वे कभी भी नौकरी पर नहीं रखना चाहेंगे, जो

सदैव उदास, खिन्न या गंभीरता की मूरत बना रहता हो, भले ही वह फिलॉसफी में डॉक्टरेट क्यों न हो।

मुसकान का असर बहुत शक्तिशाली तथा चिरस्थायी होता है। चाहे वह असर किसी को भी दिखे या न दिखे। अमरीकी टेलीफोन कंपनियाँ 'फोन पावर' नामक एक कार्यक्रम करती हैं। इसमें कर्मचारियों को सिखाया जाता है कि अपना सामान बेचने में वे टेलीफोन का उपयोग कैसे कर सकते हैं। इस कार्यक्रम में वे आपको यह सलाह देते हैं कि आप फोन पर बातें करते समय सदा मुसकराते रहिए। आपके चेहरे की मुसकान आपकी आवाज में भी सुनाई देती है।

ओहियो में सिनसिनाटी की एक कंपनी में कंप्यूटर विभाग के व्यवस्थापक रॉबर्ट क्रायर ने हमें बताया कि उन्होंने कठिनाई से भरे जानेवाले पद के लिए उपयुक्त उम्मीदवार ढूँढ़ने में किस तरह कामयाबी पाई थी—

"मुझे अपने विभाग में एक ऐसे आदमी की जरूरत थी, जो कंप्यूटर विज्ञान में विशेषज्ञ हो। आखिर में मैंने एक ऐसे आदर्श नौजवान को ढूँढ़ ही लिया, जो परड्यू विश्वविद्यालय से स्नातक पूरी करने ही वाला था, फिर मुझे ज्ञात हुआ कि उसे कई और नामी कंपनियों के प्रस्ताव मिल चुके थे। हमारी कंपनी में काम शुरू करने के बाद मैंने उससे पूछा, 'नौकरी के लिए तुमने हमारी कंपनी को ही क्यों चुना?'

"पल भर रुकने के बाद वह बोला, 'इसका कारण यह है कि दूसरी कंपनियों के व्यवस्थापक फोन पर किसी उदासीन कारोबारी की तरह बात करते थे, मानो जैसे कारोबार की बात कर रहे हों, वहीं आपकी आवाज में एक अपनापन था। जैसे मुझसे बात करके आपको बहुत खुशी हो रही थी, आप सचमुच में चाहते थे कि मैं आपकी कंपनी में नौकरी करूँ।'

"अब आप समझ ही गए होंगे कि मुसकान कितने काम की चीज है।"

संसार भर में सबको खुशी की खोज है, लेकिन इसे पाने का सिर्फ एक ही रास्ता है, अपने विचारों को नियंत्रण में रखकर खुशी पाना। खुशी किसी बाहरी परिस्थिति पर निर्भर नहीं है, वह तो हमें खुद अपने भीतर ही ढूँढ़नी पड़ेगी।

दु:ख-सुख का संबंध आपकी सोच से है, इस बात पर निर्भर नहीं है कि आप क्या हैं, कैसे हैं, कहाँ रहते हैं, क्या करते हैं? मिसाल के तौर पर दो व्यक्ति एक ही दफ्तर में काम करते हैं, मेहनताना भी बराबर पाते हैं, लेकिन उनमें से एक अधिक सुखी होगा और एक अधिक दु:खी। कारण? उनका परिस्थतियों को देखने का भिन्न नजरिया। गरम प्रदेशों में चिलचिलाती धूप में खेत में काम कर रहा निर्धन

किसान भी उतना ही सुखी हो सकता है, जितना कि न्यूयॉर्क, शिकागो या लॉस एंजिल्स के दफ्तर में काम करनेवाले बड़े लोग। बशर्ते उस किसान की सोच भी सक्रिय हो।

विलियम शेक्सपियर ने कहा है, "यह हमारा नजरिया है, जो किसी भी चीज को अच्छा या खराब बना देता है, वरना कोई चीज नहीं अच्छी या खराब नहीं होती।"

अब्राहम लिंकन की भी धारणा थी कि "अधिकतर लोग उतने ही खुश रहते हैं, जितना खुश वे रहना चाहते हैं।" और यह कथन मेरे लिए तब सच्चाई बन गया, जब एक बार मैं न्यूयॉर्क में लीग आइलैंड रेलरोड स्टेशन की सीढ़ियाँ चढ़ रहा था और मेरे सामने ही तीस-चालीस लँगड़े बच्चे छड़ी तथा बैसाखियों के सहारे सीढ़ियाँ चढ़ रहे थे, लेकिन मैं यह देखकर चकित रह गया कि वे सब आनंदपूर्वक मस्ती के मूड में ऊपर जा रहे थे, बिना किसी हताशा या चिंता के। इस बारे में मैंने उनके इनचार्ज से बात की, तो उसने मुझे बताया, "पहली बार जब किसी बच्चे को यह ज्ञात होता है कि अब वह पूरा जीवन बैसाखियों के सहारे ही चल सकेगा, तो उसे बहुत आघात लगता है, लेकिन धीरे-धीरे वह इसे ही अपना भाग्य समझकर हालात से समझौता कर लेता है और फिर सामान्य जीवन जीने लग जाता है।"

मेरे मन ने कहा कि मैं दिल से उन्हें धन्यवाद दूँ, उन्हें शीश नवाऊँ, क्योंकि उन्होंने मुझे एक ऐसा पाठ सिखाया, जिसे मैं कभी नहीं भूल पाऊँगा। सबसे अधिक बोरियत तब होती है, जब आपको दफ्तर के बंद कक्ष में अकेले काम करना पड़े तथा दूसरे कर्मचारियों से बात तक करने का मौका न मिल पाए। मेक्सिको की सीनारो मारिया गांजालेज की नौकरी भी ऐसी ही थी। इसलिए दूसरे कर्मचारियों को हँसी-मजाक करते देखकर उन्हें बहुत ईर्ष्या होती थी। नौकरी के शुरुआती दिनों में मैं उनके पास से निकलती तो अपना मुँह संकोचवश दूसरी ओर कर लेती थीं। लेकिन कुछ दिनों बाद उन्होंने खुद से पूछा, 'मारिया, क्या तुम चाहती हो कि दूसरी औरतें आकर तुम्हारी ओर दोस्ती का हाथ बढ़ाएँ? लेकिन ऐसा कभी नहीं हो सकता। तुम्हें तो खुद उनसे मिलकर दोस्ती की पहल करनी होगी।' अगली बार वे उनकी मेज के पास तक गईं तथा उनसे पूछा, "हैलो, क्या हालचाल हैं आपके?" तो इसका आरंभ भी उसी क्षण हुआ। उत्तर में सामनेवाली महिला भी मुसकरा दी और फिर धीरे-धीरे मित्रतापूर्ण माहौल बन गया, फिर तो धीरे-धीरे लोगों से उनका परिचय बढ़ने लगा तथा दोस्ती भी होने लगी। अब तो उन्हें अपनी नौकरी भी आनंददायक लगने लगी।

निबंधकार एवं प्रकाशक अल्बर्ट हॉवर्ड की इस बौद्धिक सलाह को ध्यान से पढ़ें तथा पढ़कर उसपर अमल भी जरूर करें—

"बाहर जाते समय अपनी ठोढ़ी भीतर की ओर खींचें, सिर के ऊपरी भाग को थोड़ा सा ऊपर की ओर तान लें, फिर अपने फेफड़ों में अधिक-से-अधिक हवा खींच लें, सूरज की रोशनी को पी जाएँ, दोस्त का स्वागत हँसकर करें, हर बार खुले दिल से हाथ मिलाएँ। यह बात अपने दिमाग से निकाल दें कि आपको गलत समझा जाएगा। दुश्मनों के बारे में बिल्कुल भी न सोचें। यह बात निश्चित कर लें कि आप क्या करना चाहते हैं ? और फिर बिना किसी भटकाव के अपने लक्ष्य की ओर निरंतर बढ़ते जाएँ। अपने दिमाग को सदैव ही अच्छे कार्यों की ओर केंद्रित करें और फिर जैसे-जैसे समय बीतता जाएगा, आपको यह अनुभव होगा कि आप अपनी आशाओं की पूर्ति हेतु अवचेतन के माध्यम से आवश्यक अवसर बना रहे हैं। ठीक उसी तरह जिस तरह मूंगे का कीड़ा लहरों से अपनी आवश्कतानुसार जरूरी तत्त्व ग्रहण कर लेता है। अपने दिमाग में सदैव ही उस गंभीर, विशिष्ट, योग्य आदमी की तसवीर रखें, जो आप बनना चाहते हैं और आपका यही विचार हरेक पल आपको उस अनमोल तसवीर के निकट ले जाएगा, जो सर्वशक्तिमान सच होता है। सही दिमागी संतुलन एवं हर लक्ष्य को पाने के लिए आवश्यक है साहस, ईमानदारी और प्रसन्नता। सबसे जरूरी बातें ही सही मनुष्य को रचनात्मक बनाती हैं।

यदि मनुष्य में इच्छाशक्ति हो तो वह सबकुछ प्राप्त कर सकता है, और सच्चे मन से की गई प्रार्थना अवश्य पूरी होती है। हमारा मन जैसा सोचता है, हम वैसे ही बन जाते हैं। अब अपनी ठोढ़ी अंदर की ओर खींचें, अपने सिर का ऊपरी हिस्सा थोड़ा सा ऊपर की ओर तान लें, हम तो परमपिता परमात्मा की अविकसित अवस्था हैं।"

चीन के सभी दार्शनिकों ने बहुत ही समझदारी की बातें कही हैं। उन्हें भली-भाँति ज्ञात था कि यह संसार कैसे चलता है ? उनकी लिखी इस कहावत को हमें अपने घर में चिपका लेना चाहिए कि "जिस आदमी के पास मुसकान भरा चेहरा न हो, उसे दुकान खोलने की भूल कभी नहीं करनी चाहिए।"

आपकी मुसकराहट, आपकी अच्छी मनोदशा की परिचायक होती है। मुसकान से वे सभी जीवन प्रज्वलित हो जाते हैं, जिनकी दृष्टि आपके चेहरे पर पड़ती है। वह आदमी, जो प्रतिदिन, हर समय बोझिल, चिड़चिड़े चेहरे को देखता हो, यदि एक भी मुसकराते हुए चेहरे को देख ले, तो वह उसे घने बादलों के बीच से झाँकते सूर्य की

तरह प्रतीत होता है। जब कोई आदमी ग्राहकों, टीचर, बॉस या फिर अपने माता-पिता के कारण दबाव या तनाव में हो, ऐसे समय में आपकी मुसकराहट उसे यह बात ज्ञात करा सकती है कि निराशा से समस्याओं का हल नहीं निकलता। मुसकान कहती है कि संसार रंगीनियों से भरा पड़ा है।

कुछ वर्ष पहले की बात है, न्यूयॉर्क के एक डिपार्टमेंटल स्टोर में क्रिसमस के कारण ग्राहकों की ज्यादा भीड़ से सेल्समैन बहुत दबाव में थे, तो माहौल को हलका बनाने के लिए इस स्टोर ने अपने विज्ञापन में पाठकों को यह दर्शन दिया—

क्रिसमस के शुभ अवसर पर मुसकान का मूल्य—

- कोई भी इतना निर्धन नहीं हो सकता, जो इसका फायदा न उठा सके और कोई भी इतना अमीर नहीं हो सकता, जो इसके बिना जीवन जी सके।
- यह कारोबार में सद्भावना भरती है, घर को सुख से भर देती है और यही सच्ची दोस्ती की पहचान है।
- यह निराश लोगों के लिए आशा की किरण, थके हुए लोगों के लिए छायादार पेड़ तथा दुखियों के लिए तो प्रकृति का अमूल्य वरदान है।
- इसे न तो खरीदा जा सकता है और न ही बेचा। यह भीख में भी नहीं मिलती, क्योंकि तब तक इसका कोई मोल नहीं है, जब तक यह किसी दूसरे के साथ बाँटी न जाए।
- शून्य खर्च पर बेशुमार आमद।
- जिन्हें यह मिलती है, वे तो अमीर हो जाते हैं, लेकिन जो इसे देते हैं, वे भी निर्धन नहीं होते।
- यह पल भर में भी प्राप्त हो सकती है, लेकिन इसकी याद स्थायी हो सकती है।
- क्रिसमस की भीड़ में यदि हमारे सेल्समैन कुछ अधिक थके लगें, तो क्यों न आप उन्हें मुसकान देकर उनकी कुछ थकान दूर कर दें।

आलस्य संदेह और भय को जन्म देती है, जबकि सकारात्मकता आत्मविश्वास और साहस से भर देती है। अगर आप डर पर काबू पाना चाहते हैं, तो घर में बैठकर इसके बारे में मत सोचें। बाहर जाएँ और व्यस्त रहें।

नाम में बहुत कुछ रखा है

किसी का नाम किसी भी भाषा में मधुर और सबसे महत्त्वपूर्ण आवाज होती है। एंड्रयू कारनेगी को लोग 'स्टील किंग' कहते थे, लेकिन स्टील के बारे में उनकी खुद की जानकारी अधिक नहीं थी। उनकी कंपनी के कितने ही कर्मचारी स्टील के बारे में उनसे अधिक जानते थे। लेकिन कारनेगी लोक व्यवहार में बहुत निपुण थे और इसी कारण वे इतनी दौलत कमा सके। बचपन से ही उनमें आश्चर्यजनक संगठन शक्ति थी तथा नेतृत्व की प्रतिभा साफ-साफ झलकती थी। दस साल की उम्र तक एंड्रयू कारनेगी यह बात समझ गए थे कि लोगों को अपने नाम से बहुत प्रेम होता है, अपना नाम सुनते ही वे स्वयं को महत्त्वपूर्ण समझने लगते हैं और अपनी इस जानकारी का उपयोग उन्होंने लोगों से मदद प्राप्त करने में किया था।

एक बहुत ही दिलचस्प घटना है, जब एंड्रयू कारनेगी ने बचपन में नाम को लेकर प्रयोग किया था। बचपन में जब वे स्कॉटलैंड में रहते थे, तो उन्होंने एक मादा खरगोश को पाला। कुछ ही समय बाद उनके पास छोटे-छोटे खरगोशों का ढेर लग गया। अब उनके पास इतने पैसे भी नहीं थे कि वे सब खरगोशों को पाल सकें। तभी उनके दिमाग में एक कारगर विचार आया। उन्होंने अपने पड़ोस के सभी बच्चों को बुलाकर कहा कि यदि वे उसके खरगोश को दाना-पानी देंगे, तो वे उन खरगोशों का नाम उनके नाम पर रख देंगे। यह योजना तो चमत्कार कर गई और बाद में नाम के महत्त्व को कारनेगी ने कभी भी अपने दिमाग से नहीं निकाला।

इस घटना के वर्षों बाद एंड्रयू कारनेगी ने इसी तरह का उपयोग बिजनेस में भी किया और करोड़ों डॉलर के स्वामी बन बैठे। उदाहरणतया, कारनेगी पेनसिल्वेनिया रेलरोड को स्टील की पटरियाँ बेचने के इच्छुक थे। उस समय जे. एडगर थॉमसन पेनसिल्वेनिया रेलरोड के प्रेसीडेंट थे। इसीलिए एंड्रयू कारनेगी ने पिट्सबर्ग में एक

बड़ी स्टील कंपनी को बनवाकर उसका नाम 'एडगर थॉमसन स्टील वर्क्स' रख दिया।

अब आप खुद ही इस पहेली का उत्तर दे सकते हैं कि जब एडगर थॉमसन को पटरियों की जरूरत पड़ी होगी, तो क्या उन्होंने वे पटरियाँ सियर्स से या फिर रोबक से खरीदी होंगी? संभवत: नहीं। थॉमसन ने वे पटरियाँ निश्चित रूप से एडगर थॉमसन स्टील वर्क्स से ही खरीदी थीं। जब कारनेगी तथा जॉर्ज पुलमैन रेलरोड स्लीपिंग कार बिजनेस में एक-दूसरे के प्रतियोगी बन गए थे, तो एक बार फिर कारनेगी को अपना बचपन का खरगोशवाला सबक याद आ गया था।

एंड्रयू कारनेगी की सेंट्रल ट्रांसपोर्टेशन कंपनी की प्रतियोगिता पुलमैन की कंपनी से हो रही थी। दोनों की कंपनियाँ चाहती थीं कि वे यूनियन पैसिफिक रेलरोड से बिजनेस प्राप्त कर सकें, इसलिए इस प्रतियोगिता में दोनों ही कंपनियाँ घाटे की कगार पर पहुँच रही थीं, फिर पुलमैन तथा कारनेगी दोनों ही यूनियन पैसिफिक के बोर्ड ऑफ डायरेक्टर्स से मिलने के लिए न्यूयॉर्क गए। अचानक एक दिन एक होटल के बाहर कारनेगी की मुलाकत पुलमैन से हो गई, तो कारनेगी ने उनसे कहा, "गुड इवनिंग, श्रीमान् पुलमैन, क्या आपको ऐसा नहीं लगता कि हम दोनों ही खुद को बेवकूफ बना रहे हैं?"

गुस्से में भरकर पुलमैन ने कहा, "आखिर आपके कहने का मतलब क्या है?"

और फिर कारनेगी ने पुलमैन के सामने अपने मन की बात कही। उन्होंने कहा कि प्रतियोगिता के स्थान पर हमें सहयोग के साथ काम करना चाहिए, फिर उन्होंने इस बात पर भी पुलमैन का ध्यान आकर्षित किया कि मिलकर काम करने से दोनों को ही फायदा होगा। पुलमैन ने भी कारनेगी की बात पर ध्यान दिया और उन्हें भी लगा कि कारनेगी सच कह रहे हैं। उन्होंने पूछा, "आप इस नई कंपनी का नाम क्या रखेंगे?" कारनेगी ने तुरंत उत्तर दिया, "स्पष्ट सी बात है, पुलमैन पैलेस कार कंपनी।"

पुलमैन का चेहरा तो कमल की भाँति खिल उठा। उन्होंने कारनेगी से कहा, "आप मेरे कक्ष में आइए, इस बारे में हम विस्तारपूर्वक बात करते हैं।" और फिर इस चर्चा ने एक इतिहास रच दिया।

बिजनेस सहयोगियों तथा मित्रों के नाम याद रखने की नीति एंड्रयू कारनेगी के नेतृत्व के रहस्यों में से एक थी। उन्हें अपनी फैक्टरी के सभी कर्मचारियों के नाम

याद थे और इस बात पर उन्हें बहुत गर्व था। उन्होंने बताया, जब तक उन्होंने कंपनी की बागडोर अपने हाथ में रखी थी, तब तक उनकी स्टील कंपनी में कभी भी कोई हड़ताल या आंदोलन नहीं हुए थे।

सन् 1898 के दौरान रॉकलैंड काउंटी में एक दुखद घटना घटी। एक बच्चे की मौत हो गई थी तथा उसके पड़ोसी उसकी अंतिम यात्रा में जाने की तैयारी करने लगे थे। दूसरी ओर जिम फार्ले घोड़े को बाँधने घुड़साल में गया था। तीखी ठंडी हवाएँ चल रही थीं और जमीन बर्फ से ढकी हुई थी। इसी कारण घोड़ा कई दिनों से से बँधा था और जब वह पानी पीकर पलटा तो खेल-ही-खेल में मुड़ा, उसने अपने दोनों अगले पैर हवा में ऊँचे उठाए और जिम फार्ले के सीने पर दे मारे। इस तरह स्टोनी पॉइंट के उस बहुत छोटे से गाँव में एक ही दिन में दो-दो शव यात्राएँ निकलीं। जिम फार्ले अपने पीछे बीवी, तीन बच्चे तथा बीमे के कुछ सौ डॉलर छोड़ गया था।

पिता की मौत के बाद फोर्ले का दस वर्षीय सबसे बड़ा बेटा ईंट के भट्ठे में काम करने लगा। वह मिट्टी को भिगोकर उसे साँचों में भरकर ईंट का आकार देता था और फिर धूप में सुखाने के लिए रखता था। जिम इसी कारण अधिक पढ़ाई नहीं कर पाया, लेकिन उसकी असली मिलनसार प्रवृत्ति के कारण ही सब लोग उसे पसंद करते थे। बाद में वह राजनीति में चला गया और वहाँ उसने लोगों के नामों को याद रखने की असाधारण प्रतिभा को विकसित किया। वैसे तो वह उच्च विद्यालय तक भी नहीं पहुँच पाया था, लेकिन छियालिस के आस-पास की आयु तक उसे चार कॉलेजों की मानद उपाधियाँ मिल चुकी थीं। फिर वह डेमोक्रेटिक नेशनल कमेटी का चेयरमैन तथा पोस्ट मास्टर जनरल ऑफ द यूनाइटेड स्टेट्स बन गया। एक साक्षात्कार के दौरान मैंने जिम फार्ले से उनकी कामयाबी का रहस्य जानना चाहा। उन्होंने कहा, "कड़ी मेहनत!" मैंने कहा, "आप मजाक कर रहे हैं।"

इस पर जिम फार्ले ने मुझसे पूछा कि फिर उनकी दृष्टि में मेरी कामयाबी का क्या रहस्य है? इस पर मैंने उत्तर दिया, "मैंने सुना है कि आपको दस हजार लोगों के नाम याद हैं।" उसपर जिम ने उत्तर दिया, "नहीं, तुमने गलत सुना है। मुझे तो पचास हजार लोगों के नाम याद हैं।" नाम याद रखने की इसी क्षमता के कारण फार्ले ने फ्रैंकलिन डी. रूजवेल्ट को सन् 1932 में व्हाइट हाउस पहुँचा दिया था, क्योंकि फार्ले ने चुनाव-अभियान में रूजवेल्ट का प्रचार किया था।

जिम फार्ले ने लोगों के नाम याद करने की यह कला जिप्सम कंपनी के

सेल्समैन के रूप में यात्रा करते समय तथा स्टोनी पॉइंट के टाउन क्लर्क के रूप में काम करते हुए विकसित की थी। शुरुआती दिनों में यह तकनीक एकदम सरल थी। किसी भी नए आदमी से भेंट के समय जिम फार्ले उससे उसका नाम, उसका पारिवारिक ब्योरा, कारोबार तथा राजनीतिक विचारों आदि के बारे में जानकारी प्राप्त कर लेता था, फिर वह उन सारी जानकारियों को तथा उस आदमी के चेहरे को अपने दिमाग में बिठा लेता था और हाथ मिलाते हुए उससे उसके परिवार की राजी-खुशी पूछता, यहाँ तक कि उसके बगीचे तथा उसके पालतू जानवर के बारे में भी पूछ लेता था। उसके इसी गुण के कारण लोग उसे उतना पसंद करते थे। रूजवेल्ट के चुनाव अभियान के महीनों पहले से ही जिम फार्ले ने हरेक दिन पश्चिमी तथा उत्तर पश्चिम राज्यों के बीसियों लोगों को पत्र लिखे थे। जगह-जगह जाकर उनका चुनाव प्रचार किया। वह जिस भी शहर में जाता, वहाँ दोपहर या रात्रि के भोजन पर लोगों से मिलता था तथा उनसे खुले दिल से बातें करता और फिर दूसरे राज्य की ओर बढ़ जाता था।

अपने प्रांत वापस लौटकर वह हरेक उस आदमी को पत्र भी लिखता था, जिससे वह मिला था। इस सूची में हजारों नाम थे। उन सभी लोगों को जिम अपने हाथ से लिखकर पत्र भेजता था और उन्हें बड़े प्यार से संबोधित करता था, जैसे 'प्रिय जॉन' या 'प्रिय बिल' और फिर नीचे लिखता था, 'आपका जिम।'

जिम फार्ले ने यह पाठ बचपन में ही सीख लिया था कि संसार में हरेक आदमी को दूसरे से अधिक अपने नाम में दिलचस्पी होती है। किसी दूसरे के नाम को याद रखकर उसका सरलता से उच्चारण करना अपनेपन को दरशाता है। किसी के नाम को भूल जाना या फिर उलटा-सीधा उच्चारण करना, परायेपन को दरशाता है। यह त्रुटि कभी-कभी हमें कठिनाई में भी डाल देती है। उदाहरणतया, मैंने एक बार पेरिस में एक जन व्याख्यान पाठ्यक्रम का आयोजन किया और उस शहर में रहनेवाले सारे अमरीकियों को सूचना-पत्र भेजे। फ्रांसीसी टाइपिस्टों की अंग्रेजी अच्छी नहीं होती, इसलिए उन्होंने अनेक नामों की स्पेलिंग गलत लिख दी थी। तब पेरिस के एक बड़े अमरीकी बैंक के वरिष्ठ व्यवस्थापक ने मुझे शिकायती पत्र भेजा था, जिसमें उसने मुझे बहुत तल्ख बातें भी सुनाई थीं।

वैसे जिन नामों के उच्चारण कठिन हों, उन नामों को याद रख पाना कठिन होता है। लोग इन नामों की या तो उपेक्षा कर देते हैं या फिर किसी उपनाम से पुकारने लगते हैं। सिड लेवी को निकोडेमस पैपेडुलॉस नामक एक ग्राहक से कई बार मिलना पड़ा

था। अधिकतर लोग तो उसे निक नाम से पुकारते थे, लेकिन लेवी ने उससे मिलने जाने से पहले उनके नाम का सही उच्चारण सीख लिया था। जब लेवी ने उसका अभिवादन यह कहकर किया, 'गुड आफ्टर नून, मिस्टर निकोडेमम पैपेडुलॉस,' तो वह हक्का-बक्का रह गया। मुँह से आवाज नहीं निकल पा रही थी, लेकिन तभी अपनी आँखों में प्रसन्नता के आँसू लिये वह बोला, "श्रीमान् लेवी, मैं इस देश में पंद्रह वर्षों से रह रहा हूँ, लेकिन आज तक किसी ने भी मुझे मेरे सही नाम से नहीं पुकारा।"

टेक्सस कॉमर्स बैंक शेयर्स के चेयरमैन बेंटल लव का मानना है कि कोई भी कॉरपोरेशन जितना बड़ा होता जाता है, वह उतना ही अधिक भाव शून्य भी होता है। इसे भाव पूर्ण तभी किया जा सकता है, जब आप लोगों के नाम याद रखें। जो अधिकारी यह शिकायत करता है कि उसकी कंपनी में तो इतने सारे लोग काम करते हैं, वह किस-किसका नाम याद रखे, तो वह निश्चित रूप से अपने कारोबार का एक आवश्यक भाग भूल रहा है या फिर वह गर्त में गिरता जा रहा है।

कारेन कर्श कैलिफोर्निया के रांचो पैलोस वर्डीस की फ्लाइट अटेंडेंट ने यह आदत विकसित कर ली थी कि वे अपने केबिन में बैठे अधिक-से-अधिक यात्रियों के नाम याद रख सकें। वे उनकी सेवा करते समय उन्हें उनके नाम से पुकराती थीं, फिर तो लोग जैसे उनके दीवाने हो गए और हर स्थान पर उनकी तारीफ के पुल बाँधने लगे। एक यात्री ने तो यहाँ तक लिख दिया, "कुछ समय से मैं टी.डब्ल्यू.ए. एयरपंक्ति से यात्रा नहीं कर पा रहा हूँ, लेकिन अब मैं टी.डब्ल्यू.ए. को छोड़कर किसी दूसरी एयरपंक्ति से यात्रा करने के बारे में सोच भी नहीं सकता। आपकी एयरपंक्ति में यात्रा करते समय मुझे अनुभव होता है कि जैसे मैं अपनी निजी एयरपंक्ति में ही यात्रा कर रहा हूँ।"

लोग अपने नाम को तो किसी भी कीमत पर अमर रखना चाहते हैं। हमारे समय के महान् अभिमानी तथा कटु दिल पी.टी. बारनम, जो अपने समय के महान् शोमैन भी थे, इसलिए परेशान थे कि उनके वंश को, उनके नाम को आगे चलाने के लिए उनका कोई पुत्र नहीं था, फिर उन्होंने अपनी बेटी के बेटे सी.एच. सीले के समक्ष यह प्रस्ताव रखा कि यदि वह अपना नाम बदलकर 'बारनम सीले' रख ले, तो वे उसे इसके बदले में 25000 डॉलर दे देंगे।

नाम की महत्ता का इससे बड़ा उदाहरण क्या होगा कि शताब्दियों पहले से ही उच्च वर्ग के अमीर लोग लेखकों, कलाकारों तथा संगीतकारों को दिल खोलकर आर्थिक मदद इसलिए देते आ रहे हैं, क्योंकि वे चाहते हैं कि उनकी रचनाएँ उनके

नाम पर समर्पित हों। यही हाल पुस्तकालयों तथा संग्रहालयों का भी है। ऐसे दानियों की कभी भी कमी नहीं रही, जो इन संस्थाओं को खूब धन दान स्वरूप देते आ रहे हैं, मात्र इसलिए कि उनका नाम मानवता के इतिहास में अजर-अमर रहे। न्यूयॉर्क की पब्लिक लाइब्रेरी में एस्टर तथा लेनॉक्स कलेक्शन है, तो मेट्रोपॉलिटन म्यूजियम में बेंजामिन आल्टमैन और जे.पी. मॉरगन के बेशुमार कलेक्शन हैं। हरेक गिरिजाघर में खूबसूरत काँच की खिड़कियों पर उसके दानदाताओं के नाम लिखे होते हैं। अधिकतर विश्वविद्यालयों, अनेक कॉलेजों के भवनों पर दानदाताएँ के नाम अंकित होते हैं, जिन्होंने इन भवनों के निर्माण हेतु खूब धन दान स्वरूप दिया है।

जो लोग यह बहाना करते हैं कि वे अधिक नामों को याद नहीं रख पाते, उनमें से अधिकतर तो सिर्फ इसलिए नामों को भूल जाते हैं, क्योंकि वे किसी भी नाम को खुद रखने के लिए न तो प्रयास करते हैं और न ही चित्त एकाग्र करते हैं और बहाना यह बना देते हैं कि व्यस्तता के कारण वे अधिकतर नाम भूल जाते हैं। लेकिन उनमें से कोई भी फ्रैंकलिन डी. रूजवेल्ट से अधिक व्यस्त तो नहीं हो सकता। रूजवेल्ट तो समय निकालकर अपने मेकैनिकों तक के नाम याद रखते थे।

इस बात को स्पष्ट करने के लिए एक उदाहरण पेश है—क्राइस्लर ऑरगेनाइजेशन ने मिस्टर रूजवेल्ट के लिए एक खास तरह की कार का निर्माण किया था, क्योंकि पैरों के लकवे के कारण रूजवेल्ट किसी अन्य तरह की कार का उपयोग नहीं कर पाते थे, फिर एक मेकैनिक तथा डल्यू.एफ. चैंबरलेन उस कार को पहुँचाने व्हाइट हाउस तक गए। यहाँ मेरे पास डब्ल्यू.एफ. चैंबरलेन का एक पत्र है, जो यह दरशाता है कि श्रीमान् रूजवेलट कैसे थे, "मैंने तो प्रेसीडेंट रूजवेल्ट को केवल इतना सिखाया कि असामान्य उपकरणोंवाली इस कार को चलाया कैसे जाता है? लेकिन उन्होंने तो मुझे यह सिखा दिया कि लोगों को हृदय कैसे जीता जाए, उनके साथ कैसा बरताव किया जाए।"

श्रीमान् चैंबरलेन आगे लिखते हैं, "जब मैं व्हाइट हाउस पहुँचा, तो मैंने देखा कि प्रेसीडेंट बहुत खुश लग रहे थे। उन्होंने मेरा नाम लेकर मुझे बुलाया, मुझे वहाँ पर बहुत सहज अनुभव हुआ, क्योंकि वे उन चीजों में बहुत दिलचस्पी ले रहे थे, जो मैं उनके लिए लाया था। कार का निर्माण इस तरह किया गया था कि उसे पूरी तरह से सिर्फ हाथों से ही नियंत्रित किया जा सके, फिर वहाँ कार देखनेवालों की भीड़ एकत्र हो गई, तो प्रेसीडेंट ने कहा, 'मुझे तो यह बहुत शानदार लग रही है। मुझे बस इसके एक बटन को छूना है और फिर यह चल पड़ती है। इसे बिना किसी प्रयास

के चला सकते हैं। यह तो वास्तव में बहुत उत्कृष्ट है। मैं नहीं जानता कि यह कैसे काम करती है। मेरा मन तो करता है कि समय मिलने पर मैं इसका एक-एक पुरजा खोल-खोलकर देखूँ।'

"फिर जब रूजवेल्ट के मित्रों व सहयोगियों ने कार की तारीफ की, तो उन्होंने सबके सामने मुझसे कहा, 'श्रीमान् चैंबरलेन, मुझे ज्ञात है कि इस कार को बनाने में तुमने बहुत मेहनत की है, बहुत प्रयास किया है। मैं इसके लिए तुम्हारी प्रशंसा मन से करता हूँ।' यह वास्तव में एक उत्कृष्ट कार है, फिर उन्होंने बारी-बारी से रेडिएटर, खास रियर-व्यू शीशे, खास स्पॉट लाइट, घड़ी, ड्राइवर की सीट की बनावट, डिग्गी में बने खास सूटकेसों आदि सभी चीजों की भरपूर तारीफ की। उन्होंने उस हरेक चीज की तारीफ की, जिन्हें बनाने में मैंने मेहनत की थी, फिर उन्होंने एक-एक करके कार की सब विशेषताओं की ओर श्रीमती रूजवेल्ट, मिस पर्किंस सेक्रेटरी ऑफ लेबर तथा अपनी सचिव का ध्यान आकर्षित कराया। वे व्हाइट हाउस के पुराने पोर्टर को भी यह कहकर तसवीर में ले आए, जॉर्ज, आप इन सूटकेसों का अच्छी तरह से ध्यान रखने के लिए बेताब दिख रहे हैं।'

"जब ड्राइविंग के बारे में सारी बातचीत समाप्त हो गई तो प्रेसीडेंट ने मेरी ओर मुड़कर कहा, 'ठीक है श्रीमान् चैंबरलेन, मैं फेडरल रिजर्व बोर्ड को पिछले आधे घंटे से इंतजार करवा रहा हूँ। अब मुझे काम पर लौट जाना चाहिए।'

"व्हाइट हाउस में मैं अपने साथ मेकैनिक को भी ले गया था। वहाँ पहुँचने पर मैंने रूजवेल्ट से उसका परिचय भी करवाया, लेकिन उसकी प्रेसीडेंट से अधिक बातचीत नहीं हो पाई थी। रूजवेल्ट ने भी उस मेकैनिक का नाम सिर्फ एक ही बार सुना था। मेकैनिक कुछ शर्मीले किस्म का युवक था, इसलिए वह अधिक नहीं बोल पाया था, लेकिन विदा लेते समय प्रेसीडेंट ने मेकैनिक की ओर देखकर उससे हाथ मिलाया तथा उसका नाम लेकर वाशिंगटन में आने के लिए उसे धन्यवाद दिया। उनका धन्यवाद भी बेबुनियादी नहीं था, वे शब्द तो सच थे, जैसा कि मैंने अनुभव किया था।

"न्यूयॉर्क से लौटने के कुछ दिनों बाद मुझे प्रेसीडेंट का एक फोटो मिला, जिस पर उनके ऑटोग्राफ भी थे। उन्होंने एक बार फिर मेरे प्रयासों की भरपूर तारीफ की थी। मैं तो अब तक भी नहीं समझ पा रहा हूँ कि इतना सबकुछ करने के लिए उनके पास समय कहाँ से आ गया था।

"फ्रैंकलिन डी. रूजवेल्ट भली-भाँति जानते थे कि लोगों की सद्भावना प्राप्त

करने का सबसे सरल तथा महत्त्वपूर्ण ढंग है, लोगों के नाम याद रखना तथा लोगों को यह अनुभव कराना कि वे महत्त्वपूर्ण हैं, लेकिन ऐसे कितने लोग हैं, जो यह सब कर पाते हैं। लोग तो हमसे मिलते हैं, हम कुछ देर उनसे बातें करते हैं और 'गुड बाय' कहकर उनका नाम भूल जाते हैं।

हाँ, राजनेताओं को तो यह बात शुरुआती दौर में ही समझ आ जाती है, 'किसी भी मतदाता का नाम याद रखना एक महत्त्वपूर्ण राजनैतिक कला कहलाता है और इसे भूल जाना हारने की कला है।' नाम याद करने की यह कला राजनीति के साथ-साथ व्यापारिक तथा सामाजिक संबंधों में भी बहुत फायदेमंद सिद्ध होती है।

लोगों के नामों को भली-भाँति याद रखकर उनका उपयोग करना सिर्फ राजाओं या सफल कारोबारियों के लिए ही लाभकारी सिद्ध नहीं होता, अपितु हरेक आदमी के लिए यह उपयोग फायदेमंद होता है। इंडियाना में जनरल मोटर्स का एक कर्मचारी केन नॉटिंघम आमतौर पर कैफेटेरिया में दोपहर का भोजन करने जाता था। उसने देखा कि काउंटर के पीछे खड़ी औरत आम तौर पर क्रोधित सी रहती थी। वह करीब दो घंटों से लगातार सैंडविच तैयार कर रही थी तथा मैं उसके लिए सिर्फ एक और सैंडविच था। मैंने उसे बताया कि मुझे क्या चाहिए था। उसने हैम को छोटे तराजू पर तौला। इसके बाद उस महिला ने मुझे लैट्यूस की एक पत्ती दी, आलू के चिप्स डाल दिए और सैंडविच थमा दिया।

दूसरे दिन मेरे साथ फिर वही हुआ। वही महिला, वही मुसकान, मैं मुसकराया और कहा, "हैलो यूनिस, और फिर मैंने उसे बताया कि मुझे क्या चाहिए था ? इस बार वह तराजू भूल गई, उसने बहुत सारा हैम डाला, लैट्यूस की तीन पत्तियाँ थीं और आलू के इतने सारे चिप्स डाल दिए कि चिप्स के प्लेट से नीचे गिरने की नौबत आ गई थी। यहाँ पर फिर चल गया नाम का जादू। अब तो आप कभी भी नहीं भूलेंगे कि नाम हो तो वह जादू की छड़ी है, जिससे हमारा जादू सामनेवाले पर चल जाता है। नाम ही तो आदमी की अलग पहचान होती है, उसके व्यक्तित्व का सही प्रतीक है। उसका खास नाम ही तो उसे दूसरों से अलग करता है। जब हम किसी का नाम लेकर, किसी व्यक्ति से कोई काम करने के लिए कहते हैं, तो उस आदमी के लिए भी वह काम करना महत्त्व रखता है। अब चाहे नौकर हो या एग्जीक्यूटिव, नाम रूपी जादुई छड़ी सब पर समान रूप से असरदार होती है।

फ्रांस के सम्राट् नेपोलियन तृतीय, जो नेपोलियन महान् के भतीजे थे। उनका मत था कि राजकीय कर्तव्यों के बावजूद उन्हें अपने संपर्क में आनेवाले हरेक

आदमी का नाम याद रहता था। उन्होंने नाम याद रखने के लिए एक बहुत ही सरल तकनीक खोजी थी। यदि वे किसी का नाम ठीक तरह से सुन नहीं पाते थे, तो कहते थे, "माफ करना! मैं आपका नाम ठीक से सुन नहीं पाया। और यदि किसी का नाम लेने में कुछ कठिनाई हो तो कहते थे, इसे लिखते कैसे हैं?" फिर पूरी चर्चा के दौरान वे उसके नाम को कई बार दुहराते थे तथा उसे आदमी के हाव-भाव व चेहरे के साथ जोड़ लेते थे।

अब यदि सामनेवाला आदमी कुछ अधिक ही महत्त्वपूर्ण होता था, तो वे उसके नाम को याद रखने के लिए और भी अधिक मेहनत करते थे। जब भी सम्राट् अकेले होते थे, तो कागज पर उस नाम को लिखकर उसकी ओर देखते थे, उसे याद करते थे और फिर अच्छी तरह दिमाग में बिठाने के बाद उस कागज के टुकड़े को फाड़ देते थे। इस ढंग से वे कानों के साथ-साथ अस्त्रों के भी माध्यम से उस नाम को याद रख पाते थे। हाँ, यह सब करने में मेहनत बहुत लगती है, लेकिन जैसा इमर्सन ने कहा है, "अच्छे बरताव के लिए छोटे-मोटे त्याग तो करने ही पड़ते हैं।"

उनसे मत डरिए, जो बहस करते हैं, बल्कि उनसे डरिए, जो छल करते हैं।

☐

धैर्य के साथ दिलचस्पी से लोगों को सुनें

किसी से कुछ करा पाने का केवल एक ही तरीका है और वह है दूसरे व्यक्ति को तैयार करना कि वह यही करना चाहता है।

एक बार मैं न्यूयॉर्क के एक प्रकाशक द्वारा दी गई डिनर पार्टी में एक वनस्पति विज्ञानी से मिला। इससे पहले मैं कभी भी किसी विज्ञानी से नहीं मिला था, लेकिन अब मुझे उनकी बातें रुचिकर लग रही थीं। वे मुझे पेड़-पौधों, फूलों-पत्तियों के बारे में नई-नई जानकारियाँ दे रहे थे। उन्होंने मुझे इनडोर गार्डन विकसित करने के भी नए-नए ढंग बताए। मैं पूरे मन से उनकी बात सुनता रहा। मेरे घर में भी एक छोटा सा बगीचा था। उस वनस्पति विज्ञानी ने मुझे यह भी बताया कि मैं किस तरह अपनी समस्याओं को सुलझा सकता हूँ। उस दावत में दर्जनों लोग उपस्थित थे, लेकिन मैंने सामाजिकता के सारे नियमों को तोड़ते हुए सभी को अनदेखा कर सिर्फ उस वनस्पति विज्ञानी से ही बात की थी।

जब रात बहुत हो गई तो मैंने सबसे विदा ली। मेरे चले जाने पर वह वनस्पति विज्ञानी, मेजबान के पास जाकर मेरी तारीफ के पुल बाँधने लगा। उसने मुझे 'प्रेरक व्यक्तित्ववाला' तथा 'बहुत रोचक वक्ता' भी कहा, लेकिन मैंने तो उससे अधिक बातें भी नहीं की थीं, फिर भी उसने मुझे रोचक वक्ता कह दिया। यदि मैं चाहता, तो भी वनस्पतियों के बारे में कुछ भी नहीं बोल सकता था। हाँ, मैंने उसकी बातों को ध्यानपूर्वक सुना था, क्योंकि मुझे उसकी बातों में दिलचस्पी थी और उन्हें इस बात का अनुभव हो गया था। वे मुझे अपने बारे में बताकर संतोष का अनुभव कर रहे थे। इस तरह किसी की बात सुनना, परोक्ष रूप से उसकी तारीफ करना है। 'स्ट्रेंजर्स इन लव' पुस्तक में जैक वुडफोर्ड ने लिखा है, "अधिकतर लोग मन

लगाकर सुनने की चापलूसी को बहुत पसंद करते हैं। मैं तो मन लगाकर सुनने से भी दो पग आगे निकल चुका था। मैं उनकी दिल खोलकर तारीफ कर रहा था, मुक्त कंठ से उनकी प्रशंसा कर रहा था।

मैंने उन्हें यह भी जता दिया कि मुझे उनकी चर्चा में संतोष के साथ-साथ बहुत कुछ सीखने को भी मिला। काश, मेरे पास भी उनके जैसा ज्ञान होता! मैंने उन्हें बताया कि मैं चाहता हूँ कि मैं उनके साथ खेतों में घूमूँ। मैंने उनसे कहा कि मैं उनसे दुबारा मिलना चाहूँगा और मैं मिल भी लिया, तो इस तरह उन्होंने मुझे एक अच्छा वक्ता मान लिया, जबकि मैं तो सिर्फ एक अच्छा श्रोता था, जो उन्हें चर्चा करने के लिए पूरे मन से प्रोत्साहित कर रहा था।

कुछ ही दिनों पहले मुझे एक ब्रिज दावत में जाने का अवसर मिला। मुझे ब्रिज खेलना नहीं आता और उस दावत में एक महिला भी मेरे जैसी ही थी, जिसे ब्रिज खेलना नहीं आता था। उसे किसी के द्वारा यह ज्ञात हो गया था कि लॉवेल थॉमस के रेडियो के संसार में जाने से पूर्व मैं उनका व्यवस्थापक हुआ करता था और मैं उनके सहयोगी के रूप में यूरोप मैं बहुत अच्छी तरह से घूम चुका हूँ। इसीलिए उस महिला ने मुझसे कहा, "मिस्टर कारनेगी, मैं चाहती हूँ कि आप बताएँ कि आपने किन-किन स्थानों पर जाकर वहाँ के वातावरण का आनंद लिया है और आपने यूरोप के कितने दर्शनीय स्थलों को देखा है?"

फिर हम सोफे पर बैठ गए, तो उस महिला ने मुझे बताया कि वह अभी-अभी अपने पति के साथ अफ्रीका की यात्रा करके लौटी है। मैंने कहा, "अरे, वाह! अफ्रीका में बहुत ही आनंदमय अनुभव रहा होगा आपका। मैं तो सदैव से ही अफ्रीका घूमना चाहता हूँ, लेकिन चौबीस घंटे अल्जियर्स में रुकने के अलावा मुझे अफ्रीका घूमने का अधिक अवसर नहीं मिल पाया। वास्तव में आप बहुत भाग्यशाली हैं, जो आपको इतने रोमांचक स्थान को देखने का अवसर मिला। कृपया आप मुझे अपने अनुभव अवश्य बताइए।"

बाद में तो वह महिला लगातार चालीस-पचास मिनटों तक बोलती रही। उसने मुझसे एक बार भी यह पूछने का प्रयास नहीं किया कि मैं कहाँ-कहाँ गया था या मैंने क्या-क्या देखा था? वह मेरी यात्रा के बारे में बिल्कुल भी दिलचस्पी नहीं रखती थी। वह तो बस, एक अच्छे श्रोता की तलाश में थी, जो उसके अहं को शांत कर सके। जितने पैसे उसने व्यय किए थे, वे पैसे वह इसी तरह तो पाना चाहती थी।

कुछ लोगों को तो यह बरताव असामान्य लग सकता है, लेकिन अधिकतर लोग ऐसे ही होते हैं।

भूतपूर्व हॉवर्ड प्रेसीडेंट चार्ल्स डब्ल्यू इलियट ने सफल बिजनेस साक्षात्कार का रहस्य यह बताया था, "किसी भी सफल बिजनेस-चर्चा का रहस्य सिर्फ इतना सा है, जो आपसे बातें कर रहा है, उसपर पूरी तरह से ध्यान केंद्रित करना आवश्यक है। यही तो सबसे बड़ी चापलूसी होती है।" खुद इलियट बहुत अच्छे श्रोता थे। अमरीका के महान् उपन्यासकार हेनरी जेम्स ने अपने संस्करण में कहा है, डॉक्टर इलियट का लोगों की बातों को दिलचस्पी लेकर सुनना सिर्फ मौन नहीं था, बल्कि वह तो एक तरह की गतिविधि थी। सीधे तनकर बैठ जाना, हाथों को बाँधकर गोद में रख लेना तथा अपने अँगूठों को एक-दूसरे पर लपेटने के अलावा उनके शरीर में कोई और गतिविधि नहीं होती थी। वे वक्ता की बातों को कान के साथ-साथ आँखों से भी सुनते थे। वे अपने दिमाग से सुनते थे तथा सामनेवाले के बोलते समय सोचते थे कि आपको यह बात क्यों कहनी पड़ी। साक्षात्कार के अंत में उनसे बात करनेवाला आदमी यह महसूस करता था कि सामनेवाले ने उनकी बातें ध्यानपूर्वक सुनी हैं।

इस कला को सीखने के लिए आवश्यक नहीं कि आप हॉवर्ड में चार साल का प्रशिक्षण लें। यह तो व्यावहारिकता से आती है। हम सब ऐसे कितने ही डिपार्टमेंटल स्टोर मालिकों को जानते हैं, जो महँगी-महँगी दुकानें खोलकर किफायत से सामान खरीदते हैं, सजावट पर पूरा ध्यान देते हैं, विज्ञापनों में हजारों डॉलर खर्च करते हैं और फिर सेल्समैनों को नौकरी पर रखते हैं, लेकिन वे सेल्समैन ही अच्छे श्रोता नहीं होते, इसलिए ग्राहकों की बात को बीच में ही काटते हैं, उनसे बे-सिर-पैर की बात करते हैं, उनके मन में इतनी चिढ़ पैदा कर देते हैं कि वे स्टोर से भाग जाने के लिए विवश हो जाते हैं।

शिकागो के एक प्रसिद्ध डिपार्टमेंटल स्टोर ने अपनी सेल्सगर्ल के कारण ही एक ऐसे खरीदार को खो दिया, जो प्रतिवर्ष वहाँ से हजारों डॉलर का सामान खरीदती थी। इस महिला ग्राहक, जिनका नाम श्रीमती हेरेरिटा डगलस था, ने एक कोट स्पेशल सेल में खरीदा था। घर आने पर उन्होंने देखा कि कोट की सिलाई उधड़ी हुई थी। उन्होंने अगले दिन उस स्टोर में जाकर उस सेल्सगर्ल से वह कोट बदलने का अनुरोध किया, लेकिन सेल्सगर्ल ने तो दो टूक बात कह दी, "आपने इसे सेल में खरीदा है और सेल का माल हम न तो बदलते हैं और न ही वापस लेते हैं। अब आप इसका कुछ भी कीजिए, हमारी कोई जिम्मेदारी नहीं है।"

"लेकिन यह तो पहले से ही खराब सामान था।" डगलस ने कहा।

"इस बात से हमें कोई फर्क नहीं पड़ता, आप व्यर्थ मतभेद न करें, तो ही अच्छा है।" सेल्सगर्ल बोली।

मिसेज डगलस का क्रोध सातवें आसमान पर पहुँच गया। वे पैर पटकती हुई स्टोर से निकल ही रही थीं कि तभी डिपार्टमेंटल स्टोर का व्यवस्थापक वहाँ आ गया, जो स्थायी खरीदार होने के कारण श्रीमती डगलस को भली-भाँति जानता था। श्रीमती डगलस ने अपनी पूरी बात उस व्यवस्थापक को बता दी।

व्यवस्थापक ने पूरा विवरण ध्यानपूर्वक सुना तथा कोट की भी पूरी जाँच की और फिर बोला, "हम सीजन के आखिर में अपना सामान बेचकर समाप्त करते हैं, इसलिए स्पेशल सेल का सामान न तो बदला जाता है और न ही वापस होता है, लेकिन यह कोट तो दोषपूर्ण है, इसलिए आप चाहें तो हम इसकी सिलाई ठीक करवा सकते हैं या फिर आप अपना पैसा भी वापस ले सकती हैं।"

सेल्समैन और व्यवस्थापक के बरताव में जमीन-आसमान का अंतर था। उस दिन यदि व्यवस्थापक ठीक समय पर न आया होता, तो उस स्टोर ने एक स्थायी खरीदार खो दिया होता। अच्छा श्रोता सिर्फ कारोबार में ही सफल नहीं होता, घर पर भी यह गुण बहुत काम आता है। न्यूयॉर्क की मिली एंपोसिटो का यह स्वभाव था कि जब भी उनके बच्चे कोई बात कहते थे, तो वे उस बात को ध्यान से सुनती थीं। एक दिन संध्या के समय वे अपने बेटे रॉबर्ट के साथ बगीचे में बैठी थीं, तभी अचानक रॉबर्ट बोला, "माँ, मुझे ज्ञात है कि आप मुझसे बहुत प्यार करती हैं।"

मिसेज एंपोसिटो को यह सुनकर बहुत अच्छा लगा तथा वे कहने लगीं, "हाँ बेटा, मैं तुम्हें बहुत प्यार करती हूँ, लेकिन आज यह बात तुम्हारे दिमाग में अचानक कैसे आ गई?"

रॉबर्ट ने उत्तर दिया, "माँ, इसलिए, क्योंकि आप मेरी बात बहुत ध्यान से सुनती हैं। जब भी मैं कुछ कहता हूँ तो आप अपना सारा काम छोड़कर मेरी बातें सुनने आ जाती हो।"

'एक चुप्पी सौ नियामत' यह बात यहीं तो लागू होती है। बड़े-से-बड़ा निंदक भी धैर्यवान, शांत तथा सहानुभूति पूर्ण श्रोता के सामने नरम पड़ जाता है। एक अच्छा श्रोता वह ही तो है, जो उस समय चुप्पी साधे रहे, जब क्रोधित आलोचक जहरीले कोबरे की भाँति अपने फन से शरीर का सारा जहर बाहर उगल रहा हो। उदाहरणयता, न्यूयॉर्क टेलीफोन कंपनी को एक बार ऐसे खरीदार से

निबटना था, जो सदैव ही खरीदार सेवा प्रतिनिधियों को भला-बुरा कहता रहता था। वह बहुत धमकियाँ देता था कि वह फोन को इसकी जड़ों से ही उखाड़कर फेंक देगा। कई टेलीफोन बिल नहीं चुकाए, क्योंकि उसकी दृष्टि में वे जाली थे। अनेक समाचार-पत्रों में इसके विरोध में पत्र लिख डाले। यहाँ तक कि उसने टेलीफोन कंपनी के विरुद्ध अदालत में कई मुकदमे भी दायर कर दिए थे।

अंत में कंपनी ने अपने सबसे योग्य ट्रबलशूटर, यानी गुणी श्रोता को इस खरीदार का साक्षात्कार लेने के लिए भेजा। उस ट्रबलशूटर ने शांत चित्त से उस खरीदार की पूरी बात सुनी। बीच-बीच मैं हाँ-हाँ कहकर खरीदार के प्रति अपनी सहमति प्रदर्शित करता रहा।

ट्रबलशूटर ने अपने इस अनुभव को हमारी कक्षा में इस तरह बताया, "ग्राहक ने लगभग तीन घंटे तक अपनी भड़ास निकाली और मैं चुपचाप सुनता रहा। मैं उससे चार बार मिला तथा चौथी बैठक से पहले मैं उस संगठन का चार्टर मेंबर बन चुका था, जिसे उसने प्रारंभ किया था। 'टेलीफोन सब्सक्राइबर्स प्रोटेक्टिव ऐसोसिएशन' का मैं अब भी सदस्य हूँ या फिर यों कहें कि मैं ही दुनिया मैं उसका एकमात्र सदस्य हूँ।

"इन भेंटों में मैं उसकी हरेक बात को ध्यानपूर्वक सुनता था और उससे सहानुभूति भी प्रदर्शित करता था। संभवत: इससे पहले किसी ने भी उसकी बातों को इतने ध्यान से नहीं सुना था। इसलिए अब वह मेरा दोस्त बन चुका था। मैंने अपने आने का प्रयोजन उसे पहली, दूसरी या तीसरी बैठक में न बताकर चौथी बैठक में बताया। बाद में उसने अपने सारे बिलों का भुगतान कर दिया तथा सारे केस भी कोर्ट से वापस ले लिये।

निस्संदेह ये सज्जन खुद को धर्मयोद्धा मानते थे, जो मानवाधिकारों की रक्षा हेतु लड़ रहे थे, लेकिन वास्तव में तो यह लड़ाई महत्त्व की थी। चिल्लाकर, विरोध करके, शिकायत करके अपने को महत्त्वपूर्ण साबित करते थे, लेकिन जैसे ही टेलीफोन कंपनी का प्रतिनिधि उन्हें महत्त्व देने लगा, उनकी शिकायतें गायब हो गईं।

वर्षों पहले की बात है, एक क्रोधित खरीदार सुबह-सुबह डेटमर बूलन कंपनी के संस्थापक जूलियन एफ. डेटमर के दफ्तर में आ पहुँचा। श्रीमान् डेटमर ने ही मुझे बताया, "इस खरीदार के पास हमारा कुछ पैसा उधार था, लेकिन खरीदार यह मानने को तैयार ही नहीं था। हमारे क्रेडिट डिपार्टमेंट ने भुगतान

करने के लिए बार-बार पत्र लिखे। जब अनेक पत्र उसके पास पहुँच गए तो एक बार वह अपना सूटकेस उठाकर शिकागो आ पहुँचा। भड़भड़ाता हुआ मेरे दफ्तर में पहुँचा और कहने लगा, 'अब वह कोई भी बिल नहीं चुकाएगा और न ही मुस्तकबिल में कभी भी एक पैसे का सामान उनकी कंपनी से खरीदेगा।'

"उसकी बातों को मैंने धैर्यपूर्वक सुना। मन तो मेरा भी हो रहा था कि उसकी गलत बात पर उसे बीच में टोक दूँ, पर मुझे ज्ञात था कि यह नीति गलत होगी। इसलिए मैंने उसे मन का सारा गुबार निकालने का मौका दिया। जब उसका उफान थोड़ा शांत हो गया और वह सुनने की स्थिति में आ गया, तो मैंने उससे शांतिपूर्ण तरीके से कहा, 'मैं आपका हृदय से आभारी हूँ कि आपने शिकागो आकर हमें पूरी समस्या से अवगत कराया। यदि हमारे क्रेडिट विभाग के कारण आपको किसी परेशानी का सामना करना पड़ा है तो इससे और भी कई ग्राहकों को कष्ट पहुँच सकता है तथा यह हमारे बिजनेस के हित में नहीं है। मेरा विश्वास कीजिए, मैं भी आपकी ही तरह पूरी बात जानने के लिए उत्सुक हूँ।'

"यह सब सुनकर उसे बहुत आश्चर्य हुआ। उसने तो सोचा भी नहीं था कि उसके साथ ऐसा बरताव किया जाएगा। वह कुछ निराश भी था, क्योंकि वह मुझे इतनी दूर से खरी-खोटी सुनाने के लिए आया था और एक मैं था, जो बिना उससे मतभेद किए उसे धन्यवाद दे रहा था। मैंने उसे इस बात का विश्वास दिलाया कि हम अपने उधार के खाते में से उसका नाम काट देंगे, क्योंकि हमें तो बहुत सारे एकाउंट देखने होते हैं, इसलिए हम गलत भी हो सकते हैं, जबकि उसे तो सिर्फ एक ही एकाउंट जाना होता है, इसलिए उसके गलत होने की संभावना बिल्कुल भी नहीं है।

"फिर मैंने उसे बताया कि मैं उसकी भावनाओं का सम्मान करता हूँ। यदि मैं भी आपकी जगह होता तो मेरा भी ऐसा ही बरताव होता। मैंने तो उसे कई दूसरे वूलन स्टोर्स के नाम तक दिए, क्योंकि अब वह हमारे साथ बिजनेस डीलिंग नहीं करना चाहता था।

"इससे पहले जब भी वह खरीदार शिकागो आता था तो हम दोपहर का लंच साथ ही खाते थे, इसलिए इस बार मैंने उसे लंच के लिए आमंत्रित किया। उसने बड़े बेमन से मेरा अनुरोध स्वीकार कर लिया, लेकिन चमत्कार तो तब हुआ, जब लंच के बाद उसने मुझे पहले से भी बड़ा आदेश दे दिया। अब वह काफी अच्छे मूड में लग रहा था। क्योंकि वह भी अच्छाई का उत्तर अच्छाई से ही देना चाहता

था। घर लौटकर उसने ठंडे दिमाग से अपने सारे एकाउंट्स देखे, तो उसे एक ऐसा बिल मिल गया, जिसका भुगतान उसने नहीं किया था, फिर उसने माफी माँगते हुए हमें चेक से भुगतान कर दिया। बाद में तो वह मेरा इतना दीवाना हो गया कि अपना बेटा पैदा होने पर उसने उसका बीच का नाम 'डेटमर' रखा तथा जीवन भर वह कंपनी का खरीदार और मेरा दोस्त बना रहा।"

आइजैक एफ. मार्कोसन नाम के पत्रकार ने भी बीसियों प्रसिद्ध व्यक्तियों के साक्षात्कार लिये हैं। उनका मत था कि अनेक लोग अपना अच्छा असर सिर्फ इसलिए नहीं छोड़ पाते, क्योंकि वे दूसरे की बात ध्यान से सुनते ही नही हैं। वे तो बस यही सोचते रहते हैं कि उन्हें क्या बोलना है, इसलिए उनके कान पूरी तरह खुले हुए नहीं रहते। महत्त्वपूर्ण लोगों का मानना है कि अच्छा श्रोता, वक्ता से अधिक पसंद किया जाता है, लेकिन सुनने की कला और किसी भी कला से अधिक दुर्लभ है।

अच्छे श्रोताओं को महत्त्वपूर्ण लोग ही पसंद नहीं करते, बल्कि वे तो सामान्य लोगों द्वारा भी खूब तारीफ पाते हैं। 'रीडर्स डाइजेट' ने एक बार एक लेख द्वारा भी छापा था, "जब लोगों को अपने मन की बात बाहर लाने के लिए श्रोताओं की जरूरत होती है, तो वे डॉक्टर को बुला लेते हैं।"

गृहयुद्ध के दुःखदायी समय में अब्राहम लिंकन ने स्टिंगफील्ड के अपने एक दोस्त को पत्र लिखकर वॉशिंगटन बुलवा भेजा। वह उस दोस्त के साथ कुछ समस्याओं पर विचार-विमर्श करना चाहता था। जैसे ही वह दोस्त व्हाइट हाउस पहुँचा, लिंकन घंटों तक उस दोस्त के सामने दासों को मुक्त करने के कानून बनाने के परिणामों पर बोलते रहे। वे दास प्रथा को समाप्त करने के फायदे तथा नुकसान के बारे में बाते करते रहे, लिंकन ने पत्र पढ़कर सुनाए, लेख पढ़े। कुछ पत्रों में लिंकन की आलोचना की गई थी, क्योंकि वे अब तक दासों का मुक्त नहीं कर पाए थे और अनेक पत्रों में यह आलोचना की गई थी कि वे दासों को मुक्त क्यों करना चाहते थे? घंटों तक बोलने के बाद लिंकन ने अपने उस दोस्त से हाथ मिलाया, गुडनाइट किया तथा बिना उसके विचार पूछे उसे इलिनॉय के लिए रवाना कर दिया। लिंकन ने उस दोस्त को बिल्कुल भी बोलने का अवसर नहीं दिया था, फिर भी ऐसा करने से लिंकन के विचारों को सही दिशा मिल गई और वे सही ढंग से सोच पाए थे। ऐसा लगता था कि लिंकन को सलाह की नहीं, बल्कि एक अच्छे, सहानुभूति पूर्ण श्रोता की जरूरत थी, जिसके सामने वे खुलकर बात कर सकें। हमें

भी तो कठिनाई में ऐसा ही लगता है कि कोई ऐसा हो, जो हमारी बातें ध्यानपूर्वक सुन सके। असंतुष्ट कर्मचारी, क्रुद्ध ग्राहक, जिद्दी बालक, आहत दोस्त सब यही चाहते हैं।

सिगमंड फ्रायड का नाम आधुनिक समय के सबसे कुशल श्रोताओं में सम्मिलित है। एक बार एक आदमी फ्रायड से मिला और अपनी समस्या उनके सामने रखी। उनके सुनने के तरीके के बारे में उस आदमी का कहना था, "इससे मेरे ऊपर इतना गहरा असर पड़ा कि मैं कभी भी नहीं भूल सकता। उनके जैसे गुण मैंने किसी दूसरे आदमी में नहीं देखे। मैंने किसी और को सामनेवाले आदमी पर इतना ध्यान देते नहीं देखा है। इसमें आत्मा की गहराई को बेधती दृष्टि जैसी कोई बात नहीं है। उनकी आँखें कोमल एवं दयालु हैं। आवाज ऐसी, जैसे मोती टपक रहे हों। उनकी मुद्राएँ बहुत कम हैं, लेकिन उन्होंने मेरी ओर जितना ध्यान दिया, मेरी बातों की जितनी प्रशंसा की, वह सचमुच अद्वितीय तथा असामान्य है। आप सोच भी नहीं सकते कि इस तरह सुने जाने का क्या अर्थ होता है?"

कुछ लोग ऐसे होते हैं, जिन्हें देखते ही हर कोई अपना मुँह फेर लेता है, पीठ पीछे उसकी खिल्ली उड़ाते हैं, उससे नफरत करते हैं, क्योंकि वह आदमी अधिक देर तक किसी की बात नहीं सुन सकता। उसका प्रयास तो यही होता है कि सामनेवाले की बात बीच में ही काटकर अपनी बात कहना शुरू कर दे।

क्या आप इस तरह के लोगों को जानते हैं? हम में से हरेक ही ऐसे आदमी के संपर्क में जरूर आया होगा। ऐसे आदमी को लोग उबाऊ मनुष्य कहते हैं, जो अपने ही अहं में चूर रहता है तथा खुद को ही ब्रह्मांड का केंद्र बनाना चाहता है। एक और सच्चाई यह भी है कि जो लोग सिर्फ अपने बारे में ही बातें करते हैं, वे सोचते भी सिर्फ अपने बारे में हैं, इसीलिए कोलंबिया विश्वविद्यालय के प्रेसीडेंट डी. निकोलस मरे बटले ने ऐसे लोगों के विषय में कहा है, "जो लोग सिर्फ अपने ही बारे में सोचते हैं, वे बुरी तरह अशिक्षित होते हैं। चाहे वे कितनी भी डिग्रियाँ क्यों न प्राप्त कर लें, रहते तो वे अनपढ़ ही हैं।"

अब यदि आप अच्छे वक्ता बनना चाहते हैं, तो पहले अच्छे श्रोता बनना सीख लें। खुद को दिलचस्प बनाने के लिए सामनेवाले में भी दिलचस्पी लें। ऐसे प्रश्न करें, जो सामनेवाले को मनोरंजक लगें। उसके बारे में, उसकी उपलब्धियों के बारे में उससे पूछें।

यह बात सदैव याद रखें कि जितनी दिलचस्पी लोगों को आप में या आपकी

समस्याओं में है, उससे सौ गुना अधिक दिलचस्पी अपने-आप में तथा अपनी समस्याओं में भी है। चीन में अकाल से मरनेवाले अननिगत लोगों की उन्हें इतनी फिक्र नहीं है, जितनी कि अपने दाँत के मामूली से दर्द की। अफ्रीकी में चालीस भूकंपों से अधिक दुःख उन्हें अपने गरदन की पीड़ा में होता है। तो अगली बार चर्चा का विषय चुनते समय यह बात अवश्य ध्यान रखें।

वर्षों पहले की बात है, जब एक निर्धन डच अप्रवासी बच्चा अपने परिवार की आर्थिक मदद करने के लिए विद्यालय के बाद एक बेकरी शॉप की खिड़कियाँ धोने का काम करता था। इसके अलावा वह सड़क पर बाल्टी लेकर घूमता था, ताकि कोयले की गाड़ियों से गटर में गिरे कोयले के टुकड़ों को चुन सके। यह एडवर्ड बॉक नाम का बालक सिर्फ छह वर्षों तक ही विद्यालय जा पाया था, लेकिन बाद में वह अमरीकी पत्रकारिता के इतिहास में सबसे कुशल मैगजीन संपादकों में से एक बन गया। ऐसा चमत्कार कैसे हो गया ? यह तो एक लंबी कहानी है, लेकिन इसकी शुरुआत कहाँ से, किस तरह हुई, इस बात को संक्षेप में बताया जा सकता है। इस अध्याय में दिए गए तथ्यों का उपयोग करने से उन्हें पहला अवसर मिला था।

तेरह साल की आयु में ही एडवर्ड बॉक ने विद्यालयी शिक्षा को नमस्कार कह दिया था और वेस्टर्न यूनियन में दफ्तर बॉय बन गए, लेकिन शिक्षा का महत्त्व सदैव ही उनके दिमाग में घूमता रहता था। उन्होंने खुद को शिक्षित करने के बारे में सोचा। अपनी यात्राओं का पैसा बचाया, कई-कई दिन भूखे रहे, ताकि वे अमरीकी जीवनियों का इंसाइक्लोपीडिया खरीद सकें, फिर उन्होंने प्रसिद्ध लोगों को पत्र लिखा कि वे अपना बचपन उसके साथ बाँटने की कृपा करें। बॉक एक कुशल श्रोता थे। उन्होंने अपने बारे में न बताकर महान् लोगों से उनके जीवन के बारे में बताने का अनुरोध किया था। जनरल जेम्स ए. गारफील्ड को पत्र लिखा, जो उस समय प्रेसीडेंट पद के लिए अभियान चला रहे थे। उनको भी पत्र लिखकर बॉक ने पूछा कि क्या यह सच है कि वे नहर पर टो बॉय थे। गारफील्ड ने बॉक के पत्र का उत्तर भी, फिर बॉक ने जनरल ग्रांट से एक खास युद्ध के बारे में जानना चाहा, तो ग्रांट ने उनके लिए एक मानचित्र तैयार किया तथा इस चौदह वर्षीय बच्चे को रात के भोजन पर आमंत्रित किया और सारी शाम उससे अनेक पहलुओं पर बातें करते रहे।

और फिर तो वेस्टर्न यूनियन का यह मैसेंजर बॉय देश के तमाम प्रसिद्ध लोगों

से पत्र-व्यवहार करने लगा, जिनमें राल्फ वॉल्डो इमर्सन, लांगफेलो, ओलिवर वेंडेल, होम्स, श्रीमती अब्राहम लिंकन, जनरल शेरमैन, लुईसा में एल्कॉट तथा जेफरसन डेविस सम्मिलित थे। वह तो पत्र-व्यवहार के साथ-साथ उनसे मिलने उनके घर भी जाता था और हरेक सदस्य उसका स्वागत करता था। इस अनुभव ने उसे आत्मविश्वास भी दिया। इन प्रसिद्ध एवं महत्त्वपूर्ण हस्तियों ने उसमें वह महत्त्वाकांक्षा भर दी, जिसने उसके जीवन को ही बदल डाला था और यह सब इन्हीं नियमों से संभव हो सका था।

एक मिनट की सफलता बरसों की असफलता की कीमत चुका देती है।

□

मनपसंद बातों से मन जीतें

जब भी आप किसी के साथ सलूक करें तो याद रखें कि आप तर्कशील लोगों के साथ नहीं, बल्कि भावात्मक लोगों के साथ काम कर रहे हैं।

श्रीमान् डुवरनाय न्यूयॉर्क के एक होटल में अपनी ब्रेड सप्लाई करने के लिए चार वर्षों से प्रयास कर रहे थे। वे प्रति सप्ताह व्यवस्थापक से मिलने भी जाते थे। वे उन सभी सामाजिक समारोह में भी जाते थे, जिनमें व्यवस्थापक जाता था। श्रीमान् डुवरनॉय ने तो उस होटल में एक कमरा भी किराए पर ले लिया था, ताकि वे व्यवस्थापक के संपर्क में रहें, लेकिन फिर भी बात बनती नहीं दिख रही थी।

मिस्टर डुवरनॉय ने आगे कहा, "फिर मैंने अपना दृष्टिकोण बदलने का निश्चय किया। मैंने उस व्यवस्थापक की दिलचस्पी के बारे में पता लगाने का प्रयास किया। फिर मैंने जाना कि वह व्यवस्थापक अमरीका के होटल एग्जीक्यूटिव की एक सोसाइटी से संबंध रखता है, जिसका नाम 'होटल ग्रीटर्स ऑफ अमरीका' है। हम इसे लेकर इतने उत्साहित थे कि वह इस संगठन का प्रेसीडेंट बन गया और फिर इंटरनेशनल ग्रीटर्स संस्था का भी प्रेसीडेंट बन गया। इसके सम्मेलन जहाँ कहीं भी होते थे, वह इसकी हरेक बैठक में भाग लेने जाता था।

"उसकी इसी दिलचस्पी को जानकर मैंने अगली भेंट में उसके पास जाते ही ग्रीटर्स संस्था के बारे में बात करना शुरू कर दिया और यह सुनकर तो वह बहुत अच्छा अनुभव करने लगा। वह बहुत देर तक ग्रीटर्स संस्था के बारे में मुझसे बात करता रहा और उसकी आवाज में विचित्र उत्साह था। मुझे तो लगता था कि वह संस्था उसके लिए समय व्यतीत करने का साधन-मात्र नहीं थी, बल्कि वह संस्था तो उसके जीवन का प्रमुख भाग भी। उसके दफ्तर से बाहर निकलने पर उसने मुझे इस संस्था की सदस्यता 'बेच' दी थी।

इस भेंट में मैंने अपनी ब्रेड का उल्लेख तक नहीं किया था, लेकिन कुछ

दिनों बाद उस होटल के स्टीवर्ड ने मुझे फोन करके कहा कि मैं अपनी ब्रेड के सैंपल तथा कीमतें लेकर पहुँच जाऊँ। स्टीवर्ड ने फोन पर कहा, "मालिक आपसे बहुत प्रेरित हैं। मुझे तो समझ में ही नहीं आ रहा है कि आपने उनपर क्या जादू कर दिया है ?"

अब जरा सोचिए, जिस आदमी के साथ कारोबार करने के लिए मैं चार वर्षों से भटक रहा था, वही आज मुझे बुला रहा था, लेकिन मैं आज भी उसके पीछे ही चक्कर काट रहा होता, यदि मैंने उस व्यवस्थापक की दिलचस्पी के बारे में पता नहीं लगाया होता।

शायद ही कोई हो, जो थियोडोर रूजवेल्ट से मिलने के बाद उनके ज्ञान के अपार भंडार से चमत्कृत न होता हो। मिलनेवाला चाहे सामान्य सा काऊबॉय हो या फिर न्यूयॉर्क का प्रसिद्ध कूटनीतिज्ञ या कोई सफल राजनेता। रूजवेल्ट को भली-भाँति मूलम था कि किससे, क्या और कैसे कहना है ? लेकिन वे यह सब कैसे जान जाते थे ? उत्तर स्पष्ट है। जब भी रूजवेल्ट को किसी से मिलना होता था तो वे एक रात पहले उस विषय पर अध्ययन करके आगंतुक की दिलचस्पी के बारे में जान लेते थे।

लेकिन रूजवेल्ट ऐसा क्यों करते थे ? वह इसलिए, क्योंकि वे जानते थे कि किसी भी आदमी के मन तक पहुँचने के लिए पहले उसके पसंदीदा विषयों पर बातें करना जरूरी है। येल में अंग्रेजी साहित्य के प्रोफेसर तथा प्रसिद्ध निबंधकार प्रोफेसर विलियम ल्यॉन फेल्प्स ने यह सबक बहुत कम आयु में ही सीख लिया था।

इस अध्याय को लिखते समय मेरे सामने एडवर्ड एल. कैलिफ की एक चिट्ठी रखी हुई है, जिसमें उन्होंने लिखा है, "एक बार मुझे मदद की जरूरत थी। एक विशाल स्काउट जंबूरी यूरोप जानेवाली थी और मैं चाहता था कि अमरीका के एक बड़े कॉरपोरेशन के प्रेसीडेंट, मेरे एक बच्चे को यात्रा पर भेजने का खर्च वहन करें। इसे आप सौभाग्य कह लीजिए कि उनसे मिलने जाने से ठीक पहले मैंने सुना था कि उन्होंने एक 10,00000 डॉलर का चेक काटा था, जो कैंसल हो जाने के बाद उन्होंने शीशे में जड़वाकर रख लिया था।

"दफ्तर में प्रवेश करते ही मैंने सबसे पहले उनसे 10,00000 डॉलर के चेक के बारे में पूछा। मैंने उनसे कहा कि 'मैंने आज तक इतनी बड़ी रकम का चेक काटते हुए किसी को भी नहीं देखा और मैं यह बात अपने मित्रों तथा परिवारवालों को बताना चाहता हूँ कि मैंने अपनी आँखों से 10,00000 डॉलर का चेक देखा है।'

यह सुनकर तो वे प्रसन्नतापूर्वक मुझे चेक दिखाने के लिए तैयार हो गए, फिर मैंने उनसे पूछा, 'यह चेक क्यों और किस तरह काटा गया?'

"मिस्टर कैलिफ ने बहुत चतुराई का परिचय देते हुए शुरू में बॉय स्काउट्स या अपनी इच्छा के बारे में कोई भी बात नहीं की थी। वे तो उस वस्तु में दिलचस्पी ले रहे थे, जिसमें सामनेवाले की दिलचस्पी थी। इसका परिणाम यह हुआ कि कुछ देर बाद प्रेसीडेंट खुद पूछने लगे, 'अच्छा, आप मुझसे क्यों मिलना चाहते थे?'

"मिस्टर कैलिफ ने आगे बताया, 'मैंने जैसे ही उनके सामने अपनी पूरी बात खोली, तो उन्होंने तुरंत ही मेरा अनुरोध स्वीकार कर लिया। मैंने जितना माँगा था, उन्होंने उससे भी अधिक दिया। मैंने तो सिर्फ एक बच्चे का यूरोप जाने का खर्च माँगा था, लेकिन उन्होंने तो मेरे पाँच बालकों और मुझे भी यूरोप भेजने का बंदोबस्त कर दिया। उन्होंने साथ में हमें एक हजार डॉलर का क्रेडिट लेटर और हम सबको यूरोप में रुकने का सात दिनों का खर्च भी दिया। अपनी कंपनी के ब्रांच प्रेसीडेंट को पत्र लिखकर उन्हें हमारी सुख-सुविधाओं का ध्यान रखने के लिए भी कहा। उन्होंने हमें पेरिस की सैर कराई, तब से उन्होंने कई निर्धन युवकों को नौकरी भी दी है और वे अब भी हमारे समूह में सक्रिय हैं।

"लेकिन मुझे मालूम है कि यदि मैंने उनकी दिलचस्पी का ध्यान न रखा होता, तो अपनी बात मनवाना मेरे लिए बहुत कठिन होता। इस तकनीक की महत्ता कारोबार में कितनी है, इसके लिए डुवरनॉय एंड संस के हेनरी सी. डुवरनॉय की कहानी सुनते हैं, जिनकी न्यूयॉर्क में होलसेल की बेकिंग फर्म थी।"

मैरीलैंड में हैजर्सटाउन के एडवर्ड ई. हैरीमेन ने सेना की नौकरी पूरी करने के पश्चात् मैरीलैंड की खूबसूरत कंबरलैंड वैली में रहने का निश्चय किया, लेकिन उस क्षेत्र में बहुत कम नौकरियाँ उपलब्ध थीं। बहुत खोजबीन के बाद ज्ञात हुआ कि एक सनकी व्यापारी आर.जे. फैकहाउजर उस क्षेत्र की अनेक कंपनियों का स्वामी था और अनेक कंपनियाँ उनके नियंत्रण में थीं। इस व्यापारी ने निर्धनता से अमीरी तक पहुँचने में बहुत लंबी यात्रा तय की थी। नौकरी खोजनेवालों के लिए उन तक पहुँचना सरल नहीं था। श्रीमान् हैरीमेन खुद बताते हैं—

"बहुत से लोगों का साक्षात्कार लेने के बाद मुझे ज्ञात हो गया कि उसकी सबसे अधिक दिलचस्पी धन और सत्ता प्राप्त करने में थी। उसने एक समर्पित और कटु सेक्रेटरी भी रख रखी थी, जिसके कारण उससे मिलना बहुत कठिन था, फिर मैंने उस सेक्रेटरी की रुचियों तथा लक्ष्यों का पता लगा लिया और बिना अपॉइंटमेंट

लिये सेक्रेटरी से जब मैंने उसे बताया कि मेरे पास श्रीमान् फेकहाउजर के लिए एक बहुत अच्छा प्रस्ताव है, जो आर्थिक तथा राजनैतिक कामयाबी में परिवर्तन ला सकता है, तो वह बहुत उत्साहित हो गई। मैंने उसे यह भी ज्ञापित कर दिया कि उसका भी फैकहाउजर की कामयाबी में बहुत बड़ा योगदान है। उसके बाद तो उसने श्रीमान् फैकहाउजर से मेरी बैठक तत्काल निश्चित करवा दी।

"उसके भव्य दफ्तर में घुसने से पहले ही मैंने सोच लिया था कि मैं सीधे-सीधे नौकरी की बात नहीं करूँगा। वह एक शानदार कुरसी पर बैठा हुआ था और मुझ पर बरस पड़ा, 'आप मुझसे क्या बात करना चाहते हैं?' मैंने उत्तर दिया, 'श्रीमान् फैकहाउजर, मुझे विश्वास है कि मैं आपके लिए पैसा कमा सकता हूँ।' यह सुनकर तो वह एकदम से उठा और मुझे भी एक शानदार कुरसी पर बैठने का निमंत्रण दे दिया, फिर मैंने अपने विचारों को साफ-साफ विस्तारपूर्वक उसके सामने पेश किया। इन विचारों को क्रियान्वित करने के लिए मैंने अपनी सभी योग्यताओं का वर्णन किया और यह भी बताया कि किस तरह इनसे उसकी निजी तथा कारोबार की कामयाबी में वृद्धि हो सकती है। उन्होंने तुरंत ही मुझे नौकरी दे दी। और अब तो बीस साल से भी अधिक हो चुके हैं, मुझे उनके कारोबार का अंग बने हुए। इससे हम दोनों को ही बहुत फायदा पहुँचा है।"

इस तरह यह तो निश्चित है कि सामनेवाले व्यक्ति की रुचियों के अनुसार बात करने से दोनों पक्षों को ही फायदा होता है। कर्मचारी संप्रेषण के क्षेत्र के विशेषज्ञ हॉवर्ड जेड हर्जिग ने तो सदा ही इस फायदे का पालन किया है। जब उनसे किसी ने यह पूछ लिया कि उन्हें इससे क्या फायदा हुआ है ? तो श्रीमान् हर्जिग ने तत्काल उत्तर दिया कि उसे इससे हरेक आदमी से अलग-अलग फायदा होता था और साथ ही उसके मित्रों का क्षेत्र भी बढ़ जाता था।

अपने एक निबंध, 'ह्यूमन नेचर' में फेल्प्स ने लिखा है, "जब मैं आठ साल का था, तो मैं अपनी चाची लिब्बी लिंस्ले के घर पर स्ट्रैटफोर्ड में छुट्टियाँ मनाने गया हुआ था। एक शाम एक अधेड़ आदमी मेरी चाची से मिलने आया तथा उनसे थोड़ी देर बातें करने के पश्चात् वह मेरी ओर बड़े ध्यान से देखने लगा। उस समय नावों के बारे में मैं बहुत जिज्ञासु था तथा उस आगंतुक ने अच्छी तरह से इस विषय पर चर्चा की तो मुझे बहुत संतोष हुआ। उसके चले जाने के बाद मैंने उस आदमी की बहुत तारीफ की, तो चाची ने बताया कि वह न्यूयॉर्क का वकील था और नावों में तो उसकी बिल्कुल भी दिलचस्पी नहीं थी, लेकिन उसने मुझसे नावों के बारे में क्यों बात की ?

चाची बोलीं, 'क्योंकि वह आदमी बहुत सभ्य तथा चतुर था। उसे ज्ञात था कि तुम्हारी नावों में बहुत दिलचस्पी है, इसलिए उसने तुम्हारी दिलचस्पी का ध्यान रखते हुए इस बारे में बातें की थीं, उसने तो तुम्हारे लिए अपने आपको रोचक बनाया था। इसीलिए तुम्हें वह आदमी इतना अच्छा लगा था।'"

कभी भी इस बात की चिंता न करो कि लोग क्या सोचेंगे, बल्कि अपने समय को इस तरह लगाओ कि प्राप्त होने के बाद लोग आपकी ही प्रशंसा करें।

तारीफ का प्रयोग जादुई छड़ी की तरह करें

चार तरीके हैं और सिर्फ चार तरीके हैं, जिनके द्वारा हम दुनिया के संपर्क में आते हैं। हमारा मूल्यांकन और वर्गीकरण इन्हीं चार संपर्कों द्वारा होता है। हम क्या करते हैं, हम कैसे दिखते हैं, हम क्या कहते हैं और हम कैसे कहते हैं।

सदियाँ बीत गईं, दार्शनिकों को चिंतन-मनन करते-करते, लेकिन सदैव ही यह बात सामने आई है कि आदमी में महत्त्वपूर्ण दिखने की इच्छा बचपन से ही होती है। यह सूत्र कोई नया नहीं है, बल्कि उतना ही पुराना है, जितना कि इतिहास। 2500 साल पहले जोरोआस्ट्र ने अपने अनुयायियों को यही शिक्षा दी थी। चीन में कन्फ्यूशियस ने भी 2400 साल पूर्व इसकी शिक्षा दी थी। ताओवाद के संस्थापक लाओ-त्से ने होन की घाटी में अपने शिष्यों को यही सूत्र दिखाया था। ईसा. के 500 साल पहले बुद्ध ने भी पवित्र गंगा के तट पर इसका पाठ पढ़ाया था। हिंदू धर्मग्रंथों ने भी 1900 साल पहले इस सूत्र की व्याख्या की थी। इसी नियम को एक विचार के रूप में ईसा मसीह ने इस तरह कहा था, "दूसरों के साथ वैसा ही आचरण करो, जैसा तुम चाहते हो कि दूसरे तुम्हारे साथ करें।"

हरेक मिलने-जुलनेवाला आपकी तारीफ करे, आप सिर्फ यही तो चाहते हैं। आप यही तो चाहते हैं कि हरेक आदमी आपकी तसवीर देखते ही पहचान जाए। आप चाहते हैं कि आप अपने छोटे से संसार के सबसे महत्त्वपूर्ण आदमी बनें, सच्ची तारीफ के तो सभी चाहनेवाले हैं। तभी तो चार्ल्स श्वाब ने कहा है, "आप चाहते हैं कि आपके सभी सहयोगी तथा दोस्त हृदय खोलकर मुक्त कंठ से आपकी तारीफ के पुल बाँधें।" इसीलिए हम सभी को इस स्वर्णिम नियम का पालन अवश्य करना चाहिए, लेकिन कब ? कैसे ? कहाँ ? और उत्तर है, "हरेक समय, हरेक स्थान पर।"

एक बार मैं न्यूयॉर्क के एक डाकघर में रजिस्ट्री करने गया तथा लंबी लाइन में लगा हुआ था। मुझे लग रहा था कि डाकघर का क्लर्क लिफाफों की तौल लेते-लेते, उनपर टिकट चिपकाते-चिपकाते, पैसे गिनते हुए तथा रसीद देते हुए ऊब चुका था, क्योंकि यह तो उसकी प्रतिदिन की दिनचर्या थी। तभी मैंने खुद से कहा, 'मैं पूरा प्रयास करूँगा कि वह क्लर्क मुझे पसंद करने लगे। वह मेरी बातों को पसंद करे, इसलिए मैं उससे अपने बारे में बातें न करके उसके सुख-दुःख के विषय में पूछूँगा।' फिर मैं सोचने लगा, 'उस आदमी में ऐसा कौन सा गुण है, जिसकी मैं सच्ची तारीफ कर सकता हूँ? इस प्रश्न का उत्तर देना बहुत कठिन है और फिर वह तो मेरे लिए अजनबी था।' लेकिन मुझे अपना उत्तर मिल गया था। मैंने उसके गुण को देख लिया था, जिसकी मैं दिल खोलकर तारीफ कर सकता था।

जब वह मेरे लिफाफे की तौल कर रहा था, तो मैंने उत्साहपूर्वक कहा, "काश, मेरे बाल भी आप जैसे घुँघराले होते!"

पहले तो वह थोड़ा चौंका, लेकिन तभी उसके चेहेरे पर मुसकान आ गई। उसने भी बड़ी शालीनता से कहा, "अब तो ये इतने अच्छे भी नहीं रहे।" लेकिन मैंने उसे विश्वास दिलाया कि उसके बाल अब भी बहुत आकर्षक हैं। यह सुनकर तो उसकी प्रसन्नता का ठिकाना नहीं रहा, फिर हम छोटे-छोटे तथ्यों पर चर्चा करने लगे और उस क्लर्क के अंतिम शब्द थे, "मेरे बालों की तारीफ अनेक लोग कर चुके हैं।"

मैं शर्त लगा सकता हूँ कि उस दिन उसके पैर धरती पर नहीं पड़ रहे होंगे, लंच भी उसने प्रसन्नता के साथ किया होगा और घर लौटने पर अपनी पत्नी को भी यह बात अवश्य बताई होगी। उसने अनेक बार अपने आपको शीशे में निहारा होगा, अपने बालों के साथ छेड़खानी की होगी और फिर कहा होगा, 'मेरे बाल तो वास्तव में खूबसूरत हैं!'

एक बार यह बात मैंने कुछ लोगों को सुनाई, तो वे पूछने लगे, "इस सबसे आप क्या प्राप्त करना चाहते हैं?"

वास्तव में मैं उससे क्या हासिल करना चाहता था? लेकिन हम सब यदि इतने स्वार्थी, इतने तुच्छ हो जाएँ कि हम सामनेवाले से बिना कुछ कहे तनिक सी भी तारीफ न करें, तनिक सा भी न सराहें, तो हमारी आत्माएँ तो सड़े हुए सेब की तरह सिकुड़ जाएँगी और हम निश्चित रूप से नाकामयाब हो जाएँगे। हाँ,

मैं उससे बहुत कुछ प्राप्त करना चाहता था। एक अमूल्य वस्तु चाहता था और जो वस्तु चाहता था, वह मुझे मिल गई थी। मैं चाहता था कि मैं उसे प्रसन्नता दूँ, बिना किसी स्वार्थ की मनोदशा के उसे प्रसन्न कर पाऊँ। यही मनोदशा तो वर्षों बीत जाने के बाद भी हमारी यादों में सदा नवीन रहती है और मधुर वाणी गुनगुनाते रहता है।

मानव व्यवहार का एक अति आवश्यक नियम है। अगर हम उस नियम का पालन करेंगे, तो कभी भी कठिनाई में नहीं फँसेंगे। हमारे पास बीसियों सच्चे दोस्त होंगे और हम सदा प्रसन्न रहेंगे, लेकिन उस नियम को तोड़ते ही हम कठिनाइयों के घेरे में होंगे। यह नियम है, 'दूसरे आदमी को सदैव महत्त्वपूर्ण अनुभव कराओ।' जॉन ड्यूई पहले ही कह चुके हैं कि हरेक आदमी खुद को दूसरे की दृष्टि में महत्त्वपूर्ण दिखाने की इच्छा रखता है। विलियम जेम्स भी इसी कथन से सहमत थे, 'हरेक आदमी के मन की गइराई में यह लालसा छिपी हुई होती है कि उसे सराहा जाए।' यही लालसा तो हमें जानवरों से अलग करती है। इसी लालसा के कारण ही तो मानव-सभ्यता का विकास हुआ है।

विस्कॉनिस्न के डेविड जी. स्मिथ ने हमारी कक्षा में बताया था कि जब उन्हें एक चैरिटी कंसर्ट के लिए रिफ्रेशर बूथ का चार्ज दिया गया तो उन्होंने एक कठिन परिस्थिति को किस तरह सँभाला था।

जिस रात को संगीत-समारोह होनेवाला था, उस रात जब मैं पार्क आया, तो मैंने देखा कि दो बुजुर्ग महिलाएँ चिढ़ी हुई सी रिफ्रेशर स्टैंड के पास खड़ी हुई हैं। दोनों को एक ही गलतफहमी थी। वे सोच रही थीं कि वही उस कार्यक्रम की इनचार्ज थीं। मैं वहाँ खड़ा विचार ही कर रहा था कि क्या किया जाए, क्या नहीं? तभी प्रायोजक समिति की एक सदस्या वहाँ आई और उसने मुझे कैशबॉक्स तथा उस प्रोजेक्ट पर काम करने के लिए धन्यवाद दिया, फिर उसने जेन तथा रोज का परिचय मेरे सहायकों के रूप में करवाया और वहाँ से चली गई।

काफी समय तक तो वहाँ सन्नाटा छाया रहा। मुझे लगने लगा था कि यह कैशबॉक्स अब सत्ता का चिंतन बन चुका है, इसलिए मैंने उसे रोज को देकर कहा कि मैं पैसे का हिसाब-किताब भली-भाँति नहीं रख पाऊँगा, इसलिए यदि आप यह जिम्मेदारी अपने हाथ में ले लें तो मुझे बहुत प्रसन्नता होगी। फिर मैंने जेन से कहा कि वह युवाओं को, जिन्हें रिफ्रेशमेंट देने के लिए नियुक्त किया गया था, सोडा मशीन ठीक तरह से चलाना सिखा दें तो बहुत अच्छा रहेगा।

फिर तो पूरी शाम संतोष से व्यतीत हुई। रोज खुशी से पैसे गिनती रही तथा जेन किशोरों का मार्गदर्शन करती रही तथा मैं संगीत समारोह का आनंद हर्षपूर्वक लेता रहा।

तारीफ रूपी जादू की छड़ी का उपयोग करने के लिए आवश्यक नहीं कि आप फ्रांस के राजदूत हों या फिर किसी कमेटी के चेयरमैन। इसका उपयोग तो आप प्रतिदिन हरेक स्थान पर कर सकते हैं।

उदाहरण के लिए यदि वेटर आलू के स्थान पर आपके सामने फ्रेंच बींस परोस दे, तो आप उससे कहिए, "मैं आपको जरा भी कष्ट नहीं देना चाहता, लेकिन मुझे फ्रेंच बींस पसंद नहीं हैं।" फिर तो वेटर प्रसन्नतापूर्वक आपके लिए आलू ला देगा, क्योंकि आपने उसके प्रति सम्मान जो दरशाया है।

'मैं आपको जरा भी कष्ट नहीं देना चाहता'? 'कृपया आप यह काम कर देंगे', 'धन्यवाद', 'कृपया,' जैसे छोटे-छोटे वाक्य उसके दैनिक जीवन की खुरदरी मशीन में तेल लगाकर इसे एक बार फिर चिकना बना सकते हैं। इन वाक्यों से ही तो पता चलता है कि आप कितने सुसंस्कृत तथा मृदुभाषी हैं।

इसका एक और उदाहरण पेश है। बीसवीं सदी के शुरू में हॉल केन के उपन्यास बहुत लोकप्रिय थे। उनकी 'क्रिश्चियन', 'द डीमस्टर', 'द मैक्समैन' आदि सबसे ज्यादा बिकनेवाली पुस्तकें थीं। वे एक लुहार के बेटे थे और सिर्फ आठ साल तक ही विद्यालयी शिक्षा प्राप्त कर पाए थे, लेकिन अपनी मृत्यु के समय वे सबसे अमीर साहित्यकार थे।

उनकी कहानी इस तरह है, हॉल केन को बैलेड तथा सीनेट बहुत पसंद थे, इसीलिए उन्होंने दांते गैब्रील रॉसैटी की साहित्यिक उपलब्धियों एवं योगदान पर एक प्रशंसात्मक लेख भी लिखा और उसकी एक प्रति रॉसैटी को भेज दी। रॉसैटी तो उसे पढ़कर प्रसन्नता से गद्गद हो उठे। रॉसैटी ने खुद से यह अवश्य कहा होगा, 'जो युवक मेरी प्रतिभा की परख कर सकता है, वह अवश्य ही प्रतिभाशाली होगा।' फिर रॉसैटी ने इस लुहार के बेटे को लंदन बुलवाकर अपना सेक्रेटरी नियुक्त कर लिया। इसी घटना से हॉल केन का पूरा जीवन बदल गया और वे अपने समय के सबसे सफल साहित्यकार बन गए तथा उन्होंने अपना नाम स्वर्ण अक्षरों में आसमान पर लिखवा लिया।

आइल ऑफ मैन पर उनका घर ग्रीबा कैसल संसार भर के पर्यटकों के लिए मक्का बन चुका था तथा अपने जाने के बाद उन्होंने करोड़ों डॉलर की

दौलत छोड़ी थी, लेकिन यदि उसने उस प्रसिद्ध आदमी की तारीफ में यह लेख न लिखा होता तो संभवत: वह आज भी निर्धनता में ही जीवन व्यतीत कर रहा होता और निर्धनता में ही मर जाता। यही तो सच्चे, मन से निकलनेवाली तारीफ की असीम शक्ति है। रॉसैटी खुद को महत्त्वपूर्ण मानते थे। वह भी हम सबकी ही तरह सच्ची तारीफ के खरीदार थे। कितने ही लोगों का जीवन सुधर सकता है, यदि कोई उन्हें यह विश्वास दिला दे कि वे महत्त्वपूर्ण हैं। कैलिफोर्निया में हमारे पाठ्यक्रम के शिक्षक रोनाल्ड जे. रॉलैंड इस कला के भी शिक्षक थे। उन्होंने क्रिस नामक एक छात्र के बारे में हमें बताया था। क्रिस एक अत्यधिक शांत तथा शर्मीला युवक था, जिसमें आत्मविश्वास की बहुत कमी थी और इसलिए लोग उसपर इतना ध्यान नहीं देते थे, जितना कि अन्य विद्यार्थियों पर। मैं एक एडवांस क्लास भी लेता था, जिसमें पढ़ना गर्व की बात समझी जाती थी। यह माना जाता था कि उसमें पहुँचनेवाले छात्र में कोई-न-कोई योग्यता अवश्य होती थी।

एक दिन क्रिस अपनी मेज पर पूरे परिश्रम से काम करने में जुटा हुआ था। मुझे अनुभव हुआ कि उसके भीतर कोई अज्ञात आग धधक रही है। क्रिस के चेहरे पर एकदम ही ऐसे भाव आ गए, जिन्हें बयान करना कठिन है। यह चौदह वर्षीय बच्चा, जो संकोची और शर्मीला था, अपने आँसुओ को रोकने का भरसक प्रयत्न कर रहा था।

"मिस्टर रॉलैंड, क्या मैं इतना अच्छा हूँ?" उसने पूछा।

"हाँ जिम, तुम बहुत प्रतिभाशाली हो।" मैंने कहा।

मुझे अपनी बातें वही रोकनी पड़ीं, क्योंकि मेरी आँखों से भी आँसू निकलते देख वह खुद को दो इंच लंबा अनुभव कर रहा था। उसने अपनी नीली चमकदार आँखों से मेरी ओर बड़े आत्मविश्वास से देखा और कहा, "मिस्टर रॉलैंड, आपका बहुत-बहुत धन्यवाद!"

क्रिस ने ही तो मुझे वह सबक सिखाया था, जिसे मैं सदा याद रखूँगा, खुद को महत्त्वपूर्ण महसूस करने की हमारी दृढ अपेक्षा, फिर मैंने फैसला लिया कि इस नियम को मैं सदा अपने दिमाग में रखूँगा और मैंने एक पोस्टर तैयार कर लिया, 'आप बहुत महत्त्वपूर्ण हैं।' अब यह पोस्टर कक्षा की सामनेवाली दीवार पर सबकी आँखों के सामने टँगा रहता है और हरेक छात्र को यह अनुभूति दिलाता है कि वह बहुत महत्त्वपूर्ण है।

इस बात को इस तरह स्पष्ट किया जा सकता है कि आपसे मिलनेवाले

अधिकतर आदमी अपने आपको किसी-न-किसी मामले में आपसे अधिक श्रेष्ठ मानते हैं। उनका मन जीतने का सबसे सफल ढंग यही है कि आप उन्हें यह अनुभूति करा दें कि आप वास्तव में उनको महत्त्वपूर्ण मानते हैं।

जब मैं आपको यह बताने जा रहा हूँ कि मेरे पाठ्यक्रम के विद्यार्थियों ने किस तरह इन नियमों को अपने जीवन में उतारा था। यह नमूना कनैक्टिकट के एक वकील का है, जिसने अपने संबंधियों के कारण अपना नाम गुप्त रखने को कहा है।

कोर्स में भाग लेने के कुछ ही दिनों के पश्चात् श्रीमान् आर. अपनी पत्नी के साथ लीग आइलैंड पर अपनी पत्नी के संबंधियों से मिलने गए। श्रीमान् आर. की पत्नी खुद तो अपने युवा संबंधियों से बात करने में व्यस्त हो गईं तथा उन्हें अपनी एक बूढ़ी चाची के साथ बात करने के लिए बैठा दिया। चूँकि श्रीमान् आर. को हमारी क्लास में एक व्याख्यान देना था, जिसमें उन्हें तारीफ के तथ्यों पर चलकर उसके सुखद नतीजों के बारे में बताना था, इसलिए उन्होंने उस वृद्ध महिला की ही तारीफ करने का फैसला लिया।

उन्होंने पूछा, ''यह घर संभवत: 1980 के लगभग बना होगा?

यह घर उसी साल बना था।'' महिला ने उत्तर दिया।

फिर श्रीमान् आर. ने बोलना आरंभ किया, "यह घर मुझे उस स्थान की याद दिलाता है, जहाँ मेरा जन्म हुआ था। इस घर को बहुत मन से बनाया गया है, और वास्तव में यह बहुत खूबसूरत है। अब इतने खुले-खुले घर कहाँ बनते हैं?" फिर वृद्ध औरत कहने लगी, "आपने एकदम ठीक कहा है। अब लोगों को सुंदर घर की कद्र कहाँ है? अब तो लोग एक छोटा सा अपार्टमेंट खरीदते हैं और अपनी गाड़ी में घूमकर इतराते रहते हैं।"

उस बूढ़ी महिला ने आगे कहा, "इस घर में तो हमारे सपने बसे हैं। इसको हमने बहुत प्यार से बनवाया था। मैंने और मेरे पति ने इस घर का सपना बरसों तक देखा था। इसका नक्शा भी हमने खुद ही तैयार किया था।"

फिर तो उस महिला ने श्रीमान् आर. को पूरा घर बड़े प्रेम से दिखाया। फिर श्रीमान् आर. ने उस हरेक वस्तु की खुले मन से तारीफ की, जिसे उस महिला ने अपनी यात्राओं के दौरान खरीदा था और जिन्हें वे बहुत सँभालकर रखती थीं। प्राचीन अंग्रेजी टी-सेट, मखमली शॉल, सिल्क के परदे, जो कभी फ्रांस के महल की शोभा बढ़ाते थे।

पूरा घर ठीक तरह से दिखाने के बाद वह महिला श्रीमान् आर. को घर के गैरेज में ले गईं। वहाँ पर एक नई चमकदार पैकार्ड कार कवर से ढकी हुई खड़ी थी। उस कार को दिखाते हुए उस महिला ने धीमे से कहा, "मेरे पति ने अपनी मौत से कुछ दिनों पहले यह कार खरीदी थी, लेकिन उनकी मौत के बाद कभी भी इस कार में नहीं बैठी। तुम अच्छी वस्तुओं की बहुत इज्जत करते हो, इसलिए यह कार मैं तुम्हें उपहार के रूप में देना चाहती हूँ।"

फिर श्रीमान् आर. ने कहा, "अरे, आंटीजी, आप तो मुझे अभिभूत कर रही हैं। मैं आपकी उदारता की बहुत इज्जत करता हूँ, लेकिन इस कार को स्वीकार नहीं कर सकता। मैं आपका कोई बहुत निकट संबंधी भी नहीं हूँ। ऐसे और भी अनेक संबंधी होंगे, जो आपकी इस कार को प्राप्त करना चाहते होंगे। वैसे भी मेरे पास तो अपनी नई कार है।"

"संबंधी, कैसे संबंधी?" महिला रूँधे गले से बोली, "मेरे संबंधी तो मेरे मरने की प्रतीक्षा कर रहे हैं, ताकि वे मेरी इस कार पर अपना अधिकार कर सकें, लेकिन मैं यह कार किसी को भी नहीं देनेवाली।"

मैंने उन्हें परामर्श दिया, "अब यदि आप नहीं चाहतीं कि यह कार आपके किसी भी संबंधी के पास चली जाए, तो आप इसे आसानी से किसी सेकंड हैंड डीलर को भी बेच सकती हैं।"

महिला तो एकदम चीख पड़ी, "बेच दूँ क्या? तुम्हें लगता है कि मैं इस कार को बेचूँगी? मैं तो ऐसा सोच भी नहीं सकती। इस कार को मेरे पति ने बड़े शौक से मेरे लिए खरीदा था। यह कार मैं तुम्हें सिर्फ इसलिए दे रही हूँ, क्योंकि तुम खूबसूरत चीजों की बहुत कद्र करते हो।"

मैंने बहुत चाहा कि मैं इस उपहार को अस्वीकार कर दूँ, लेकिन उस वृद्ध महिला का दिल दुखाए बिना ऐसा कर पाना असंभव था।

वह बूढ़ी औरत अपनी खूबसूरत मखमली शॉलों तथा अंग्रेजी टी-सैट के साथ-साथ अपने पति की खूबसूरत यादों में जो जी रही थी, जिसे सिर्फ थोड़ा सा आदर, थोड़ी सी तारीफ तथा थोड़ा सा महत्त्व चाहिए था।

वह भी तो कभी युवा और खूबसूरत थी। उसने भी तो कभी अपने घर को बड़े प्यार से सजाया था और अब यह अकेली अपना बुढ़ापा काट रही थी। वह तो बस प्रेम चाहती थी, प्रशंसा चाहती थी और संभवतः पति की मौत के बाद यह सब उसे कभी भी नहीं मिला था। और जब मैंने तारीफ और प्रशंसा रूपी

मरहम उनकी दु:खी आत्मा पर लगा दिया, तो उसे लगा, जैसे उसे रेगिस्तान में झरना मिल गया है। वह तो अपनी कृतज्ञता मुझे पैकार्ड जैसी कार देकर दिखाना चाहती थीं।

अब यहाँ एक और उदाहरण पेश है—डोनाल्ड एम. मैक्मैहम न्यूयॉर्क अधीक्षक था। यह घटना उसी ने हमें सुनाई थी। 'हाऊ टु विन फ्रेंड्स एंड इन्फ्लुएंस पीपुल' पाठ्यक्रम में भाग लेने के बाद में एक दिन एक प्रसिद्ध जज की दौलत को लैंडस्केप कर रहा था। बाहर आकर जज ने मुझे कई निर्देश दे डाले कि पौधों को कहाँ और कैसे लगाना है?

मैंने उस जज से कहा, "आपकी दिलचस्पी बहुत अच्छी है। आपने कुत्ते भी बहुत सुंदर-सुंदर पाल रखे हैं। मुझे पूरा विश्वास है कि आप मैडीसन स्कवेयर गार्डन के शो में प्रतिवर्ष अनेक नीले रिबन अवश्य जीतते होंगे।"

इस छोटी सी तारीफ का असर अद्भुत था। जज ने तुरंत उत्तर दिया, "बेशक। आइए, मैं आपको अपना डॉग हाउस दिखाता हूँ।"

फिर वह जज बहुत देर तक मुझे अपने कुत्ते तथा जीते गए पुरस्कार दिखाता रहा। इसके बाद वह अपनी वंशावली का गुणगान करते रहे कि किस तरह उनके शुद्ध जातीय रक्त के कारण ही वे इतने बुद्धिमान् तथा सुंदर हो पाए हैं।

आखिरकार मेरी तरफ मुड़ते हुए उन्होंने मुझसे पूछा, "क्या आपका कोई छोटा बालक है?"

मैंने कहा, "हाँ, मेरा एक प्यारा सा बेटा है।" जज पूछने लगे, "क्या वह कुत्ते के पिल्ले के साथ खेलना पसंद करेगा?" मैंने भी तत्काल उत्तर दिया, "क्यों नहीं? वह तो खुशी से पागल हो जाएगा।"

"तो फिर ठीक है, मैं एक पिल्ला तुम्हें उपहार स्वरूप दे रहा हूँ।" जज ने कहा। इसके बाद वे मुझे उस पिल्ले के रहन-सहन तथा खान-पान संबंधी आदतों के बारे में बताने लगे। फिर उन्होंने उस पिल्ले की सारी दिनचर्या मुझे लिखकर दी। जरा सोचिए, उस जज ने सैकड़ों डॉलर का अमूल्य पिल्ला तथा अपना ढेर सारा कीमती समय मुझे सिर्फ इसलिए तो दिया था, क्योंकि मैंने उनकी रुचियों और उपलब्धियों की खुले मन से सच्ची प्रशंसा की थी।

कोडक फेम जॉर्ज ईस्टमैन ने पारदर्शी फिल्म का आविष्कार किया था, जिसके कारण गतिशील फिल्म बनना संभव हो सका था। वे संसार के सबसे सफल व्यापारियों में से एक थे, जिनके पास करोड़ों डॉलर की संपत्ति थी, लेकिन

वे भी अपनी उपलब्धियों की तारीफ पाने के उतने ही इच्छुक थे, जितना कि एक मालूमी सा ड्राइवर या एक वॉचमैन।

एक और उदाहरण लेते हैं—ईस्टमैन रॉशेस्टर में 'विद्यालय ऑफ म्यूजिक' तथा 'किलबोर्न हॉल' बनानेवाले थे। ईस्टमैन की इन इमारतों में थिएटर कुर सियाँ लगनी थीं तथा इसके लिए सुपीरियर सीटिंग कंपनी के प्रेसीडेंट अपनी कंपनी के लिए उनसे कुरसियों का आदेश लेना चाह रहे थे। श्रीमान् एडमसन ने आर्किटेक्ट को फोन करके रॉशेस्टर में श्रीमान् ईस्टमैन से मिलने का समय निश्चित कर लिया। एडमसन के दफ्तर पहुँचने पर आर्किटेक्ट ने उनसे कहा, "मुझे ज्ञात है कि आप यह आदेश लेना चाहते हैं, लेकिन मैं आपको बता दूँ कि यदि आपने ईस्टमैन का पाँच मिनट से अधिक समय लिया, तो वे आपसे क्रुद्ध भी हो सकते हैं। संभवत: तब आपको आदेश भी न मिल सके, क्योंकि ईस्टमैन बहुत अनुशासनप्रिय आदमी हैं। वे नहीं चाहते कि कोई उनका समय नष्ट करे। इसलिए जल्दी-से-जल्दी अपनी बात कहकर वापस चले आना।"

श्रीमान् ईस्टमैन के दफ्तर में प्रवेश करने पर एडमसन ने देखा कि मिस्टर ईस्टमैन अपनी मेज पर रखे कागजों के ढेर को उलट-पुलट रहे थे। थोड़ी देर बाद श्रीमान् ईस्टमैन ने सिर उठाया, चश्मा उतारा तथा एडमसन एवं आर्किटेक्ट से संबोधित होकर बोले, "गुड मॉर्निंग, कहिए, आप क्या चाहते हैं?"

जब आर्किटेक्ट उनका परिचय करा चुका तो एडमसन ने कहा, "जब मैं बाहर आपकी प्रतीक्षा कर रहा था, श्रीमान् ईस्टमैन, तो मन-ही-मन आपके दफ्तर की सुंदरता की तारीफ कर रहा था। हरेक आदमी चाहेगा कि वह ऐसे दफ्तर में काम कर सके। मैं कई वर्षों से इंटीरियर बिजनेस में हूँ, लेकिन इतना खूबसूरत दफ्तर तो मैंने आज तक नहीं देखा है।"

इस पर जॉर्ज ईस्टमैन ने तत्काल उत्तर दिया, "जिस बात को मैं पूरी तरह से भूल चुका था, आपने तो वही बात मुझे फिर से याद करा दी। वास्तव में मेरा दफ्तर सुदर है, है न? जब मैंने इसको बनवाया था तो मुझे संतोष आता था, लेकिन अब तो मेरा दिमाग दूसरी ही समस्याओं से घिरा रहता है और अनेक हफ्तों तक तो मैं अपने कक्ष को ही ठीक से नहीं देख पाता हूँ।" फिर एडमसन उठे तथा एक पैनल को छूकर कहा, "यह तो इंग्लिश ओक से बनी लगती है। यह इटेलियन ओक से भी अधिक अच्छी लगती है।" ईस्टमैन ने बड़े गर्व से कहा, "हाँ, इसे मेरे एक दोस्त ने खास रूप से पसंद करके चुना था। उसे लकड़ियों का बहुत ज्ञान है।"

बाद में तो ईस्टमैन ने एडमसन को अपना पूरा कमरा दिखाया। उसके आकार, रंग और उन सारी वस्तुओं पर टिप्पणी कीं, जो उन्होंने अपने दफ्तर को तैयार करवाने में लगाई थीं, जब वे लोग कक्ष में घूम रहे थे, तभी एक खिड़की के सामने रुक गए और जार्ज ईस्टमैन ने बड़ी शालीनतापूर्वक उन संस्थाओं की ओर संकेत किया, जिनके द्वारा वे मानवता की सेवा करने का अथक प्रयास कर रहे थे। 'जनरल अस्पताल', 'फ्रेंडली होम', 'चिल्ड्रंस अस्पताल' आदि। एडमसन ने इन प्रयासों की मुक्त कंठ से तारीफ की कि वे अपने धन का सही उपयोग मानवमात्र की सेवा करने में कर रहे हैं। बाद में जॉर्ज ईस्टमैन ने काँच का एक डिब्बा खोलकर उसमें रखा अपना पहला कैमरा निकालकर एडमसन को बड़े गर्व से दिखाया—एक आविष्कार, जिसे श्रीमान् ईस्टमैन ने एक अंग्रेज से खरीदा था।

फिर एडमसन ने ईस्टमैन से उनकी कामयाबी से पहले के दिनों के बारे में पूछा कि उन्हें किन-किन संघर्षों से गुजरना पड़ा था, तो ईस्टमैन ने उन्हें अपने बचपन की निर्धनता के बारे में बताया कि उनकी माँ विधवा थीं और वे एक बोर्डिंग आउस चलाती थीं और वे एक बीमा दफ्तर में क्लर्क के पद पर कार्यरत थे। निर्धनता का दानव सदा ही उनके सिर पर मँड़राता रहता था। तभी उन्होंने यह शपथ ली कि वे इतनी दौलत कमाएँगे कि उनकी माँ को काम न करना पड़े। एडमसन, जो ईस्टमैन से प्रश्न पूछते रहे और मन लगाकर उनके उत्तर सुनते रहे, फिर ईस्टमैन ने बताया कि किस तरह से वे ट्राई फोटोग्राफिक प्लेट्स के साथ नए-नए उपयोग करते रहते थे। किस तरह वे पूरी रात जागकर प्रयोगशाला में काम करते रहते थे। वहीं पर बैठे-बैठे वे झपकी ले लेते थे और उन्हीं में ही सो जाते थे।

ईस्टमैन के दफ्तर में घुसने से पहले जेम्स एडमसन को यह चेतावनी दी गई थी कि वे अधिक समय नष्ट न करें, लेकिन ईस्टमैन तथा एडमसन की बातें तो समाप्त होने का नाम ही नहीं ले रही थीं।

आखिर में जॉर्ज ईस्टमैन एडमसन से कहने लगे, "पिछले साल मैंने जापान से कुछ कुरसियाँ मँगवाई थीं, लेकिन पोर्च में रखे-रखे धूप के कारण उनका पेंट उखड़ गया था। इसलिए मैंने उन्हें दुबारा से पेंट किया है। आइए, मैं आपको दिखाता हूँ कि मैंने कैसा पेंट किया है। चलिए, आज आप दोपहर का भोजन मेरे घर पर ही कर लेना।"

खाने के बाद ईस्टमैन ने वे कुरसियाँ, जिन्हें वे जापान से खरीदकर लाए थे, एडमसन को दिखाईं। उनका मूल्य कोई अधिक नहीं था, लेकिन एक अरबपति को इस बात पर गर्व महसूस हो रहा था कि उन कुरसियों पर उन्होंने अपने हाथ से पेंट किया था।

जाहिर सी बात है कि वह 90,000 डॉलर की कुरसियों का आदेश जेम्स एडमसन को ही मिला होगा, न कि उनके किसी प्रतिद्वंद्वी को। इस घटना के बाद श्रीमान् ईस्टमैन तथा श्रीमान् एडमसन की दोस्ती बहुत पक्की हो गई थी। यह दोस्ती श्रीमान् ईस्टमैन की मृत्यु तक चली थी।

क्लाड मॉरिस ने, जो फ्रांस के एक रेस्तराँ के मालिक थे, इसी नियम को अपनाकर एक कुशल कर्मचारी को नौकरी से त्याग-पत्र न देने के लिए मना लिया था। इस महिला को यहाँ काम करते हुए पाँच साल हो चुके थे। वह मॉरिस तथा उनके 20 लोगों के स्टाफ के बीच की एक बहुत ही महत्त्वपूर्ण कड़ी थी। उस महिला का त्याग-पत्र देखकर मॉरिस सकते में पड़ गए थे। उनका कहना था, "मैं बहुत निराश भी था, आश्चर्यचकित भी, क्योंकि मैं तो उसकी सभी जरूरतों का ध्यान रखता था। वह कर्मचारी होने के साथ-साथ मेरी अच्छी दोस्त भी थी, इसलिए मैं उससे कुछ अधिक ही अपेक्षाएँ करता था। संभवत: इसी कारण उसपर कुछ मानसिक दबाव पड़ गया था।

मैं पूरी बात जानना चाहता था। मैंने उसे बुलाकर कहा, "पीलेट! मैं तुम्हारा त्याग-पत्र किसी भी स्थिति में स्वीकृत नहीं कर सकता। तुम हमारी कंपनी के लिए बहुत महत्त्वपूर्ण हो। इस रेस्तराँ की कामयाबी में तुम्हारा भी उतना ही योगदान है, जितना कि मेरा।"

ये शब्द मैंने सारे स्टाफ के सामने कहे, फिर मैंने उसे अपने घर खाने पर आमंत्रित किया तथा परिवार के सदस्यों के सामने भी यही कहा। बाद में पीलेट ने अपना त्याग-पत्र वापस ले लिया और अब तो वह मेरी और भी अधिक विश्वासपात्र बन गई है। मैं आम तौर पर ही उसके काम की तारीफ करता रहता हूँ तथा उसे यह अनुभूति दिलाता हूँ कि वह मेरे तथा मेरे रेस्तराँ के लिए कितनी महत्त्वपूर्ण है।

डिजराइली, जो ब्रिटिश साम्राज्य पर शासन करनेवाले सबसे बुद्धिमान् शासकों में से थे, उन्होंने कहा था, "लोगों से उन्हीं के बारे में बातें कीजिए और फिर वे घंटों आपसे बातें करते रहेंगे।"

इमर्सन ने कहा था, "हरेक आदमी मुझसे किसी-न-किसी गुण में बेहतर अवश्य होता है। मैं उसकी यह बात जल्दी ही सीख जाता हूँ।"

हाँ, इस मामले का एक दु:खद पहलू यह है कि ऐसे लोग, जिनके पास खुद को सर्वश्रेष्ठ समझने का कोई कारण नहीं होता, तो वह अपने अहं को संतुष्ट करने के लिए मतभेद का सहारा लेते हैं, जो मन को दु:खानेवाली बात है। शेक्सपियर ने भी कहा है, "आदमी, अहंकारी आदमी, तनिक सी सत्ता की पोशाक पहनते ही ईश्वर के सामने ही ऐसे-ऐसे नाटक करने लगता है, जिन्हें देखकर देवदूत भी आँसू बहाने पर विवश हो जाते हैं।"

कोई भी मूर्ख आलोचना, निंदा और शिकायत कर सकता है और अधिकांश मूर्ख यही करते हैं।

बहस छोड़ें और लोगों को बोलने दें

किसी बहस का सबसे अधिक लाभ उठाने का एक ही तरीका है कि उसे टाल दें।

वर्षों पहले की बात है, जब मेरी कक्षा में पैट्रिक जे.ओ. हेयर नाम का छात्र था। उसे बहस करने में बहुत आनंद आता था। हालाँकि उसकी शैक्षणिक योग्यता अधिक नहीं थी। एक बार वह शोफर का काम भी कर चुका था। वह मेरे पास इसलिए आया था, क्योंकि वह वाहन बेचने का धंधा करता था और उसके वाहन बिकने बंद हो गए थे। थोड़ी सी ही बातचीत के बाद यह बात स्पष्ट हो गई कि उसके वाहन बिकने इसलिए बंद हो गए थे, क्योंकि वह ग्राहकों के साथ जबरदस्ती की बहस करने लगता था। धोखे से भी यदि खरीदार उसके वाहन में कोई कमी निकाल दे, तो फिर तो वह खरीदार के सिर ही चढ़ जाता था। पैट ने मुझे खुद बताया कि इस तरह वह बहुत सी बहसों में विजयी हो चुका है, फिर उसने बताया कि मैं आम तौर पर ही किसी ग्राहक के दफ्तर से यह कहता हुआ निकलता था, 'आज तो मैंने इसे सबक सिखा ही दिया।' सबक तो वह सिखा देता था, लेकिन उसे माल नहीं बेच पाता था।

मुझे समस्या इस बात की नहीं थी कि पैट्रिक को ठीक-ठीक बोलना सिखाया जाए, बल्कि मेरी समस्या तो यह थी कि पैट्रिक को अधिक बोलने से तथा फालतू की बहस में पड़ने से रोका जाए।

कुछ दिन बाद पैट्रिक 'ओ हेयर व्हाइट' मोटर कंपनी के कुशल सेल्समैन बन गया। यह सब कैसे संभव हो सका, उसी के शब्दों में सुनिए, "अब जब भी मैं किसी खरीदार के दफ्तर में जाता हूँ और वह कहता है, 'क्या? व्हाइट कंपनी की

कार ? वह तो एकदम बेकार है। मैं तो इस कंपनी का वाहन कौड़ी में भी न खरीदूँ। मैं तो हूजइट कंपनी के वाहन खरीदूँगा, क्योंकि इसके वाहन बहुत दमदार हैं।' तो मैं कहता, 'इस कंपनी के वाहन खरीदने के बाद आपको कभी भी पछताना नहीं पड़ेगा। इस कंपनी के तो सेल्समैन भी बहुत अच्छे हैं।'

"यह सुनकर ग्राहक तो मुझे देखता ही रह जाता है। अब बहस की तो कोई संभावना ही नहीं बचती। यदि वह कहता है कि उस कंपनी के वाहन सबसे अच्छे हैं, तो मैं यह मान लेता हूँ और उससे बहस नहीं करता। अब मैं सहमत हो जाता हूँ, तो पूरी दोपहर हूजइट के विषय से आगे निकलकर अपनी व्हाइट कंपनी के वाहन की अच्छाइयों के बारे में बताता हूँ, लेकिन पहले इससे उल्टा होता था। यदि गलती से भी किसी खरीदार ने मेरी कंपनी के वाहन के विषय में कुछ कह दिया, तो समझो उसकी खैर नहीं थी। मैं क्रोध के मारे आग-बबूला हो जाया करता था, फिर मैं जोर-जोर से हूजइट कंपनी की बुराई करता था। मेरा खरीदार मेरी प्रतियोगी कंपनी की उतनी ही अधिक तारीफ करता था। फिर वह पूरे मन से वह वाहन खरीदना चाहता था।

"पीछे मुड़कर जब भी मैं अपने जीवन को देखता हूँ तो मुझे आश्चर्य होता है कि मैंने इतना माल भी कैसे बेच दिया! बहस करने में तथा झगड़ने में मैंने अपने जीवन के अनेक साल नष्ट कर दिए, लेकिन अब तो मैं अपना मुँह बंद रखता हूँ। इससे मुझे बहुत लाभ भी होता है।"

पहले विश्वयुद्ध की समाप्ति के कुछ समय बाद मैंने लंदन में एक अमूल्य पाठ सीखा। उस समय मैं सर रॉस स्मिथ का व्यवस्थापक था। सर रॉस युद्ध के समय फिलिस्तीन में ऑस्ट्रेलियाई सरकार के एक महत्त्वपूर्ण आदमी थे। युद्ध की समाप्ति पर सर रॉस ने आधे संसार का हवाई चक्कर लगाकर सारे संसार को दाँतों तेल उँगली दबाने पर विवश कर दिया था। इस अभूतपूर्व प्रयास ने सारे संसार में सनसनी फैला दी थी, क्योंकि इससे पहले यह कार्य किसी ने भी नहीं किया था। इस कार्य से खुश होकर इंग्लैंड के सम्राट् ने उन्हें 'नाइट' की उपाधि से विभूषित कर दिया था और फिर तो वे ब्रिटिश साम्राज्य के सबसे चर्चित आदमी बन गए थे। सर रॉस के सम्मान में दिए गए भोज में एक बार मुझे भी उपस्थित होने का अवसर मिला और तभी डिनर के समय मेरे समीप बैठे एक हँसमुख से आदमी ने हास्यास्पद कहानी सुनाई, जो इस कहावत पर निर्भर थी, 'कोई दैवीय शक्ति हमारे भाग्य को नियंत्रण में रखती है, फिर चाहे हम कितना भी प्रयास क्यों न कर लें।'

कहानी सुनानेवाला कहने लगा कि वह कहानी बाइबिल की है और मुझे ज्ञात था कि यह गलत था। मुझे इस बारे में कोई शक भी नहीं था। तभी महत्त्वपूर्ण बनने की इच्छा के कारण और खुद को श्रेष्ठ साबित करने के लिए मैंने खुद को सुधारक सीमिति का अध्यक्ष बना लिया है। कोटेशन ? झूठ, बकवास यह कोटेशन बाइबिल का ही है। यह तो खुद को ही सही मान रहा था।

मनगढ़ंत कहानी सुनानेवाला वह आदमी मेरे दाईं तरफ बैठा था और मेरे पुराने दोस्त फ्रैंक गैमंड मेरी बाईं ओर बैठे थे। गैमंड ने तो शेक्सपियर का साहित्य खूब पढ़ा था। इसलिए हमें लगा कि वे ही इस बहस का अंत कर सकते थे।

गैमंड ने पूरी बात को ध्यानपूर्वक सुना और फिर मेज के नीचे से मेरे पैर पर अपना पैर मारते हुए कहा, "डेल, तुम सही नहीं हो। यह आदमी ही सही है। यह कोटेशन वास्तव में बाइबिल का ही है।" रात को घर लौटते समय मैंने गैमंड से कहा, "फ्रैंक, यह क्या ? तुम तो जानते थे कि वह कोटेशन शेक्सपियर का ही है, फिर तुमने झूठ क्यों बोला ?"

इस पर फ्रैंक ने शांतचित्त होकर उत्तर दिया, "हाँ-हाँ, तुम ठीक कह रहे हो। यह वाक्य 'हैमलेट' नाटक के पाँचवें नंबर के दूसरे सीन में कहा गया है, पर मेरे प्रिय डेल, हम उस भोज में मेहमान बनकर गए थे। किसी भी आदमी को गलत सिद्ध करके क्या लाभ ? इससे तो वह आदमी हम दोनों को ही नापसंद करने लगता, क्योंकि तुम उसकी इज्जत खराब करना चाहते थे। उसने तुम्हारी सलाह तो नहीं पूछी थी ? वह तो अपनी राय बता रहा था, फिर बहस करने से क्या लाभ ? तीखी बहस से सदा ही दूर भागना चाहिए।"

पहले बहस करना, लोगों की बात गलत साबित करना मेरा प्रिय शौक था और मुझे ऐसे सबक की ही अधिक जरूरत थी। अपनी जवानी में तो मैं संसार की प्रत्येक बात पर तर्क-वितर्क करने के लिए तैयार करता था। कॉलेज जाने पर भी मैंने तर्कशास्त्र का गूढ़ अध्ययन किया तथा वाद-विवाद प्रतियोगिताओं में बढ़-चढ़कर भाग लिया। संभवत: लोगों में यह आदत होती है। मैं तो वहाँ जन्मा था। मैं संसार को दिखाना चाहता था कि मैं क्या हूँ ? फिर वाद-विवाद के ये गुर मैंने न्यूयॉर्क शहर में भी सिखाए। एक बार तो मैं इस विषय पर एक पुस्तक भी लिखने की सोच रहा था, लेकिन अब यह सब सोचकर मुझे लज्जा आती है। मैंने अपने अब तक के जीवन में बीसियों बहसों में भाग लिया है। उन्हें देखा-सुना है और बाद में मैं इस परिणाम पर पहुँचा हूँ कि ईश्वर की इस रचना में हम बहस के सिर्फ एक ही ढंग से लाभदायक

हो सकते हैं और वह यह है कि हम बहस से उसी तरह बचकर भागें, जैसे हम भूकंप या साँप से बचकर भागते हैं।

सौ में से नब्बे बार तो कोई लाभ इसलिए नहीं होता, क्योंकि दोनों ही पक्ष खुद को सही साबित करने का पूरा प्रयास करते हैं।

बहस में जीत कभी नहीं हो सकती। पराजित होने पर भी आपकी हार होती है और अगर आप जीत भी गए, तो भी पराजय आपकी ही होती है, क्योंकि मान लीजिए कि आपने पूरा प्रयास करके सामनेवाले को गलत साबित कर भी दिया, तो इसका अर्थ यह हुआ कि उसके तर्क में कोई दम नहीं है और आपने उसके प्रत्येक तर्क की धज्जियाँ उड़ा दीं, लेकिन इससे भी क्या होगा? आपको अच्छा तो लगेगा कि उसे सबके सामने नीचा दिखाया है, अपमानित किया है। आपने उसके गर्व को, उसके अहं को चोट पहुँचाई है। वह तो आपकी जीत पर खिन्न हो जाएगा, ताकि 'जिस बात को सामनेवाला बिना अपनी इच्छा के मानता है, वह अभी भी उसी विचार का होता है।'

बेन फ्रैंकलिन ने भी एक बार कहा था, "जब आप बलपूर्वक बहस करके सामनेवाले का विरोध करते हैं, तो अनेक बार आप जीतने में सफल भी हो जाते हैं, लेकिन यह जीत खोखली होती है, क्योंकि इससे आप सामनेवाले आदमी का सद्भाव प्राप्त नहीं कर सकते।" अब यह आप पर निर्भर करता है कि आप बहस में नाटकीय सैद्धांतिक विजय चाहते हैं या सद्भाव प्राप्त करना। हाँ, दोनों चीजें एक साथ प्राप्त नहीं की जा सकतीं।

बोस्टन ट्रांस्क्रिप्ट में एक बार कुछ महत्त्वपूर्ण पंक्तियाँ प्रकाशित हुई थीं, "यहाँ विलियम जे. का शरीर लेटा हुआ है, जो मर गया, सिर्फ सही रास्ते पर चलने के लिए गाड़ी चलाते समय वह बिल्कुल सही था, पूर्णतया सही, लेकिन वह इतना ही मुर्दा है, जैसे त्रुटि उसी की थी।"

यही बात आप पर भी चरितार्थ होती हैं, जब कभी भी आप बहस की गाड़ी को तेज गति से चलाते हैं, तो हो सकता है, कि आप पूरी तरह से सही हों, लेकिन जहाँ तक प्रश्न सामनेवाले की मानसिकता बदलने का है। आपका प्रयास व्यर्थ ही होगा, क्योंकि आप सामनेवाले को कभी गलत साबित नहीं कर सकते।

फ्रैडरिक एस. पार्संस एक आयकर सलाहकार थे। एक बार वे एक सरकारी टैक्स इंस्पेक्टर से एक घंटे तक बहस करते रहे। प्रश्न 9000 डॉलर का था। पार्संस यह कह रहे थे कि यह राशि एक ऐसा कर्ज थी, जिसके भुगतान की कोई आशा नहीं

थी और इसीलिए इस पर टैक्स नहीं लगना चाहिए। इंस्पेक्टर ने उत्तर दिया, "बैड डेबिट! प्रश्न ही नहीं उठता। इस पर टैक्स अवश्य लगेगा।"

मिस्टर पार्संस ने यह कहानी कक्षा में सुनाई थी। इंस्पेक्टर हठी, भाव शून्य तथा बहुत जिद्दी था। तर्कों का उसपर कोई असर नहीं पड़ा। तथ्य भी उसे नहीं पिघला सके। मैंने जितनी अधिक बहस की, वह उतना ही अधिक अड़ता चला गया। इसलिए मैंने बहस को छोड़कर चर्चा का विषय बदल दिया और उसकी प्रशंसा करने लगा। मैंने उससे कहना शुरू किया, "मुझे लगता है कि यह तो बहुत छोटी सी धनराशि है, जो आपके लिए अधिक महत्त्व नहीं रखती होगी, क्योंकि आपको तो बहुत बड़ी-बड़ी धनराशियों के महत्त्वपूर्ण तथा पेचीदा मामले निबटाने पड़ते हैं। वैसे तो मैंने भी टैक्सेशन के बारे में बहुत पढ़ा है, फिर भी मेरा ज्ञान मात्र पुस्तकीय है, लेकिन आपने तो इस विषय पर वर्षों तक काम किया है। आप इस क्षेत्र में बहुत अनुभवी हैं। काश, मैं भी आपकी ही तरह अनुभवी होता! तो मैं बहुत कुछ प्राप्त कर सकता था।" मैंने उसकी झूठी तारीफ भी नहीं की थी। मैंने तो बस उसके चरित्र के सकारात्मक पहलू को देखा था।

इसके बाद तो वह इंस्पेक्टर अपनी कुरसी पर तनकर बैठ गया और घंटों अपने बारे में बताता रहा। उसने मुझे बड़े गर्व से बताया कि उसने कितने पेचीदा विषयों को सुलझाया है, फिर तो वह मुझसे दोस्त की तरह बातें करने लगा तथा अपने बच्चों के बारे में भी बताने लगा। बातें करते समय उसने मुझसे कहा कि वह इस समस्या के बारे में और विचार करेगा तथा दो-चार दिनों में फैसला भी सुना देगा। तीन-चार दिनों बाद वह फिर से मेरे दफ्तर में आया और उसने मुझे बताया कि उसने मेरे टैक्स रिटर्न को उसी रूप में स्वीकार कर लिया है।

यह कुशल टैक्स इंस्पेक्टर भी साधारण सी मानवीय दुर्बलता को प्रदर्शित कर रहा था। उसे भी महत्त्व की इच्छा थी। पहले वह श्रीमान् पार्संस से बहस करके अपने आपको महत्त्वपूर्ण साबित कर रहा था, लेकिन जब श्रीमान् पार्संस ने उसके महत्त्व को स्वीकार कर लिया, तो वह बहस वहीं समाप्त हो गई तथा वह हठी, जिद्दी आदमी सहानुभूतिपूर्ण तथा दयालु आदमी में परवर्तित हो गया था।

'बिट्स एंड पीसेस' नाम की पत्रिका में एक बार लेख छपा था, जिसमें असहमति को बहस में परिवर्तित होने से कैसे रोका जाए, इस विषय पर कुछ अमूल्य परामर्श दिए गए थे।

असहमति का हृदय से स्वागत करें। याद रखें, "यदि दोनों पक्ष सदैव सहमत

हो जाते हैं, तो उनमें से एक की जरूरत पहले दिखाता है, जिसके बारे में आपने पहले कभी नहीं सोचा था। आपको तो इस बात के लिए उस आदमी का कृतज्ञ होना चाहिए। हो सकता है कि वह असहमति एक सुअवसर हो, जिसके कारण से आप त्रुटि करने से पहले ही उसे सुधार सकें।"

अपनी पहली ही मनोदशा पर भरोसा न करें। जैसे ही हमारे सामने कोई मुसीबत आती दिखाई दे, तो हम अपने आपको सुरक्षित करना चाहते हैं। सावधान रहकर ठंडे दिमाग से विचार करें। यह भी तो संभव है कि आप अपने सर्वश्रेष्ठ रूप में न होकर अपने निकृष्टतम रूप में हों।

अपने क्रोध पर काबू पाना सीखें। किसी भी आदमी के व्यक्तित्व का कद इसी बात से मापा जाता है कि उसे किन-किन बातों पर क्रोध आता है।

पहले पूरी बात को ध्यानपूर्वक सुन लें। अपने विरोधियों को भी बोलने का पूरा अवसर देते हुए उन्हें अपनी पूरी बात कहने दें। उनसे बहस न करें, न ही विरोध करें, और न ही खुद का बचाव करें। इससे तो कभी न गिरनेवाली दीवार खड़ी हो जाती है। इसके स्थान पर एक सुदृढ पुल बनाने का पूरा प्रयास करें।

सहमति ढूँढ़ने का प्रयास करें। अपने विरोधियों की पूरी बात सुनने के बाद बात को वहाँ से शुरू करें, जहाँ से आप अपने विरोधी से एकमत हों।

सदैव ईमानदार बने रहें। सदैव उन तथ्यों को खोजें, जिनमें आप अपनी गलती मान सकते हैं और इसमें विलंब न करें, फिर अपनी गलती के लिए माफी भी माँग लें। इससे आपके विरोधी शांत हो जाएँगे।

अपने आप से वादा करें कि आप अपने विरोधियों के विचारों पर ध्यानपूर्वक मनन करेंगे। आपके विरोधी सही भी हो सकते हैं। इस परिस्थिति में यह अधिक सरल है कि आप उनके विचारों पर सोचने के लिए विवश हो जाएँ, बजाय इसके कि आप तीव्रता से आगे बढ़ जाएँ और कोई ऐसी त्रुटि कर बैठें, जिससे आपके विरोधियों को बाद में यह कहने का अवसर मिल जाए, 'हमने तो आपको समझने का भरपूर प्रयास किया था, लेकिन आपने ही हमारी बात पर ध्यान नहीं दिया।'

समस्या में दिलचस्पी लेने के लिए अपने विरोधियों को मुक्त कंठ से सराहें। जिस आदमी को आपकी बहस में दिलचस्पी है, तो इसका अर्थ उसकी दिलचस्पी भी उसी विषय में है। उसे अपना सहायक समझिए, क्योंकि वह विरोधी आपका दोस्त भी बन सकता है।

दोनों पहलुओं से सोचने के पश्चात् ही कार्य करें। आप सामनेवाले आदमी

से उसी दिन बाद में या फिर अगले दिन भेंट का समय ले सकते हैं और फिर सारे तथ्यों पर पुनर्विचार किया जा सकता है। इस भेंट से पहले अपने-आप से कुछ कठिन प्रश्न अवश्य पूछिए।

क्या यह संभव है कि मेरे विरोधी सही हों ? या फिर कुछ सीमा तक सही हों ? क्या उनके तर्क में कोई बल, कोई सच्चाई है ? क्या मैं कोई समस्या निबटाना चाहता हूँ या फिर सिर्फ अपने अहं को शांत कर रहा हूँ ? क्या मेरी इस बहस के कारण मेरे विरोधी मुझसे दूर होते जा रहे हैं या फिर मेरे निकट आ रहे हैं ? क्या उस बात से मेरी प्रतिष्ठा में कोई बढ़ोतरी होगी, जो मैं करने जा रहा हूँ ? क्या उस बात से मेरी प्रतिष्ठा में कोई बढ़ोतरी होगी, जो मैं करने जा रहा हूँ ? मुझे जीत मिलेगी या पराजय का मुँह देखना पड़ेगा ? यदि मैं जीत भी जाऊँगा, तो मुझे इसका क्या मूल्य चुकाना पड़ेगा ? यदि मैं इस विषय में शांत रहूँगा, तो क्या यह बहस यहीं पर समाप्त हो जाएगी ?

अपने 50 साल के सफल वैवाहिक जीवन का रहस्य ओपेरा स्टार जैन पियर्स ने कुछ इस तरह बताया था, "मेरी पत्नी और मैंने बहुत पहले यह समझौता कर लिया था कि चाहे हम एक-दूसरे से कितने भी क्रोधित क्यों न हो जाएँ, हम यह समझौता निभाएँगे कि जब हममें से एक क्रोधित हो जाएगा, तो दूसरा शांत चित्त से उसकी बात सुनेगा, क्योंकि यदि हम दोनों ही बोलने लगेंगे, चिल्लाने लगेंगे, तो फिर किसी की भी बात पूरी नहीं होगी और घर में वाद-विवाद तथा शोर-शराबे के अलावा कुछ भी नहीं होगा।"

एक बार अब्राहम लिंकन ने एक नौजवान सैनिक को अपने सहयोगी के साथ बहस में उलझने के कारण बहुत फटकारा था। लिंकन ने कहा, "जो आदमी सदैव ही अपनी क्षमताओं का दोहन करने के लिए संकल्पवान् रहता है, वह अपने व्यक्तित्व मतभेदों में नहीं उलझता। इसके अलावा वह नतीजों को अनदेखा कर देता है, जिन पर आपका अधिकार दूसरों जितना ही है। साथ ही उन चीजों की भी उपेक्षा कर दो, जिस पर आपका पूर्ण अधिकार नहीं है। मिसाल के लिए यदि कोई कुत्ता आपके रास्ते में आ जाए तो उससे लड़ने के स्थान पर या उससे घायल होने के बजाय उस कुत्ते का रास्ता ही छोड़ देना चाहिए। यदि कुत्ते ने आपको काट लिया होता तो नुकसान आपका ही होता, भले ही आप कुत्ते को जान से ही मार डालते।"

खुशियाँ किसी भी बाह्य परिस्थितियों पर निर्भर नहीं करतीं, यह हमारे मानसिक नजरिए से नियंत्रित होती हैं।

अपनी कमियों को
खुले दिल से स्वीकारना सीखें

खुद के लिए और अपनी मौजूदा स्थिति के लिए अफसोस करना, न केवल ऊर्जा की बरबादी है, बल्कि शायद यह सबसे बुरी आदत है, जो आपके अंदर हो सकती है।

बहुत कम लोग ऐसे होते हैं, जिन्हें तार्किक लोग पसंद आते हैं। हममें से अधिकतर तो पूर्वाग्रहों से घिरे होते हैं और युगों से चली आ रही मान्यताओं में ही विश्वास रखते हैं। हममें ईर्ष्या, डर, शंका तथा अहंकार कूट-कूटकर भरे होते हैं। हममें से अधिकतर लोग अपने विचारों को बिल्कुल भी नहीं बदलना चाहते। अब प्रश्न चाहे उनके हेयर कट, रहन-सहन, धर्म, साम्यवाद या फिर उनकी प्रिय नायिका का हो। इसलिए यदि आपने इस संसार के विचारों को बदलने या दूसरों की त्रुटियों ढूँढ़ने का बीड़ा उठा ही लिया है, तो प्रतिदिन नाश्ते के साथ-साथ नीचे लिखी पंक्तियों को भी अपने दिमाग में अवश्य उतार लें। ये पंक्तियाँ जेम्स हार्वे रॉबिंसन द्वारा लिखित ज्ञानवर्धक पुस्तक 'द माइंड इन द मेकिंग' से ली गई हैं।

"वैसे तो हम आम तौर पर ही बिना किसी प्रतिरोध के अपने विचारों को बदलते रहते हैं, लेकिन यदि कोई आदमी हमें गलत साबित करके विचार बदलने के लिए कहता है, तो हम इस दोषारोपण से चिढ़ जाते हैं और अपने मन में उस आदमी के लिए नफरत पैदा कर लेते हैं। वैसे तो हम अपने विचारों की बिल्कुल भी चिंता नहीं करते, लेकिन यदि कोई दूसरा हमारे उन्हीं विचारों को गलत साबित करने का प्रयास करता है, तो हम अपने उन्हीं विचारों के प्रति बहुत आसक्त हो जाते हैं। हमें अपने विचारों से इतना प्रेम नहीं होता, जितना कि अपने आत्मसम्मान से। मानवीय संबंधों में सबसे महत्त्वपूर्ण शब्द 'मेरा' होता है और बुद्धिमान आदमी इसका सामना

चतुरता से करता है। इस 'मेरे' में शक्ति एक सी ही रहती है, चाहे मामला 'मेरे' डिनर, 'मेरे' कुत्ते, 'मेरे' घर, 'मेरे' पिता, 'मेरे' देश या 'मेरे' ईश्वर से संबंधित हो। हमें इस बात से भी चिढ़ होती है कि हमारी घड़ी गलत है या हमारी कार गंदी है, बल्कि हम इस बात से भी चिढ़ जाते हैं कि मंगल की नहरों के बारे में हमारे विचार या हमारा 'एपिक्टेटस' का उच्चारण गलत है या सेलिसिन की चिकित्सकीय उपयोगिता के विषय में हमारे विचार सही नहीं हैं या फिर विश्वयुद्ध की तारीख हमें ठीक से याद नहीं है। हम तो प्रत्येक हाल में अपनी बात को सच मानना चाहते हैं और जब भी कोई दूसरा हमारी मान्यताओं पर शंका जताता है, कोई प्रश्नचिह्न लगाता है, तो हमारी सारी इंद्रियाँ उत्तेजित हो जाती हैं और हम उन्हीं मान्यताओं से चिपके रहने के लिए नए-नए बहाने ढूँढ़ते हैं। परिणामस्वरूप हमारी तथाकथित तर्क शक्ति अपनी वर्तमान मान्यताओं के लिए तर्क ढूँढ़ने में पूरी शक्ति से जुट जाती है।"

'ऑन बिकमिंग ए पर्सन' नामक पुस्तक में प्रसिद्ध मनोवैज्ञानिक कार्ल रॉजर्स ने लिखा है, "इस बात को मैं बहुत महत्त्व देता हूँ कि अपने आपको सामनेवाले का दृष्टिकोण समझने की अनुमति दे दूँ, यह वाक्य आपको कुछ विचित्र सा तो अवश्य ही लग रहा होगा। तो क्या दूसरे को समझने के लिए पहले खुद को समझना पड़ता है। मुझे तो यही सच लगता है। अधिकतर बातों के संबंध में हमारी पहली प्रतिक्रिया मूल्यांकन तथा निष्कर्ष की होती है और हम दूसरे की बात को समझने का परिश्रम ही नहीं करना चाहते। जब भी कोई आदमी किसी भावना, विचार या विश्वास को अभिव्यक्त करता है, तो हमारी प्रवृत्ति तुरंत यह अनुभव करने लगती है, 'यह बात मूर्खतापूर्ण है', 'यह सही बात है', 'यह बात तार्किक नहीं है', 'यह अनुचित है', लेकिन कभी-कभी हम अपने आपको इस बात की अनुमति दे देते हैं कि हम सामनेवाले की पूरी बात को ध्यानपूर्वक सुनकर समझने का प्रयास करें और फिर उसका दृष्टिकोण भी समझ सकें।"

एक बार मैंने एक इंटीनियर डेकोरेटर को अपने घर की साज-सज्जा का काम सौंप दिया, लेकिन उसके द्वारा दिए गए बिल को देखकर मुझे बहुत जोर का झटका लगा, फिर कुछ दिनों बाद मेरी एक दोस्त आई और कक्ष में लगे नए परदों को देखने लगी, लेकिन जैसे ही मैंने उन परदों का दाम बताया, वह तुरंत बोली, "क्या? इतने महँगे परदे! तुम्हें तो निश्चित ही उसने लूट लिया है।"

क्या यह बात सही थी? बिल्कुल, उसने मुझे सच्चाई ही बताई थी, लेकिन बहुत कम लोग ऐसे होते हैं, जो यह स्वीकार कर लेते हैं कि किसी ने उन्हें बेवकूफ

बनाया है। इसलिए मानव-स्वभाव के वशीभूत होकर मैंने भी अपना बचाव करना शुरू कर दिया। मैंने दस युक्तियाँ पेश कर दीं, जैसे अच्छी क्वालिटी का सामान तो महँगा ही मिलता है, सुंदर तथा कलात्मक सामान तो बड़े-बड़े शोरूम में ही मिलता है, न कि पटरियों पर इत्यादि। फिर कुछ दिन बाद मेरी एक और दोस्त आईं, जिन्होंने परदों की खुले मन से तारीफ की। वे कहने लगीं, "काश मैं भी अपने घर में इतने कलात्मक परदे लगा पाती!" और इस पर मेरी प्रतिक्रिया पहले से अलग थी, "वैसे मैंने इन परदों का दाम कुछ अधिक ही दे दिया है। अब तो मैं पछता रहा हूँ कि मैं इतने बड़े शोरूम में घुसा ही क्यों था।"

तो इसका अर्थ यह हुआ कि जब हम गलत होते हैं तो मन से हम अपनी गलती मान लेते हैं और कभी-कभी तो उस त्रुटि को दूसरों के सामने भी स्वीकार कर लेते हैं। इससे हम अपनी उदारता तथा खुलेपन का परिचय देना चाहते हैं, लेकिन जब कोई स्पष्ट रूप से हमारी किसी कमी को प्रकट करता है, हम अड़ जाते हैं, क्योंकि अपने अहं को तो चोटिल नहीं होने दे सकते।

व्हाइट हाउस में रहते हुए थियोडोर रूजवेल्ट ने यह बात स्वीकार कर ली थी कि 'यदि वे 75 अवसरों पर सही साबित हो सकें, तो उनकी कामयाबी में कोई भी रोड़ा नहीं आ सकता। अब यदि 20वीं सदी के महानतम लोगों में से एक का यह विचार है, तो आपकी और मेरी क्या गिनती?

55 प्रतिशत अवसरों पर यदि आप सही हुए तो भी आप वॉल स्ट्रीट जाकर एक ही दिन में लाखों डॉलर कमा सकते हैं, लेकिन यदि 55 प्रतिशत अवसरों पर भी आप सही नहीं हैं, तो फिर तो आपको किसी और की त्रुटि बताने का कोई अधिकार नहीं है।

सिर्फ शब्दों से ही नहीं, बल्कि अपनी आँखों से या फिर अपनी आवाज से, ढंग से या अपने हाव-भाव से भी लोगों को यह प्रतीत करा सकते हैं कि वे सही नहीं हैं। अब यदि आप किसी को गलत साबित कर भी देते हैं, तो क्या सामनेवाला इस बात से सहमत होगा? क्या अपनी त्रुटि मानेगा? कभी नहीं? क्योंकि आपने तो सीधे उसके आत्मसम्मान पर चोट की है। कोई भी आदमी किसी दूसरे के विचारों को नहीं अपनाता, किसी दूसरे के लिए अपनी सोच नहीं बदलता। चाहे आप इमैनुअल कांट या प्लेटो के सारे तर्कों को भी उनके सामने बोल दें, तो भी वे अपने विचार नहीं बदलेंगे, क्योंकि आपने तो उनकी भावनाओं को ठेस पहुँचाई है।

'मैं आपके सामने एक बात सिद्ध करना चाह रहा हूँ।' इस तरह से अपनी बात

कभी भी शुरू न करें। ऐसा कहकर तो आप सामनेवाले को यह बता रहे हैं, 'मैं तो आपसे कई गुना स्मार्ट हूँ।' मैं आपको कुछ ऐसी बातें बताने जा रहा हूँ, जो आपके विचारों को बदल देंगे। यह तो स्पष्ट रूप से चुनौती है। यह सुनकर तो सामनेवाले की आत्मा पर चोट पहुँचती है और वह युद्ध के लिए तैयार हो जाता है। परिस्थितियाँ चाहे अनुकूल हों या प्रतिकूल, आदमी की विचारधारा को बदल पाना कठिन है। तो इसे और भी कठिन क्यों बनाया जाए? खुद को दुर्बल क्यों बनाया जाए?

यदि आप कुछ साबित भी करने जा रहे हैं तो इस बात की जानकारी किसी को भी न होने दें। इस स्थिति को पूरी चतुराई से कुशलतापूर्वक सँभालें। इसी विचार को अलेक्जेंडर पोप ने संक्षिप्त रूप से इस तरह से अभिव्यक्त किया था, "लोगों को कोई भी सबक सिखाते समय पूरी सतर्कता रखनी चाहिए। उन्हें यह ज्ञात ही नहीं होना चाहिए कि उन्हें कुछ सिखाया जा रहा है। नए विचारों को इस तरह बताया जाना चाहिए, जैसे कि आपको अपने पुराने विचार याद हो आए हों।" 300 साल पहले गैलीलियो ने यह कहा था, "आप किसी आदमी को कुछ नहीं सिखा सकते। हाँ, आप उसे अपने अंदर से सीखने में मदद कर सकते हैं।"

यही बात लॉर्ड चेस्टरफील्ड ने अपने पुत्र से कही थी, "निश्चित रूप से दूसरे लोगों से अपने आप को अधिक बुद्धिमान् बनाने का प्रयास करो, लेकिन यह बात उनसे मत कहो।"

सुकरात ने भी एथेंस में अपने अनुयायियों से बार-बार यही कहा था, "मैं सिर्फ एक ही बात जानता हूँ और वह यह है कि मैं कुछ भी नहीं जानता हूँ।"

अब मैं सुकरात से अधिक बुद्धिमान् होने का दावा तो कर नहीं सकता, इसलिए मैंने दूसरों को गलत साबित करना भी छोड़ दिया है और इस बात का मुझे लाभ भी हुआ है। जब भी कोई आदमी ऐसी बात, जो आपकी दृष्टि में सही नहीं है और आप पूर्ण विश्वास से जानते हैं कि यह बात गलत ही है, तब भी कुछ इस तरह बोलना चाहिए, "मुझे लगता है कि मेरी राय आपसे कुछ भिन्न है, लेकिन मैं गलत भी हो सकता हूँ। ऐसा कई बार हो चुका है, जब मैं गलत साबित हो चुका हूँ और यदि इस बार भी मैं गलत साबित हो जाता हूँ तो मैं अपनी त्रुटि सुधारने की पूरी चेष्टा करूँगा। आइए, हम मिलकर तथ्यों का मूल्यांकन करते हैं।"

इस तरह के वाक्यों में जादू होता है। कोई भी आदमी इतना निष्ठुर नहीं हो सकता, जो ऐसे वाक्य सुनकर भी क्रोधित हो जाए।

हमारी कक्षा के ही एक सदस्य मोंटाना के कार डीलर हैरोल्ड रैंके ने अपने

ग्राहकों के साथ इस तकनीक का उपयोग किया था। उनका कहना था कि वे ऑटोमोबाइल कारोबार के तनावग्रस्त वातावरण में आम तौर पर ग्राहकों की शिकायत पर अधिक ध्यान नहीं दे पाते थे और उदासीन रहते थे। इसके कारण कारोबार में बहुत अधिक हानि होने लगी थी। खरीदार भी क्रोधित रहते थे तथा पूरा वातावरण बिगड़ने लगा था।

उन्होंने हमारी कक्षा को बताया, "फिर मैंने अनुभव किया कि मुझे अपनी शैली को बदलना होगा। मैंने अपने ग्राहकों से यह कहना प्रारंभ कर दिया, 'हमारी डीलरशिप से इतनी त्रुटियाँ हुई हैं कि आम तौर पर मुझे लज्जित होना पड़ता है। आपके प्रकरण में भी संभवतः हमसे भूल हुई है। इस बारे में मुझे विस्तारपूर्वक बताएँ।"

"यह शैली तो खरीदार के क्रोध को एकदम ठंडा कर देती थी और फिर वह अपनी शिकायत अधिक तर्कपूर्ण ढंग से बताता था। अनेक ग्राहकों ने तो मुझे धन्यवाद भी बोला, क्योंकि मैं उनकी बात ध्यानपूर्वक सुनता था। कई खरीदार तो अपने मित्रों को भी लेकर आए, ताकि वे अच्छी सेवा प्राप्त कर सकें। आज का युग प्रतियोगिता का है और हमारे ग्राहकों को एक ऐसे आदमी की जरूरत होती है, जो उनकी बात ध्यानपूर्वक सुन सके। यदि आप खरीदार के विचारों को सम्मान दिखाते हुए कूटनीति तथा शिष्टता से बरताव करेंगे, तो निश्चित रूप से अपने प्रतियोगियों से बहुत आगे निकल जाएँगे।"

यदि आप यह बात हृदय से मान लें कि आप गलत भी हो सकते हैं, तो कभी भी कठिनाई में नहीं घिरेंगे। इससे लड़ाई-झगड़ा भी नहीं होगा और सामनेवाला भी खुद ही आपकी ही तरह निष्पक्ष और विशाल हृदय हो जाएगा। हो तो यह भी सकता है कि सामनेवाला भी आपकी ही तरह बोलने लगे कि वह भी गलत हो सकता है।

यदि आपको पूरा विश्वास है कि आपका विरोधी ही गलत है और आप यह बात उससे स्पष्ट रूप से कह दें, तो सोचिए, क्या होगा? इसका एक उदाहरण यहाँ पेश है, मिस्टर एस. न्यूयॉर्क के एक युवा वकील थे। वे एक बार यूनाइटेड स्टेट्स सुप्रीम कोर्ट में एक महत्त्वपूर्ण मुकदमे 'लस्टगार्टन बनाम लीट कॉरपोरेशन 280 यू. एस. 320' में युक्तियाँ पेश कर रहे थे। इस मुकदमे में बहुत सा पैसा दाँव पर लगा हुआ था, साथ ही कानून का एक बहुत ही महत्त्वपूर्ण प्रश्न भी उलझा हुआ था। उसी बहस के चलते सुप्रीम कोर्ट के जज से उससे प्रश्न किया, "एडमिरेल्टी लॉ में समय-सीमा छह साल की होती है न?"

तभी मिस्टर एस. ने एक पल रुककर जज से स्पष्टत: कह दिया, "योर ऑनर! एडमिरेल्टी लॉ में तो कोई भी समय-सीमा निश्चित नहीं होती।"

आगे की कहानी उस वकील ने हमारी कक्षा के सामने बताई, "कोर्ट में सन्नाटा छा गया और कक्ष का तापमान शून्य डिग्री से भी नीचे पहुँच गया। मैं खुद को सही और जज को गलत बताकर बहुत प्रसन्न था, लेकिन क्या इस बात से हमारा बरताव मित्रतापूर्ण हुआ होगा? नहीं। मुझे अब भी पूरा विश्वास है कि वह मुकदमा मैं ही जीतता। इससे पहले मैंने कभी भी इतनी अच्छी तरह से बहस नहीं की थी, लेकिन खुद को सही साबित करके भी मैं अपनी बात नहीं मनवा सका और मुकदमा हार गया। मेरी गलती सिर्फ इतनी सी थी कि मैंने एक बुद्धिमान् तथा प्रसिद्ध जज को गलत साबित करने की भूल की थी।"

सिविल युद्ध के समय होरेस ग्रीले अमरीका के सबसे प्रसिद्ध संपादक थे। वे लिंकन की नीतियों के कट्टर विरोधी थे। उन्हें लगता था कि वे तर्क-वितर्क से, अपमान से या फिर लिंकन की खिल्ली उड़ाकर उन्हें अपने पक्ष से सहमत कर लेंगे। यह अभियान दिनोदिन बलवान् होता गया। जिस रात बुरी तरह से लिंकन पर गोलियों की बौछार हुई थी, उस रात को ग्रीले ने लिंकन के लिए एक अत्यंत कटु, क्रूर, आलोचनात्मक तथा निजी आघात पहुँचानेवाला संपादकीय लिखा था। लेकिन क्या लिंकन कभी भी ग्रीले से एकमत हुए? संभावना ही पैदा नहीं होती। अपमान और उपहास द्वारा तो आप किसी को भी सहमत नहीं कर सकते।

अब यदि आप ऐसे परामर्श चाहते हैं, जिनसे आपके संबंध दूसरों के साथ मधुर हो जाएँ, यदि आपको भी अपने व्यक्तित्व में निखार लाना है, तो बेंजामिन फ्रैंकलिन की आत्मकथा को पढ़ना बहुत आवश्यक है। यह सबसे उत्तम जीवनी होने के साथ-साथ अमरीकी साहित्य में एक अमर पुस्तक है। उसमें फ्रैंकलिन ने बताया है कि उन्होंने अपनी बहस करने की आदत पर कैसे नियंत्रण पाया और फिर किस तरह वे अपने आपको अमरीकी इतिहास के सबसे सौम्य, सभ्य, कुशल कूटनीतिक मनुष्य के रूप में स्थापित कर पाए।

अपनी जवानी में वे जरूरत से अधिक बहस किया करते थे। एक बार उनका एक पुराना दोस्त क्वेकर उन्हें एक ओर ले गया और उनपर सच्चाई के कोड़े बरसाने प्रारंभ कर दिए। उसने बेन से कहा, "बेन! तुम्हारा स्वभाव कोई नहीं सुधार सकता। तुम्हारे विचार तुम्हारे विरोधियों को हथौड़े की चोट पहुँचाते हैं। तुम्हारे आक्रामक विचारों की किसी को भी चिंता नहीं है। तुम्हारे सहयोगी तो यही सोचते

हैं कि तुमसे कैसे बचा जाए? तुम में वास्तव में इतना अधिक ज्ञान है, तो किसी को भी तुम्हें कुछ भी बताने की जरूरत नहीं है। कोई इतना मेहनत भी क्यों करेगा कि वह तुम जैसे विद्वान् को कुछ समझाए। इसलिए तुम्हारे पास जितना भी ज्ञान है, बस वही रहेगा, दूसरों से तो तुम कुछ भी नहीं सीख पाओगे और इसमें हानि भी तुम्हारी ही होगी।" और इस बात के लिए बेन फ्रैंकलिन तारीफ के पात्र हैं कि उन्होंने इस अपमानजनक आलोचना को बहुत अच्छी तरह से लिया। यहाँ पर भी उन्होंने अपनी महानता तथा बुद्धिमत्ता का परिचय देते हुए इस आलोचना में छिपी सच्चाई को भाँप लिया कि यदि वे अपने विचारों को और अपने आपको नहीं बदलेंगे, तो वे नाकामयाबी तथा सामाजिक विनाश के गर्त में गिरते चले जाएँगे। उन्होंने अपनी त्रुटि को मान लिया तथा अपने शब्दकोश से आलोचना और बहस जैसे शब्दों को निकाल फेंका।

फ्रैंकलिन अपनी जीवनी में आगे बताते हैं, "मैंने एक नियम बना लिया कि अब से मैं दूसरों की कोमल भावनाओं पर सीधा वार तो बिल्कुल भी नहीं करूँगा और अपनी बात को भी आक्रामक शैली में कहने से बचूँगा। अब से मैं अपनी भाषा में 'निश्चित रूप से', 'निस्शक' जैसे शब्दों का उपयोग नहीं करूँगा। इसके स्थान पर मेरी भाषा ऐसी होगी, 'मुझे लगता है', 'इस समय मुझे ऐसा प्रतीत हो रहा है', 'मैं समझता हूँ' इत्यादि। अब तक भी कोई आदमी अतार्किक बात कह देता था और मैं जानता था कि वह सही नहीं है, तो भी मैं उसका विरोध सीधे रूप में करने से बचता था। यदि मुझे त्रुटि बतानी भी होती थी, तो मैं एक कूटनीतिज्ञ के रूप में बताता था, जैसे अनेक मामलों या परिस्थितियों में सामनेवाले की बात सही हो सकती थी, लेकिन मुझे ऐसा प्रतीत होता था कि इस मामले में यह सही नहीं होगी। मुझे अपनी शैली बदलने से बहुत लाभ भी हुआ। अब मेरी चर्चाएँ शांतिपूर्ण होने लगीं। अब मैं अपने विचारों को बड़े ही विनम्र तथा शालीन शैली में दूसरों के समक्ष पेश करता था, इसलिए वे भी प्रसन्नतापूर्वक मेरी बात से सहमत हो जाते थे। यदि मैं गलत भी होता था, तो भी मुझे घोर अपमान का सामना नहीं करना पड़ता था, क्योंकि प्रत्येक चीज उसी रूप में हमारे पास वापस आती है, जिस रूप में हम दूसरों को देते हैं। जब मैं सही होता था तो मेरे विरोधी भी मेरी बात से सहमत हो जाते थे। वे भी तो मेरी ही नीति पर चल रहे थे। प्रारंभ में इस तकनीक पर चलते हुए मुझे अपनी स्वाभाविक इच्छाओं का हनन करना पड़ रहा था। मुझे बहस किए बिना जीना पड़ रहा था, लेकिन बाद में यही तकनीक मेरे लिए सहज हो गई और

मुझे इसकी आदत सी पड़ गई, फिर मैं अपनी इसी आदत के कारण अपने मित्रों तथा सहयोगियों में इतना प्रसिद्ध हो गया कि जब भी मैं किसी नई संस्था का प्रस्ताव रखता था या फिर पुरानी संस्था में कोई परिवर्तन चाहता था, तो वे मेरी बात पर आसानी से सहमत हो जाते थे। राजनैतिक क्षेत्र में भी मेरी कामयाबी का यही रहस्य था। जरा सोचिए, मैं न तो एक अच्छा वक्ता था, बोलने की कला में भी में कुशल नहीं था, मेरी शब्दावली भी अधिक लुभावनी नहीं थी, लेकिन फिर भी मैं अपनी बात मनवा ही लेता था।"

तो क्या फ्रैंकलिन का यह ढंग कारोबार में सफल साबित हो सकता है ? इस बात को सिद्ध करने के लिए दो उदाहरण पेश हैं—

नॉर्थ कैरोलिना के किंग्स माउंटेन की निवासी कैथरीन एं. अल्फ्रेड एक यार्न-प्रोसेसिंग प्लांट में इंडस्ट्रियल इंजीनियरिंग सुपरवाइजर रहीं। हमारी कक्षा में अपना अनुभव बताते हुए उन्होंने कहा कि किस तरह से उन्होंने हमारी ट्रेनिंग से पहले तथा बाद में एक संवेदनशील समस्या का सामना किया। उन्होंने बताया, "मेरी सबसे मुख्य जिम्मेदारी यह है कि मैं हमारी ऑपरेटर्स को प्रोत्साहित करती रहूँ तथा स्तरीयता को बनाए रख सकूँ, जिससे हम अधिक-से-अधिक यार्न का उत्पादन करके पैसा अर्जित कर सकें। पहले हमारे पास दो या तीन तरह के यार्न थे और तब तक सबकुछ ठीक-ठाक चल रहा था, लेकिन अभी कुछ दिनों पहले ही हमने अपनी रेंज को व्यापक कर लिया और इसी कारण हमें बारह अलग-अलग तरह के यार्न से काम करना पड़ा। काम बढ़ जाने के कारण हम अपने ऑपरेटर्स को अच्छा मेहनताना नहीं दे पा रहे थे और काम में दिलचस्पी बनाए रखने के लिए उन्हें प्रोत्साहित भी नहीं कर पा रहे थे। तभी मैंने एक नई तकनीक उपयोग करने का फैसला लिया, जिससे हम ऑपरेटर्स को यार्न की उस श्रेणी के अनुरूप भुगतान करें, जिस तरह वह वर्तमान में काम कर रहा था। इसी योजना को हाथ में लिये-लिये मैं एक बैठक में गई। अपनी इस योजना को मैं मैनेजमेंट के सामने सही साबित करना चाहती थी। मैंने उन्हें इस बात की व्यापक जानकारी दी कि वे कहीं गलत थे, कहीं पर वे पक्षपात कर रहे थे और किस तरह मेरी योजना पर चलकर सबकुछ ठीक किया जा सकता है, लेकिन मैं सफल नहीं हो सकी। नई योजना पर अपनी स्थिति के बचाव में इतनी अधिक व्यस्त हो गई थी कि मैंने उनके लिए पुरानी योजना के संबंधित समस्याओं को स्वीकार करने के लिए कोई संभावना ही नहीं छोड़ी थी। फिर वह विषय बीच में भी अटक गया।

"फिर जब मैंने इस पाठ्यक्रम में बहुत कुछ सीखा, तो मुझे अपनी त्रुटि का ज्ञान हो गया। मैंने एक बार फिर बैठक बुलाई और इस बार मैंने उनसे पूछा कि समस्याएँ कहाँ आ रही हैं, फिर हमने प्रत्येक बिंदु पर विचार-विमर्श किया और मैंने उनसे पूछा कि वह कौन सा सर्वश्रेष्ठ ढंग हैं, जिससे समस्या का हल हो सकता है। बीच-बीच में मैंने भी विनम्रतापूर्वक कुछ परामर्श दिए, लेकिन मैंने सिस्टम को विकसित करने का काम उन्हीं को सौंप दिया। बैठक के आखिर में जब मैंने उनके समक्ष अपनी योजना पेश की, तो उन्होंने पूरे उत्साह से उसे स्वीकार कर लिया।

"अब मुझे इस बात का पूरा विश्वास हो चुका था कि यदि आप किसी आदमी को स्पष्ट रूप से गलत बताते हैं, तो उससे लाभ के स्थान पर हानि ही अधिक होती हैं। ऐसा करके तो आप उसके स्वाभिमान पर आघात करते हैं और खुद को भी उसकी दृष्टि में खराब बना लेते हैं।"

अब यहाँ एक और उदाहरण यहाँ दिया जा रहा है। यह प्रकरण ऐसा है, जो हजारों लोगों के अनुभव हो सकते हैं—न्यूयॉर्क की एक लंबर कंपनी में सेल्समैन आर.वी. क्राउले वर्षों से कटु दिल लंबर इंस्पेक्टरों को यह बताने में लगे थे कि कि वे गलत थे। अनेक बहसों में उसने विजय भी पा ली थी, लेकिन इससे उसे कोई लाभ नहीं हुआ था। क्राउले का कहना था, "लंबर इंस्पेक्टर बेसबॉल के अंपायर की तरह बरताव करते हैं। यदि उन्होंने एक बार कोई फैसला सुना दिया, तो वे इससे टस-से-मस भी नहीं होते।"

तभी मिस्टर क्राउले ने गणित लगाया कि बहस में जीत प्राप्त करने के बावजूद उनकी फर्म को हजारों डॉलर का नुकसान झेलना पड़ रहा है। तभी उन्होंने हमारे पाठ्यक्रम में भाग लिया और बहस करने की तकनीक को छोड़ दिया। इसका परिणाम क्या निकला ? मिस्टर क्राउले ने यह कहानी खुद पूरी कंपनी के सामने सुनाई थी, "एक बार प्रात: ही मेरे फोन की घंटी बज उठी। फोन पर एक गुस्सैल तथा चिंतित आदमी ने मुझे बताया कि हमने उसके प्लांट में जो लंबर सप्लाई की थी, वह एकदम बकवास किस्म की थी। उसकी फर्म ने हमारे बाकी माल को उतरवाने से इनकार कर दिया था और अब वे चाहते थे कि उस स्टॉक को उनके यार्ड से जल्दी-से-जल्दी उठवा लें। लगभग एक-चौथाई माल उतर जाने के बाद लंबर इंस्पेक्टर ने अपनी रिपोर्ट दी थी कि लंबर का स्तर अपेक्षित क्वालिटी से 55 प्रतिशत कम था। इसीलिए वे माल को वापस करना चाहते थे।

"यह बात सुनते ही मैंने तुरंत ही उस फर्म के गोदाम में जाकर सारी स्थिति का

निरीक्षण करने की योजना बनाई। सारे रास्ते मैं इस समस्या से निपटने की रणनीति तैयार करता रहा। इस पाठ्यक्रम में आने से पहले मैंने इस परिस्थिति में बहस की होती, लंबे-चौड़े नियम बता दिए होते, अपने ज्ञान और अनुभव की लंबी-लंबी डींगें हाँकी होतीं, जिससे सामनेवाले इंस्पेक्टर के दिमाग में यह बात घुस जाए कि वह गलत था और मैं सही, लेकिन इस बार मैंने पाठ्यक्रम की अवधि में सीखे गए नियमों का पालन करने का फैसला किया।

"जैसे ही मैं प्लांट मैं पहुँचा, तो मैंने देखा कि प्लांट का व्यवस्थापक तथा लंबर इंस्पेक्टर पूरी तरह बहस करने तथा झगड़ा करने के मूड में थे। मैं उस वाहन के पास गया, जिससे माल को उतारा गया था, फिर मैंने उनसे अनुरोध किया कि वे माल को उतारना जारी रखें, जिससे मैं माल की गुणवत्ता की जाँच ठीक तरह से कर सकूँ, फिर मैंने इंस्पेक्टर से कह दिया कि वह अच्छे तथा बकवास माल को अलग-अलग रखता जाए, जैसा वह मेरे आने से पहले भी कर रहा था।

"कुछ देर तक मैं उसे देखता रहा और फिर समझ गया कि वह नियमों का गलत उपयोग कर रहा था और जाँच भी बहुत निष्ठुर ढंग से कर रहा था। मुझे यह ज्ञात था कि उस इंस्पेक्टर को हॉर्डवुड का अच्छा ज्ञान है, लेकिन सफेद पाइन के बारे में वह अधिक नहीं जानता और यह लंबर सफेद पाइन का था। मैं तो सफेद पाइन का कुशल विशेषज्ञ था, लेकिन फिर भी मैंने उसके कम ज्ञान पर कोई टिप्पणी नहीं की। मैं चुपचाप देखता रहा और जिन टुकड़ों को वह बकवास की श्रेणी में रख रहा था, उन टुकड़ों के बारे में पूछता रहा कि उनमें क्या कमी है। मैंने उस इंस्पेक्टर को एक बार भी यह अनुभव नहीं होने दिया कि वह गलत है। मैं तो बार-बार उसे यही जताता रहा कि मेरे पूछने का कारण केवल यह है कि अगली बार मैं वैसा ही माल भिजवाऊँगा, जैसा उन्हें पसंद है।

"मैं बार-बार उससे यही कहता रहा कि जिन टुकड़ों से वह संतुष्ट नहीं है, उन्हें अलग करता जाए, तो इससे हमारे बीच की दुश्मनी की दीवार पिघलने लगी। मैंने बातों-बातों में उन्हें यह परामर्श भी दे दिया कि संभवत: वे थोड़ा महँगा माल खरीदना चाहते थे, क्योंकि उन्हें इससे अच्छी क्वालिटी चाहिए थी। इससे उनके दिमाग में यह बात आ गई कि उन्होंने जिस ग्रेड के माल का आदेश दिया था, कई रिजेक्टेड टुकड़े उस ग्रेड के माल में बिल्कुल ठीक बैठते थे। फर्म के व्यवस्थापक ने भी इस बात को स्वीकार कर लिया कि उन्हें वास्तव में अच्छे किस्म के और महँगे माल की जरूरत थी। मैं बहुत सतर्क था कि कहीं वह यह न सोचने लगे कि

मैं इसी विषय को मुद्दा बनाकर असली मुद्दे से भटक रहा हूँ।

"फिर धीरे-धीरे उसका दृष्टिकोण बदलने लगा। उस इंस्पेक्टर ने अंतत: यह स्वीकार कर ही लिया कि उसे सफेद पाइन का अधिक ज्ञान या अनुभव नहीं है और फिर तो वह मुझसे ही प्रत्येक टुकड़े के बारे में जानता रहा। मैं भी उसे पूरी जानकारी देता रहा, लेकिन बीच-बीच में यह भी कहता रहा कि यदि उसे कोई टुकड़ा पसंद नहीं है, तो उसे अलग कर दे। अंतत: अब वह उस स्थिति में पहुँच चुका था, जब किसी भी टुकड़े को गलत बताते समय वह अपराध-बोध का अनुभव कर रहा था। फिर वह यह भी समझ गया कि त्रुटि उसी की थी, क्योंकि उसने उस क्वालिटी के माल का आदेश नहीं दिया था, जिसकी उसे जरूरत थी। इसके परिणामस्वरूप मेरे वहाँ से लौटने के पश्चात् उसने एक बार फिर पूरे वाहन के माल की जाँच-पड़ताल की। उसने सारा माल ले लिया और मुझे पूरी राशि का चेक भी भिजवा दिया। थोड़ी सी व्यवहार कुशलता और थोड़ी सी समझ से कि सामनेवाले की त्रुटि को कैसे छुपाया जाए, सिर्फ इन बातों से हमारी कंपनी को दोहरा लाभ हुआ, पहला आर्थिक लाभ एवं दूसरा सद्भावना मिली, जो बहुत अमूल्य थी।"

एक बार मार्टिन लूथर किंग से किसी ने पूछ लिया कि वैसे तो वे शांति के पक्षधर हैं, लेकिन फिर भी देश के सबसे बड़े अश्वेत अधिकारी एयरफोर्स जनरल डेनियल 'चैपी' जेम्स के महान् प्रशंसक हैं, तो उन्होंने तत्काल उत्तर दिया, "मैं लोगों को अपने सिद्धांतों पर न तौलकर, उन्हीं के सिद्धांतों पर तौलता हूँ।"

एक बार इसी तरह जनरल रॉबर्ट ई. ली ने कॉन्फेडरेसी के प्रेसीडेंट जेफरसन डेविस के सामने अपने एक अधीनस्थ अधिकारी की खूब तारीफ की। उनके पास खड़ा एक दूसरा अधिकारी यह सब सुनकर अवाक् रह गया। वह कहने लगा, "जनरल, आप जानते भी हैं कि जिसकी तारीफ के आप झंडे गाड़ रहे हैं, मुक्त कंठ से प्रशंसा कर रहे हैं, वह तो आपके लिए अपने मन में बहुत मैल रखता है और अवसर मिलते ही आपकी आलोचना करने लगता है।" इस पर जनरल ली ने उत्तर दिया, "मुझे सब ज्ञात है, लेकिन प्रेसीडेंट ने उसके बारे में मेरे विचार पूछे थे, मेरे बारे में उसके विचार नहीं पूछे थे।"

जो चीज चाहो, वह चीज मिल जाए, वही सफलता है और जो मिल गई, उसे चाहना ही प्रसन्नता है।

पराजय से निकालें विजय का सूत्र

जोखिम उठाइए! पूरी जिंदगी एक जोखिम है। सबसे आगे निकलनेवाला व्यक्ति सामान्यतया वह होता है, जो कर्म और दुस्साहस के लिए इच्छुक रहता है।

अपने एक हठी तथा चिड़चिड़े खरीदार को कमर्शियल आर्टिस्ट फर्डिनेंड ई. वारेन ने किस तरह से मनाया। मिस्टर वारेन ने हमें यह कहानी इस तरह सुनाई। "प्रकाशन तथा विज्ञापन के लिए ड्राइंग बनाते समय एकदम सटीक तथा चौकस होना बहुत महत्त्वपूर्ण होता है, लेकिन छोटी-छोटी गलतियाँ तब अधिक हो जाती हैं, जब कोई आर्ट एडिटर बहुत शीघ्रता से काम करने के लिए कहता है। मेरी दृष्टि में एक ऐसा आर्ट एडिटर है, जिसे दूसरों की गलतियाँ ढूँढ़ने में ही आनंद आता है। इसलिए जब भी मैं उसके दफ्तर से बाहर आता हूँ तो मेरा मूड बहुत खराब हो जाता है। कारण उसकी आलोचना नहीं है, बल्कि उसके आक्रमण का तरीका है। अभी कुछ समय पहले ही मैंने एक जल्दीवाले काम को तत्काल करके एक एडिटर के पास भिजवाया और उसने मुझे तुरंत दफ्तर आने के लिए कहा। फोन पर ही उसने मुझे बता दिया कि मुझसे कोई त्रुटि हुई थी। जैसा मैंने सोचा था, बिल्कुल वैसा ही हुआ। जैसे ही मैं उसके दफ्तर में पहुँचा, तो मैं समझ गया कि वह खराब मूड में था और मन-ही-मन बहुत प्रसन्न था कि चलो निंदा करने का एक और मौका हाथ आ गया। फिर उसने मुझ पर प्रश्नों की बौछार कर दी, 'मैंने ऐसा क्यों किया' इत्यादि-इत्यादि। मैंने सोचा कि क्यों न आपके पाठ्यक्रम में बताए गए आत्म-आलोचना के पाठ को आजमा लिया जाए ? मैं उससे बोला, 'आप बिल्कुल ठीक कह रहे हैं। त्रुटि मेरी ही है और मैं इसके लिए कोई बहाना भी नहीं बनाना चाहता। मैं बहुत समय से ड्राइंग कर रहा हूँ, फिर भी मुझसे त्रुटि हो गई। मैं वास्तव में खुद पर शर्मिंदा हूँ।'

"ऐसे आश्चर्यजनक रूप से वह तो मेरा बचाव करने लगा, 'हाँ, आप ठीक

कह रहे हैं, लेकिन त्रुटि इतनी भी गंभीर नहीं है। यह तो बस···।'

मैंने उसे बीच में ही टोककर कहा, 'किसी भी त्रुटि के कारण चिढ़ पैदा होना तो स्वाभाविक ही है और त्रुटि तो त्रुटि ही है, चाहे छोटी हो या बड़ी। छोटी-से-छोटी त्रुटि भी कभी-कभी बहुत महँगी साबित होती है।'

"वह फिर से बीच में बोलना चाहता था, लेकिन मैंने उसे बोलने का अवसर ही नहीं दिया। मैं तो जीवन में पहली बार अपनी खुद को आलोचना कर रहा था, इसलिए मुझे बहुत आनंद आ रहा था।

"मैंने आगे कहा, 'मुझे अपने कार्य को सावधानीपूर्वक करना चाहिए था। आप मुझे इतना काम देते हैं, तो मेरा भी तो कर्तव्य बनता है कि मैं सर्वश्रेष्ठ काम करूँ। इसलिए इस ड्राइंग को मैं दुबारा बनाकर दूँगा। यही मेरी त्रुटि का दंड है।'

"उसने विरोध किया, 'नहीं-नहीं, ऐसा करने की कोई जरूरत नहीं है।' फिर वह मेरे काम की तारीफ करने लगा और कहा कि 'मुझे अधिक परेशान होने की जरूरत नहीं है, इसमें सिर्फ एक छोटे से सुधार की जरूरत है। मेरी इस छोटी सी त्रुटि से उसकी फर्म को कोई नुकसान नहीं होगा।'

"मेरे द्वारा खुद की त्रुटि स्वीकार कर लेने से तथा खुद के दोष गिनाने से उसका क्रोध एकदम शांत हो गया। वह मुझे खाने पर ले गया और जाते समय मुझे पूरी धनराशि का चेक देने के साथ-साथ नया काम भी सौंप दिया।"

इस तरह खुद की त्रुटि मानने के लिए तथा खुद अपनी बुराई करने के लिए बहुत बड़ा दिल चाहिए, लेकिन ऐसा करके मनुष्य को आत्म-संतुष्टि जरूर मिलती है। ऐसा करने से न सिर्फ हमारे अंदर का अपराध बोध और सुरक्षात्मकता समाप्त होते हैं, बल्कि साथ-साथ इस त्रुटि के कारण उत्पन्न समस्या भी सरलता से सुलझ जाती है।

अल्बकर्की, न्यू मोक्सिको के बूस हार्वे ने मेडिकल के अवकाश पर गए एक कर्मचारी को भूल से पूरा मेहनताना दे दिया। जब उसे अपनी गलती का पता चला, तो उसने उस कर्मचारी से कह दिया कि वह अगले महीने पूरा मेहनताना एक साथ काट लेंगे, तो फिर वह भारी आर्थिक संकट में फँस जाएगा, इसलिए वह किस्तों में उसके पैसे काट लें, लेकिन ऐसा करने के लिए हार्वे को अपने सुपरवाइजर से अनुमति लेनी होगी और निश्चित ही वह उसपर बहुत क्रोधित हो जाएँगे। तभी हार्वे ने निश्चय किया कि वह सारी परेशानियाँ उसकी अपनी गलती के कारण उत्पन्न हुई हैं, इसलिए उसने कहा कि वह बॉस के सामने अपनी त्रुटि मान लेगा।

"मैंने बॉस के दफ्तर में जाकर उनसे कह दिया कि मुझसे एक बड़ी गलती हो गई है और फिर मैंने सारी कहानी सुना दी। बॉस ने क्रोध में कहा कि वह मेरी नहीं, बल्कि पर्सनल डिपार्टमेंट की त्रुटि है। मैंने फिर दुहराया कि नहीं, मेरी ही त्रुटि है। एक बार फिर बॉस ने उस त्रुटि को दो लोगों के सिर पर मढ़ दिया, लेकिन मैं तब भी बार-बार यही दुहराता रहा कि नहीं त्रुटि मेरी ही थी। अंत में बॉस भी मेरी बात से सहमत होकर कहने लगे, 'चलो ठीक है, त्रुटि तुम्हारी ही थी, इसलिए अब जाकर इसे सुधार लो।' और फिर सारी उलझनें सुलझ गईं और किसी को पता भी नहीं चला। मैं भी बहुत खुश था कि मैंने एक तनावपूर्ण परिस्थिति को इतने आराम से सुलझा दिया था और यह काम मैंने अपना बचाव न करते हुए बहुत साहसिक ढंग से किया था। इस घटना के बाद तो बॉस मेरी अधिक इज्जत करने लगे और मैं बॉस की।"

प्रत्येक बेवकूफ आदमी अपनी त्रुटि को छिपाने के लिए सदैव 100 तरह के बहाने बनाता है और हममें से अधिकतर लोग यही करते हैं, लेकिन यदि आप अपनी त्रुटि मान लेते हैं, तो सामनेवाले की दृष्टि में आप और भी ऊपर उठ जाते हैं तथा इससे आपको आनंद तथा प्रतिष्ठा का भी अनुभव होता है। उदाहरण के लिए, इतिहास ने इस बात को स्पष्ट किया है कि रॉबर्ट ई. ली के बारे में जो सबसे अच्छी बात थी, वह यह थी कि उन्होंने सिर्फ खुद को ही गेटिसबर्ग के युद्ध में पिकेट के आक्रमण के बाद हुई हार के लिए दोषी माना था।

निस्संदेह पिकेट का आक्रमण पश्चिमी संसार के इतिहास में हुआ सबसे शानदार तथा दर्शनीय आक्रमण था। जनरल जॉर्ज ई. पिकेट अपने आप में ही काफी दर्शनीय थे। उनके बाल कंधे तक झूलते रहते थे तथा नेपोलियन की ही तरह वे भी प्रत्येक दिन युद्ध के समय में ही भावनात्मक उत्कटता से भरपूर प्रेमपत्र लिखते थे। उनके सैनिकों ने उस दर्दनाक जुलाई की दोपहर को उनका जोश और साहस बढ़ाते हुए नारे लगाए। पिकेट यूनियन लाइंस की ओर तीव्रता से आगे बढ़ने लगा तथा पूरी सेना उसके पीछे-पीछे चल दी। यह दृश्य वास्तव में बहुत साहसिक, बहुत भव्य था। जिसने भी यह दृश्य देखा, उसने मुक्त कंठ से इसकी प्रशंसा की थी।

पिकेट की सेना आसानी से आगे की ओर बढ़ती गई। पूरे समय दुश्मन की तोप के गोले उनकी सेना को लक्ष्य बनाए हुए थे, लेकिन वे बिना किसी भय या चिंता के आगे बढ़ते रहे। तभी सीमेटरी रिज की पत्थर की दीवार के पीछे से संघीय सेना ने अचानक ही पिकेट की सेना पर गोलाबारी प्रारंभ कर दी। इस समय पहाड़ी

की चोटी तो ज्वालामुखी की तरह धधक रही थी। कुछ ही मिनटों के अंदर पिकेट के सारे ब्रिगेड कमांडर मारे गए और 5000 सैनिकों की सेना में से केवल 1000 सैनिक ही बच पाए। चारों ओर मौत का तांडव नृत्य चल रहा था।

जनरल ल्युइस ए. आर्मिस्टीड ने अंतिम आक्रमण में सैनिकों का नेतृत्व किया। वे आगे बढ़कर पत्थर की दीवार पर चढ़ गए और अपनी तलवार की नोंक पर अपनी टोपी को लहराते हुए चीखने लगे, "मेरे वीर सैनिको! उन्हें मजा चखाकर ही साँस लेना।"

सैनिकों ने भी उनकी आज्ञा का पालन किया। दीवार को लाँघकर शत्रुओं पर संगीनों से वार किया तथा सीमेटरी रिज पर दक्षिण के झंडे गाड़कर ही दम लिया। यह कामयाबी के झंडे मात्र एक-दो मिनट ही वहाँ रहे, लेकिन ये कुछ पल ही इतिहास में स्वर्ण अक्षरों में लिखे गए। 'ली' नाकामयाब हो गए थे और पिकेट का आक्रमण अद्‌भुत तथा साहसिक होने के साथ-साथ अंत की शुरुआत थी।

यह सब देखकर 'ली' को बहुत धक्का लगा। वे बहुत दु:खी थे और इसलिए उन्होंने अपना त्याग-पत्र भिजवा दिया तथा संघ के प्रेसीडेंट जेफरसन डेविड से कहा कि "वे उनके स्थान पर किसी नौजवान तथा अधिक कुशल आदमी को नियुक्त कर दें।" ली चाहते तो वे भी इस युद्ध की पराजय का दोष किसी अन्य के सिर थोपकर कई बहाने अपने बचाव में बना सकते थे। वास्तव में गलतियाँ उनके सैनिकों से भी हुई थीं, उनके कई डिवीजन कमांडरों ने उनसे विश्वासघात भी किया था।

लेकिन जनरल 'ली' ने अपनी महानता को साबित करते हुए सारा दोष अपने सिर पर ले लिया था, जब पिकेट के हताश तथा खून से सने सिपाही वापस आए, तो रॉबर्ट ई. ली उनसे अकेले में मिले थे और उनका अभिनंदन उन्होंने खुद की आलोचना के साथ किया था। उन्होंने साफ कह दिया, "सारी त्रुटियाँ मुझसे ही हुई हैं। इस पराजय के लिए मात्र मैं ही जिममेदार हूँ।"

सारे इतिहास में संभवत: ही किसी और ने इतने विशाल हृदय तथा दृढ चारित्रिक विशेषताओं का परिचय दिया होगा।

हमारे पाठ्यक्रम में हांगकांग के माइकल च्यांग भी पढ़ाते हैं। उन्होंने हमें बताया कि किस तरह चीन की संस्कृति अनेक बार कुछ खास समस्याओं को जन्म देती है और फिर किस तरह नए सिद्धांतों को अपनाकर लाभ होता है। उनकी कक्षा में एक ऐसा सदस्य भी था, जिसका अपने बेटे के साथ बहुत समय से मतभेद और

मनमुटाव चल रहा था। पिता पहले अफीम के अभ्यस्त थे, लेकिन अब वे यह आदत छोड़ चुके थे। चीन की एक प्राचीन परंपरा के अनुसार पिता कभी भी पहले माफी माँगने के लिए कदम नहीं उठाते। इसीलिए पिता चाहते थे कि माफी की पहल पुत्र की ओर से ही हो। उन्होंने बताया कि अपने पोते-पोतियों को उन्होंने अभी तक देखा भी नहीं है और इसके लिए वे तड़प रहे हैं। इसीलिए वे चाहते हैं कि उनके पुत्र और उनके बीच संधि हो जाए। कक्षा के सारे सदस्य भी चीन के ही थे, इसलिए वे भली-भाँति समझ सकते थे कि सदियों से चली आ रही परंपरा और उनकी इच्छा में कितना भयंकर संघर्ष चल रहा होगा। पिता सोचते थे कि वह तो बड़ा है और उसके बेटे को चीन की परंपरा का भली-भाँति ज्ञान है कि कैसे हमारे यहाँ बुजुर्गों का सम्मान किया जाता है। इसीलिए उन्हें पूरी आशा थी कि एक दिन उनका बेटा आएगा और अपनी गलती की माफी माँगेगा।

यह बात पाठ्यक्रम के शुरू के दिनों की थी। उसी पाठ्यक्रम के अंत में उसी पिता ने एक बार फिर पूरी कक्षा को संबोधित करते हुए कहा, "मैंने डेल कारनेगी की इस कक्षा में सीखा है कि यदि गलती आपकी हो, तो उसे तुरंत मान लेना चाहिए। वैसे तो अब अपनी त्रुटि मानने के लिए बहुत देर हो चुकी है, लेकिन फिर भी मैं अपनी त्रुटि को मानने के लिए तैयार हूँ। मुझसे ही अपने बेटे के साथ अन्याय हुआ है। त्रुटि मेरी ही थी। इसमें उसका काई दोष नहीं है कि वह मुझसे नाराज है। वैसे तो बेटे से माफी माँगना हमारी परंपरा में सम्मिलित नहीं है, लेकिन जब त्रुटि मेरी थी, तो उसे मानने में कैसी शर्म, कैसी परंपरा?" पूरी कक्षा उनकी महानता के आगे झुक गई। सभी ने खूब तालियाँ बजाईं और उनका समर्थन किया। उन्होंने ही बताया कि किस तरह वे अपने पुत्र के घर गए और उनके संबंधों में फिर से मधुरता घुल गई। अब उनका अपनी बहू तथा पोते-पोतियों को देखने का सपना भी सच हो चुका है।

'अल्बर्ट हबार्ड' देश के बहुत सम्मानित तथा प्रसिद्ध लेखक थे। कभी-कभी उनके वाक्यों की चुभन से लोगों की भावनाएँ भड़क उठती थीं, लेकिन हबार्ड में लोक व्यवहार की दुर्लभ कला कूट-कूटकर भरी थी। यदि कोई पाठक उनके लेख से चिढ़कर यह लिखता था कि वह उनके उस लेख में अभिव्यक्त विचारों से बिल्कुल भी सहमत नहीं है तथा आखिर में वह लेखक में कमी भी निकाल देता था, तो हबार्ड उस पत्र का उत्तर इस तरह से देते थे, "यदि ध्यानपूर्वक देखा जाए तो आज की तारीख में मैं खुद ही अपने उस लेख के विचारों से पूर्णतया सहमत नहीं

हूँ। मैं जो कुछ भी आज लिखता हूँ, अगले दिन वही मुझे अच्छा नहीं लगता। मैं मन से आपका आभारी हूँ कि आपने अपने विचार लिखकर भेजे। मुझे प्रसन्नता होगी कि आप और मैं किसी दिन इस विषय पर विस्तारपूर्वक चर्चा करें। हाँ, अभी इस समय में दूर से ही आपको नमस्ते करता हूँ।

आपका अपना…

अब आप खुद ही सोचिए कि इस तरह का उत्तर पाकर क्या कोई उस व्यक्ति के बारे में कुछ गलत सोच सकता है?

मेरे घर के समीप ही एक घना जंगल था। उसमें बहुत ऊँचे-ऊँचे पेड़ थे। बसंत के मौसम में तो यहाँ पर ब्लैकबेरी की घनी झाड़ियाँ सफेदी की छटा सब ओर बिखेर देती थीं, लंबी-लंबी घास उग जाती थी और गिलहरियाँ अपने-अपने घर बना लेती थीं। इस खूबसूरत जंगल का नाम 'फॉरिस्ट पार्क' था और यह बिल्कुल वैसा ही दिखता था, जैसा कि यह उस समय दिखता होगा, जब कोलंबस ने अमरीका को खोज निकाला था। आम तौर पर मैं इस खूबसूरत से जंगल में अपने छोटे से बोस्टन बुलडॉग रैक्स को घुमाने के लिए ले जाया करता था। रैक्स बहुत ही मैत्री भाव का एक ऐसा कुत्ता था, जो किसी को भी हानि नहीं पहुँचा सकता था। इसलिए मैं जंगल में उसे खुला छोड़ देता था, क्योंकि वहाँ पर हम दोनों के अलावा कोई भी नहीं होता था।

एक दिन अचानक हमें उस जंगल में एक पुलिसवाला मिल गया, जो बलात् अपनी सत्ता का प्रदर्शन करना चाहता था। फिर तो पुलिसवाले को जैसे मुनासिब अवसर मिल गया था। मुझे फटकारते हुए वह बोला, "आपने कुत्ते को खुला क्यूँ छोड़ रखा है? इसे चेन से क्यों नहीं बाँधा? क्या आपको नहीं पता कि यह कानून के विरुद्ध है?

मैंने बड़े धीमे स्वर मैं उत्तर दिया, "हाँ, मुझे ज्ञात तो है, लेकिन मुझे ज्ञात है कि यह यहाँ पर किसी को हानि नहीं पहुँचाएगा।"

पुलिसवाला तो जैसे इसी अवसर की खोज में था। वह मुझ पर बरसा, "आपको ऐसा लगता है, आपको वैसा लगता है, लेकिन कानून को इस बात से क्या मतलब कि आपको क्या लगता है? जानवर ही तो है, यदि बिगड़ गया तो किसी बच्चे को भी काट सकता है या फिर किसी गिलहरी को भी मार सकता है। इस बार तो मैं आपको छोड़ रहा हूँ, लेकिन यदि अगली बार ऐसा हुआ तो मैं आपको और आपके कुत्ते दोनों को न्यायालय के कठघरे तक अवश्य पहुँचा दूँगा।" मैंने भी आगे

से कभी भी ऐसी त्रुटि न करने का विश्वास दिलाया।

और फिर मैंने काफी दिनों तक अपना वादा निभाया, लेकिन फिर वही पुरानी आदत, रैक्स को चेन में बँधना तो बिल्कुल भी पसंद नहीं था और मैं भी अपने प्यारे कुत्ते की इच्छा के विरुद्ध नहीं जाना चाहता था। इसलिए हमने फैसला भाग्य के हाथों में सौंप दिया। बहुत दिनों तक सबकुछ ठीक-ठाक चलता रहा। रैक्स और मैं स्वतंत्रता से घूमते रहे, लेकिन एक दिन में और रैक्स एक पहाड़ी पर दौड़ लगा रहे थे, तभी मेरी दृष्टि उसी पुलिसवाले पर पड़ गई। रैक्स भी आगे की ओर सीधे पुलिस अधिकारी की दिशा में दौड़ रहा था।

मुझे पता था कि मैं बुरी तरह से घिरा हुआ था। इसलिए मैंने पुलिसवाले के बोलने से पहले ही कहना शुरू कर दिया, "सॉरी आफिसर, आपने मुझे रंगे हाथों पकड़ लिया है। मैं अपना अपराध स्वीकार करता हूँ। अब मैं न तो कोई सफाई देना चाहता हूँ, न ही कोई बहाना बनाना चाहता हूँ। आपने तो मुझे पहले भी चेतावनी दे दी थी, लेकिन त्रुटि मेरी ही है, मैंने आपकी बात का अनुसरण नहीं किया।"

इस पर पुलिसवाला थोड़े धीमे स्वर में बोला, "मुझे ज्ञात है कि प्रत्येक आदमी अपने कुत्ते को बिना बाँधे ही घुमाना चाहता है, खास रूप से जब स्थान एकदम सूना हो।"

मैंने भी उत्तर दिया, "सर, अच्छा लगने से क्या होता है? मैंने कानून को तोड़ा है।"

"लेकिन इतना छोटा सा, प्यारा सा कुत्ता किसी को क्या हानि पहुँचा सकता है?" पुलिसवाला बोला।

"लेकिन सर, यह गिलहरियों को तो मार ही सकता है।" मैं बोला।

फिर उसने कहा, "संभवतः आपने मेरी बातों को अधिक ही गंभीरता से ले लिया है। आप अपने कुत्ते को मुझ से दूर लेकर चले जाएँगे और फिर हम दोनों ही इस बात को भूल जाएँगे।"

अब आप समझे, पुलिसवाले भी आदमी ही होते हैं। वह तो मुझ पर रोब जमाकर खुद को महत्त्वपूर्ण साबित करना चाहता था, लेकिन मैंने जब खुद को ही दोषी मान लिया, तो वह भी अपना आत्मसम्मान दरशाते हुए दयालु और उदार बन गया, लेकिन यदि मैं बहस करता, अपनी बात पर अड़ा रहता, तो फिर इसका परिणाम दूसरा ही होता। वैसे ही पुलिसवालों से बहस में तो कोई जीत ही नहीं सकता। उसके साथ शाब्दिक तर्क-वितर्क करने के स्थान पर मैंने खुद को ही गलत

मान लिया और उसे सही। मैंने अपनी त्रुटि तुरंत ही पूरे उत्साह से मानी थी।

फिर वह मेरा पक्ष लेने लगा और मैं उसका, जबकि उसी पुलिसवाले ने कुछ दिनों पहले मुझे कठघरे तक ले जाने की बात कही थी।

अब आप भी इस तकनीक का उपयोग करके अवश्य देखें। बेहतर होगा कि आप पहले ही अपनी त्रुटि मान लें, अपनी बुराई करना शुरू कर दें। बजाय इसके कि सामनेवाला आपकी गलतियाँ बताकर आपको डाँटे। अपनी उन सारी गलतियों को मन में स्वीकार कर लें, जिनके लिए आपको डाँट पड़नेवाली है। यदि आप ऐसा करेंगे तो सामनेवाला भी आपके प्रति उदार होकर आपको माफ कर देगा, जैसा कि उस पुलिसवाले ने किया था। दस में से नौ बार तो ऐसा होगा ही।

जो लोग अपने दायित्वों के प्रति चिंतित हैं, उनको चिंता छोड़कर उस दौलत के बारे में सोचना चाहिए, जिसको वे पा सकते हैं।

◻

विरोधियों को पक्षधर बनाना कितना आसान

दुनिया में सबसे महत्त्वपूर्ण चीजों में से अधिकांश दुनिया के उन लोगों द्वारा बनाई गई हैं, जो कोशिश में लगे रहे, जबकि कोई उम्मीद नजर नहीं आ रही थी।

संसार के महानतम वकीलों में से एक डेनिमल वेबस्टर ईश्वर की तरह दिखते तथा देवदूतों की तरह बोलते थे। वे अपने सशक्त तर्कों को इस शैली में पेश करते थे, 'इस बात पर ज्यूरी को ध्यान देना चाहिए।' 'इससे संभवत: यह पता चलता है', 'ये तथ्य हमें याद रखने चाहिए', 'आप जैसे गुणी लोग इन तथ्यों को सरलता से समझ सकते है' इत्यादि-इत्यादि। न कोई आक्रामकता, न कोई दबाव और न ही अपने विचारों को दूसरों पर लादने की कोई इच्छा। अपनी इसी मैत्रीपूर्ण, मृदु तथा शांत शैली के कारण वेक्टर इतने सफल तथा महान् वकील बन पाए हैं। आवश्यक नहीं कि आपकी भी हड़ताल समाप्त करवानी पड़े या किसी मुकदमे की पैरवी करनी पड़े, लेकिन आपको अपना किराया तो कम करवाना पड़ सकता है। तब यह दोस्ताना शैली आपके बहुत काम आएगी।

पेशे से इंजीनियर ओ.एल. स्ट्रॉब अपने मकान का किराया कम कराना चाहते थे, लेकिन हमारी कक्षा में बताया, "मैंने मकान मालिक को लिख दिया कि लीज समाप्त होते ही मैं उनका मकान खाली करना चाहता हूँ, लेकिन सच में मैं ऐसा नहीं चाहता था। मैं तो प्रसन्नतापूर्वक नहीं रहता, यदि मेरा किराया थोड़ा कम हो जाता, दूसरे किराएदारों ने भी मुझसे पहले कोशिश की थी, लेकिन वे नाकामयाब रहे थे। तभी मैंने खुद से कहा, 'मैं लोक व्यवहार का पाठ्यक्रम कर रहा हूँ, इसलिए मैं अपने सिद्धांतों का उपयोग अपने मकानमालिक पर भी करके देखूँगा।'

"पत्र पाकर वह अपने सेक्रेटरी के साथ मुझसे मिलने आ गया। मैंने गेट पर

उनका अभिवादन किया तथा उन्हें अंदर आने के लिए आमंत्रित किया। सद्भाव और उत्साह मेरे बरताव से स्पष्ट झलक रहे थे। मैंने यह कहने की भूल नहीं की कि किराया बहुत अधिक है। मैं तो उनके घर की तारीफ करने लगा। मैंने खुले मन से उनके मकान की तारीफ की। कहा कि वास्तव में वे अपने मकान की बहुत अच्छी तरह देखभाल करते हैं। इसके बाद मैंने उनसे कहा कि मैं तो अनेक वर्षों तक ऐसे मकान में रहना चाहूँगा, लेकिन इतना अधिक किराया देना मेरे बस की बात नहीं है।

"स्पष्ट था कि किसी भी किराएदार ने उनसे इस तरह बात नहीं की होगी। अब वह मकान मालिक खुद ही नहीं समझ पा रहा था कि ऐसी परिस्थिति में वह क्या करे। उसने फिर मुझे अपनी कठिनाइयों से अवगत कराया कि कैसे किराएदार उन्हें शिकायतें कर-करके परेशान करते थे। एक किराएदार ने तो उन्हें अनेक अशिष्टता भरे पत्र भी लिखे थे, जो उनके पास आज भी सुरक्षित हैं। उसने कहा, 'आपकी तरह के हँसमुख तथा संतुष्ट किराएदार को कौन नहीं रखना चाहेगा' और फिर उसने अपने आप ही मेरा किराया कम कर दिया। जब वह जाने लगा तो मैंने उससे पूछ लिया कि वह अपने घर में किस तरह की सजावट पसंद करेगा?

"अब यदि मैंने भी दूसरे किराएदारों की तरह बुरा-भला कहकर जबरदस्ती किराया कम करवाना चाहा होता तो मैं भी सफल नहीं हो पाता। सफल तो मैं मैत्रीपूर्ण, तारीफात्मक तथा सहानुभूतिपूर्ण ढंग अपनाकर हुआ था।"

पेनसिल्वेनिया के पिट्सबर्ग में रहनेवाले डीन वुडकॉक स्थानीय इलेक्ट्रिक कंपनी के एक डिपार्टमेंट में अधीक्षक हैं। उनके स्टाफ को एक खंभे पर लगे किसी उपकरण को ठीक करने का काम मिला। इस तरह का काम पहले किसी दूसरे डिपार्टमेंट को अभी-अभी मिला था। उनके कर्मचारियों ने इस काम का प्रशिक्षण तो लिया था, लेकिन वास्तव में यह काम करने का अवसर उन्हें पहली बार मिला था। कंपनी का प्रत्येक आदमी यह देखना चाहता था कि वे इस काम को कर भी सकते हैं या नहीं? और यदि करते भी हैं, तो किस तरह से करते हैं? अनेक कार तथा ट्रकवाले वहाँ पर खड़े थे और बहुत से लोग खंभे पर चढ़े दोनों लोगों को देखने के लिए वहाँ पर इकट्ठे हो गए थे।

तभी वुडकॉक ने एक आदमी को कार से उतरते हुए देखा, जिसके हाथ में एक कैमरा भी था। उनकी कंपनी सार्वजनिक छवि को लेकर बहुत सजग थी। तभी वुडकॉक के मन में विचार आया कि इस कैमरामैन को कहीं यह न लगने लगे कि दो आदमियों के काम के लिए इतने लोग इकट्ठा हो रहे हैं। यह फोटोग्राफर के पास

जाकर बोला, "संभवत: आपको हमारे काम में बहुत अधिक दिलचस्पी है।" वह आदमी बोला, "बिल्कुल, मेरी माँ तो इस काम में और भी अधिक दिलचस्पी लेंगी। वे आपकी कंपनी की स्टॉकहोल्डर हैं। इससे उनकी आँखें खुल जाएँगी। मैंने पहले भी उन्हें समझाया था कि वे आपकी कंपनी में निवेश न करें, लेकिन अब क्या लाभ। अखबारवालों को भी ये फोटो अवश्य पसंद आएँगी।"

"आप बिल्कुल ठीक कह रहे हैं। आपके स्थान पर यदि मैं होता, तो मैं भी ऐसा ही सोचता, लेकिन यह तो एक खास परिस्थिति है।" और फिर वुडकॉक ने उसे बताया कि यह तो उनके डिपार्टमेंट का पहला पत्र है। यही कारण है कि उनकी कंपनी के सभी अधिकारी और कर्मचारी भी इस काम में पूरी दिलचस्पी ले रहे हैं, फिर उन्होंने उस आदमी को बताया कि सामान्य परिस्थितियों में सिर्फ दो ही आदमी यहाँ पर काम कर रहे होते। यह सुनकर तो फोटोग्राफर जैसे शांत हो गया। उसने कैमरा रखकर मुझसे हाथ मिलाया तथा मुझे धन्यवाद कहा कि मैंने इतनी इच्छी तरह से पूरा मामला उसे समझा दिया था।

डीन वुडकॉक की मित्रतापूर्ण शैली ने उनकी कंपनी की साख बचाए रखने में बहुत मदद की थी।

हमारी कक्षा के एक अन्य सदस्य न्यू हैंपशायर के जेराल्ड एच. विन ने हमें बताया कि किस तरह मैत्रीपूर्ण शैली के कारण उन्हें एक 'डेमेज क्लेम' पर संतोषजनक सेटलमेंट प्राप्त हो सका था।

उन्होंने हमें बताया, "बसंत ऋतु के प्रारंभ में पृथ्वी जब बर्फ से ढकी हुई थी, तभी अचानक भारी बारिश हुई, फिर निकटस्थ नालियों में बहनेवाला पानी इस क्षेत्र में घुस आया, जिसमें मैंने अभी कुछ दिनों पहले ही घर बनवाया था। पानी निकलने का कोई भी स्थान न होने के कारण घर की नींव के चारों ओर दबाव पड़ने लगा तथा पानी कंक्रीट बेसमेंट फ्लोर को तोड़ता हुआ अंदर तक आ गया और फिर सारे बेसमेंट में पानी भर गया। इससे मुझे बहुत हानि हुई और इस हानि की भरपाई करने के लिए मुझे 2,000 डॉलर से भी अधिक की जरूरत थी, लेकिन मेरे पास इस तहह की हानि की भरपाई करने हेतु कोई बीमा भी नहीं था।

"लेकिन जल्दी ही मुझे इस बात का ज्ञान हो गया कि इस सबडिवीजन के मालिक ने घर के पास स्टॉर्म ड्रेन नहीं बनवाया था। यदि उसने स्टॉर्म ड्रेन बनवाया होता तो इस तरह की समस्या नहीं आती, फिर मैंने उससे मुलाकात का समय निश्चित किया। रास्ते में मैं योजना बनाता रहा कि कैसे बिना क्रोध किए तथा

पाठ्यक्रम के। नियमों का पालन करते हुए पूरी समस्या को सुलझाया जा सकता है। जब मैं वहाँ पहुँचा, तो मैं शांत रहा और प्रारंभ में मैंने उससे उसकी हाल की वेस्टइंडीज यात्रा के बारे में जानना चाहा, फिर थोड़ी देर बाद मैंने उसे बताया कि पानी के कारण मेरा थोड़ा-बहुत नुकसान हुआ है। वह तुरंत मान गया कि उस समस्या से निबटने में यह उसे पूरा सहयोग देगा।

"फिर कुछ दिनों बाद वह आया और कहने लगा कि वह जल्दी ही स्टॉर्म ड्रेन बनवा देगा, जिससे भविष्य में ऐसी हानि न हो और साथ ही उसकी हानि की भी भरपाई कर देगा।

"वैसे तो त्रुटि उस सबडिवीजन के मालिक की ही थी, लेकिन यदि मैंने जाते ही उसकी त्रुटि उसे बता दी होती और मैत्रीपूर्ण ढंग से बात न की होती, तो वह कभी भी इतनी आसानी से नहीं मानता।"

वर्षों पहले की बात है, जब उत्तर-पश्चिमी मिसूरी में पढ़नेवाले देहाती बालकों की तरह मैं भी नंगे पैर जंगल से होकर जाया करता था। बाल्यावस्था में मैंने भी हवा तथा सूर्य की नीति-कथा पढ़ी थी। दोनों के बीच बहस इस बात को लेकर हो रही थी कि कौन अधिक शक्तिशाली है। हवा बोली, "मैं यह बात सरलता से साबित कर सकती हूँ कि मैं ही अधिक शक्तिशाली हूँ। वह आदमी जो कोट पहनकर जा रहा है, मैं उसके कोट को तुमसे जल्दी उतरवा सकती हूँ।"

सूर्य बादलों की ओट में छिप गया और हवा तूफानी गति से बहने लगी। लेकिन हवा जितनी तेजी से चलती थी, वह आदमी उस कोट को उतना ही कसकर जकड़ लेता था। अंत में हवा ने अपनी पराजय स्वीकार कर ली और फिर वह अपनी सामान गति से चलने लगी। सूर्य भी बादलों की ओट से बाहर आ गया और उस आदमी पर दयाभाव दिखाते हुए हँसने लगा। उस आदमी ने अपना पसीना पोंछा और कोट उतार दिया। तब सूर्य देवता ने हवा को समझाया कि क्रोध और बल के स्थान पर दोस्ती तथा दयाभाव रखकर कोई भी काम सरलता से करवाया जा सकता है।

जिन लोगों के दिमाग में यह बात आ चुकी है कि एक गैलन सिरके से अधिक शक्ति एक बूँद शहद में होती है, एक बूँद शहद तो बीसियों मक्खियों को अपनी ओर आकर्षित कर लेता है, वे अवश्य ही विनम्र तथा मैत्रीपूर्ण शैली का उपयोग करते हैं।

एक बार लूथरविले, मैरीलैंड के निवासी एफ. गैल. कॉनर अपनी चार-पाँच

महीने पुरानी कार को कार डीलर के सर्विस डिपार्टमेंट में तीसरी बार लेकर गए, तो उन्होंने भी इसी तकनीक का उपयोग किया था। उन्होंने हमारी क्लास में अपना अनुभव इस तरह बताया, "यह बात तो स्पष्ट थी कि सर्विस व्यवस्थापक से बहस करने, तर्क-वितर्क करने या चीखने-चिल्लाने से मेरी समस्या का कोई हल नहीं निकल पाता। मैंने शोरूम में जाकर एजेंसी के मालिक मिस्टर व्हाइट से मिलने का विनम्र अनुरोध किया। बहुत देर प्रतीक्षा करने के बाद मुझे उनके दफ्तर में भेजा गया। मैंने उन्हें बताया कि मैंने उनकी एजेंसी से कार इसलिए खरीदी थी, क्योंकि मेरे कुछ सहयोगियों ने कुछ ऐसा करने का परामर्श दिया था। उन्होंने बताया था कि आपकी कीमतें एकदम उपयुक्त हैं और सेवा भी एकदम चुस्त-दुरुस्त है। मेरा इतना कहना था कि श्रीमान् व्हाइट का चेहरा कमल की तरह खिल उठा। बाद में मैंने सारी समस्या उनके सामने रख दी, 'मुझे ऐसा लगता है कि आप ऐसी स्थिति को अवश्य जानना चाहेंगे, जिससे आपकी प्रतिष्ठा पर दाग लग सकता है। उन्होंने मुझे ऐसा करने के लिए धन्यवाद दिया और समस्या में निजी दिलचस्पी लेते हुए मेरी कार की सर्विस ठीक तरह से करवाई, फिर उतने समय के लिए मुझे अपनी कार भी उधार दे दी, जिससे कहीं आने-जाने में मुझे कठिनाई न हो।"

ईसप एक ग्रीक दास थे तथा वे क्रॉसियस के दरबार में रहा करते थे। उन्होंने ईसा मसीह से 600 साल पहले अपनी अमर कथाएँ लिखी थीं। मानव-स्वभाव की जिन सच्चाइयों को उन्होंने 26 सदी पहले एथेंस में लिखा था, वे सच्चाइयाँ आज के बॉस्टन तथा बर्मिंघम में भी उतनी ही खरी उतरती हैं। हवा के स्थान पर सूर्य में कोट उतरवाने की अधिक क्षमता है, वैसे ही क्रोध या निंदा के स्थान पर दयालुता, मित्रतापूर्ण शैली तथा तारीफात्मक रवैया अपनाकर लोगों की मानसिकता को अधिक शीघ्रता से बदला जा सकता है।

यदि आप क्रोध से दहक रहे हैं और तभी आप सामनेवाले को खरी-खोटी सुना देते हैं, तो इससे आपके मन का गुबार तो निकल जाएगा, लेकिन सोचिए, उस बेचारे पर क्या बीतेगी? क्या वह भी आपके जितना खुश होगा? और सबसे अधिक काम की बात यह कि क्या आपके क्रोध से वह आपकी बात मान लेगा?

वुडरो विल्सन ने भी कहा था, "यदि आप मेरी ओर मुक्का तानकर बढ़ते हैं, तो मैं भी तो अपना मुक्का तान सकता हूँ, लेकिन यदि आप प्यार से शांतिपूर्वक मुझसे यह कहते हैं कि क्यों न हम मिल-बैठकर अपने आपसी मतभेदों को मिटाने का प्रयास करें, तो इससे सुखद परिणाम सामने आएँगे। अनेक विषयों पर दोनों के

विचार समान होंगे और जहाँ असमानता होगी, वहाँ पर भी धैर्य से काम लेने पर कोई–न–कोई हल अवश्य निकल आएगा।"

जॉन डी. रॉकफेलर, नूजनियर इस बात का एक ज्वलंत उदाहरण हैं। सन् 1915 में रॉकफेलर को कॉलोरेडो के लोग नफरत भरी दृष्टि से देखते थे। दो वर्षों से रॉकफेलर की कंपनी में हड़ताल चल रही थी। अमरीकी इतिहास में संभवतः यह सबसे भयानक हड़ताल थी। क्रोध से बौखलाए श्रमिक कॉलोरेडो फ्यूल एंड आयरन कंपनी से अधिक मेहनताना की माँग कर रहे थे। उस कंपनी की सारी बागडोर रॉकफेलर के हाथ में थी। श्रमिकों ने तोड़–फोड़ आरंभ कर दी और इसके लिए पुलिस–बल का उपयोग करना पड़ा। बहुत जान–माल की हानि हुई। खूब गोलियाँ चलीं और अनेक की मौत हो गई।

इतनी नफरत के बीच भी रॉकफेलर हड़ताल करनेवालों से अपनी बात मनवाना चाहते थे तथा उन्होंने ऐसा किया भी, लेकिन कैसे? यहाँ पेश है सिलसिलेवार घटना—

अनेक दिनों तो रॉकफेलर ने दोस्त बनाने में लगा दिए, फिर उन्होंने हड़तालियों के प्रतिनिधियों को संबोधित किया। उनके इस अद्‌भुत भाषण के आश्चर्यजनक परिणाम सामने आए। इसी भाषण से नफरत की सारी तूफानी लहरें शांत हो गईं, वही लहरें जो रॉकफेलर को डुबोना चाहती थीं, उनके प्रशसंकों की संख्या बढ़ गई। सारे तथ्यों को समझने के बाद श्रमिकों ने हड़ताल समाप्त करके काम पर आने का निश्चय कर लिया और सबसे बड़ी बात यह कि जिस बात पर सारा बवाल मचा था कि उनका मेहनताना बढ़ाया जाए, उसके बारे में तो उन्होंने बात तक भी नहीं की।

इस ऐतिहासिक भाषण में दोस्ती की झलक है। रॉकफेलर उन लोगों से बात कर रहे थे, जो उन्हें जान से मार डालना चाहते थे; लेकिन रॉकफेलर ने उन्हें इतने मैत्रीपूर्ण ढंग से उदारतापूर्वक संबोधित किया, जैसे भाषण में इस तरह के वाक्यों का उपयोग किया, 'मुझे यहाँ आकर बहुत गर्व और प्रसन्नता की अनुभूति हो रही है। मैं आपके घरों में मेहमान के तौर पर गया था', 'मैं आपकी पत्नी तथा अन्य सदस्यों से मिल चुका हूँ। हम कोई अजनबी नहीं, बल्कि दोस्त हैं', इत्यादि।

अपने भाषण को रॉकफेलर ने इस तरह प्रारंभ किया, "मेरे जीवन का यह अत्यंत महत्त्वपूर्ण दिन है। पहली बार मुझे इस कंपनी के कर्मचारी प्रतिनिधियों से मिलने का सुअवसर प्राप्त हुआ है। इस भेंट को मैं सदैव याद रखूँगा। पिछले सप्ताह मैं दक्षिणी कोयला क्षेत्र के सारे कैंपों में घूम चुका हूँ और आप सभी के घरों

में जाकर आपके परिवार के सभी सदस्यों से निजी रूप से मिल चुका हूँ। हमारी मुलाकात अजनबियों जैसी नहीं, बल्कि मित्रों जैसी है। इसीलिए मैं आपके तथा अपने हितों के बारे में आपसे कुछ चर्चा करना चाहता हूँ।"

तो क्या यह उदाहरण एक प्रमाण नहीं है कि शत्रुओं को भी दोस्त कैसे बनाया जाता है।

अब जरा दूसरे ढंग से सोचिए। रॉकफेलर ने दूसरी शैली ही अपनाई होती और सारा दोष हड़तालियों के सिर मढ़ दिया होता, उनके विनाशकारी तथ्यों को बढ़ा-चढ़ाकर बताया होता और उन्हें धमका दिया होता, तो क्या होता ? समझ लीजिए कि वे सारे तथ्यों को जोड़-तोड़कर उन श्रमिकों को गलत भी साबित कर देते, तो भी परिणाम दुःखद ही होता। दोनों पक्षों में पहले तनाव बढ़ता, फिर नफरत और फिर विद्रोह भड़क उठता।

तर्कशास्त्र के माध्यम से आप किसी भी आदमी के मन में जमी दुर्भावना के मैल को नहीं धो सकते। फटकारनेवाले बॉस, डाँटनेवाले माँ-बाप, चिड़चिड़े पति-बीवी बदलते। शक्ति के बल पर तो वे कभी भी आपसे एकमत हो ही नहीं सकते। हाँ, यदि आप उनसे विनम्रतापूर्वक या मैत्रीपूर्ण बात करें, तो वे आपकी बात का मान अवश्य रख सकते हैं।

इसी बात को अब्राहम लिंकन ने वर्षों पहले इस तरह कहा था, "एक सच्ची तथा पुरानी कहावत है, 'एक बूँद शहद को जितनी मक्खियाँ पकड़ सकती हैं, एक गैलन सिरका नहीं।' ठीक उसी तरह यदि आप किसी के मन पर राज करना चाहते हैं, तो उसे पहले अनुभूति दिलाइए कि आप उसके शत्रु नहीं, बल्कि दोस्त हैं। यही तो वह शहद की एक बूँद है, जो उसे आपके प्यार में बंदी कर लेगी और यही वह आसमान सी रात है, जिसके द्वारा आप उसे अपने विचारों से सहमत करा सकते हैं।"

अब बिजनेस एग्जीक्यूटिव्ज इस बात को समझ चुके हैं कि हड़तालियों के प्रति मित्रतापूर्वक व्यवहार अपनाने से ही लाभ होता है। तभी तो व्हाइट मोटर कंपनी के 2500 से अधिक कर्मचारी जब अधिक मेहनताना की माँग को लेकर हड़ताल कर चले गए, तो भी कंपनी के प्रेसीडेंट रॉबर्ट एफ ब्लैक ने अपना नियंत्रण नहीं खोया। उन्होंने न तो उनकी निंदा की, न उन्हें डरा-धमकाकर साम्यवाद या तानाशाही का ही उल्लेख किया। इसके स्थान पर उन्होंने तो उन हड़तालियों की तारीफ की, उन्होंने हड़तालियों के शांतिपूर्ण ढंग से हड़ताल करने के लिए उनकी तारीफ करते

हुए क्लीवलैंड के सभी अखबारों में एक विज्ञापन भी छपवाया। हड़तालियों के टाइम-पास के लिए उन्होंने उन्हें बेसबॉल बैट तथा दस्ताने भी खरीदकर दिए तथा उन्हें खाली स्थानों पर बेसबॉल खेलने का परामर्श दिया।

और फिर वही परिणाम सामने आए। ब्लैक की मैत्रीपूर्ण पहल का कर्मचारियों ने भी मैत्रीपूर्ण उत्तर दिया। हड़तालियों ने अपने औजार उठाए और फैक्टरी के चारों ओर पड़े कागज, माचिस-सिगरेट के टुकड़े इत्यादि को साफ कर दिया। कल्पना कीजिए कि ये वे कर्मचारी थे, जो अधिक मेहनताना की चाह में हड़ताल पर चले गए थे। इस तरह की घटना अमरीका की औद्योगिक हड़तालों के लंबे तथा तूफानी इतिहास की पहली घटना थी और फिर यह हड़ताल बिना किसी कटुता या तनाव के एक दिन में ही समाप्त हो गई।

ज्ञान तब तक शक्ति नहीं बनता, जब तक इसे कहीं लागू नहीं किया जाए।

'नहीं' को 'हाँ' में बदलने के प्रयोग

धैर्य के माध्यम से कई लोग उन परिस्थितियों में भी सफल हो जाते हैं, जो कि एक निश्चित असफलता जान पड़ती है।

जोसेफ एलिसन वेस्टिंग हाउस इलेक्ट्रिक कंपनी के सेल्समैन थे। उन्होंने हमें अपनी कहानी इस तरह बताई थी, "मेरे क्षेत्र के एक आदमी को हमारी कंपनी माल बेचना चाहती थी। मुझसे पहले एक सेल्समैन दस साल तक प्रयास कर चुका था, लेकिन सफल नहीं हुआ था। इस क्षेत्र की जिम्मेदारी सँभालने पर मैं भी तीन साल तक प्रयास करता रहा था, लेकिन मुझे भी कोई आदेश नहीं मिला था। अंततः तेरह साल तक प्रयास करने के बाद हम उसे कुछ मोटरें बेच पाए थे। मुझे पूरी आशा थी कि यदि हमारी मोटर उसे अच्छी लगेगी, तो वह हमसे बहुत सी मोटर्स और भी खरीद लेगा।

"मुझे पूरा विश्वास था कि उसे हमारी मोटरें अवश्य पसंद आएँगी। इसलिए जब तीन-चार सप्ताह बाद मैं उससे मिलने गया तो वह बहुत अच्छे मूड में था, लेकिन उस चीफ इंजीनियर ने मुझसे स्पष्ट रूप से कह दिया कि वह हमसे बाकी की मोटरें नहीं खरीदना चाहता। मैंने हैरानी से पूछा, 'आखिर क्यों?'

'क्योंकि आपकी मोटरें इतनी तेज गरम हो जाती हैं कि मैं उनको छू भी नहीं सकता।'

"पहले भी मैं अनेक बार ऐसी परिस्थितियों में फँस चुका था, इसलिए मुझे पता था कि बहस करने से कोई लाभ नहीं होगा। तभी मैंने 'हाँ-हाँ' कहलवानेवाली तकनीक का उपयोग किया। मैं बोला, 'मिस्टर स्मिथ, आप बिल्कुल ठीक कह रहे हैं। वास्तव में हमारी मोटरें अधिक गरम हो जाती हैं, इसलिए आपको वही मोटर खरीदनी चाहिए, जो नेशनल इलेक्ट्रिकल मैन्यूफैक्चर्स के स्टेंडर्ड से अधिक गरम न होती हों।'

"वह सहमत हो गया और मुझे पहली 'हाँ' मिल गई थी। 'इलेक्ट्रिकल मैन्यूफैक्चर्स एसोसिएशन के नियमानुसार मोटर का तापमान कक्ष के मापमान से 72 डिग्री फारेनहाइट से अधिक नहीं होना चाहिए। क्या यह बात सही है?' उसने उत्तर दिया, 'हाँ, लगभग 75 डिग्री फारेनहाइट।' इस पर मैं तुरंत बोला, "यदि कंपनी के कक्ष का तापमान 75 डिग्री फारेनहाइट है तथा हम इसमें 72 डिग्री और मिला दें, तो यह कुल मिलाकर 147 डिग्री फारेनहाइट हो जाता है। तब यदि आप अपने हाथ को 147 डिग्री फोरनहाइट के गरम पानी में रखेंगे, तो क्या आपका हाथ नहीं जलेगा?"

"इस बार भी उसे 'हाँ' ही बोलना पड़ा। 'तो फिर तो आपके मन में यही होगा कि आप अपना हाथ मोटर से दूर ही रखें।' वह बोला, 'आप ठीक कह रहे हैं।' इसके बाद उसने अपने सेक्रेटरी को बुलाया तथा अगले महीने के लिए हमें 35000 डॉलर के कारोबार का आदेश दे दिया। बहस करने से कोई भी लाभ नहीं होता, यह पाठ मैंने कारोबार में हजारों डॉलर का घाटा झेलने के बाद सीखा था। वही आदमी जल्दी सफल होता है, जो सामनेवाले का दृष्टिकोण समझ जाता है। उसके दृष्टिकोण को समझकर उससे 'हाँ-हाँ' कहलवाना अधिक लाभदायक साबित होता है।"

किसी से भी बात का आरंभ करते समय अपने मतभेदों का उल्लेख सबसे पहले न करें। पहले उन बातों पर बल दीजिए, जिन पर आप दोनों एकमत हों। जहाँ तक संभव हो, सदैव इस बात पर बल दीजिए कि आप दोनों का लक्ष्य तो एक समान ही है और आप में अंतर सिर्फ उस साधन का है, जिनके माध्यम से आप उस लक्ष्य तक पहुँचना चाहते हैं। अत: प्रारंभ से ही सामनेवाले आदमी को 'हाँ-हाँ' बोलने पर विवश कर दीजिए। ऐसी स्थिति ही न आने दें कि सामनेवाला आदमी 'नहीं' शब्द कह सके। प्रोफेसर ओवरस्ट्रीट के अनुसार, 'यदि सामनेवाला आदमी एक बार 'नहीं' कर देता है, तो फिर उसकी 'न' 'हाँ' में बदलवाना बहुत कठिन होता है। आखिर सामनेवाला भी तो अपने आत्मसम्मान को बचाना चाहता है। हो सकता है कि आपको अपना 'नहीं' गलत लगे, लेकिन अपने घमंड के कारण आप यह त्रुटि स्वीकार नहीं करना चाहते। प्रत्येक आदमी अपनी कही बात पर अड़े रहना चाहता है, इसलिए बातचीत का प्रारंभ 'हाँ' से करें। समझदार वक्ता अपने श्रोताओं से प्रारंभ में ही 'हाँ' कहलवा लेता है। वह अपने श्रोताओं की मानसिकता एकल दिशा में ले जाता है। यह सोच किसी बिलियर्ड की गेंद की गति की तरह ही है। गेंद की ही तरह इसकी दिशा को बदलना बहुत कठिन काम है।

इस बात का मनोवैज्ञानिक तथ्य यह है कि जब कोई आदमी 'नहीं' कहता

है, तो वह सही में ही निष्क्रिय होता है। उसका पूरा शरीर, सारी इंद्रियाँ, उसका मांसपेशीय यंत्र सब नकारात्मक हो जाते हैं। सारा-का-सारा न्यूरो मस्कुलर सिस्टम स्वीकार करने के विपक्ष में चला जाता है। इसके विपरीत जब कोई आदमी 'हाँ' कहता है तो अलगाव के लक्षण गायब हो जाते हैं। पूरा सिस्टम पाँचों इंद्रियाँ स्वीकार करने को तैयार रहती हैं। इसलिए हम प्रारंभ में ही सामनेवाले से जितनी बार 'हाँ' कहलवाते हैं, अपने अंतिम प्रस्ताव को मनवाने में उतने ही जल्दी सफल हो जाते हैं।

'हाँ' कहलवाने की वह तकनीक अधिक कठिन नहीं है, फिर भी अधिक लोग इसे सिर्फ इसलिए उपेक्षित कर देते हैं, क्योंकि वे आरंभ में ही विरोध-प्रदर्शन करके खुद का महत्त्व साबित करना चाहते हैं। जब भी कोई बालक, पति, बीवी, माँ या छात्र या फिर कोई अन्य शुरुआत में ही 'न' कह देता है, तो उससे 'हाँ' कहलवाने के लिए आपको देवताओंवाली बुद्धि तथा महान् धैर्य की जरूरत होती है। 'हाँ' कहलवाने की इसी कला के कारण न्यूयॉर्क में ग्रीनविच सेविंग्स बैंक के टेलर जेम्स एबरसन एक खरीदार को अपने बैंक में बचत पत्र खोलने के लिए तैयार कर सके थे।

श्रीमान् एबरसन ने बताया, "यह आदमी हमारे बैंक में खाता खोलना चाहता था। मैंने उसे एक फॉर्म भरने के लिए दे दिया। उसने कुछ प्रश्नों के उत्तर तो प्रसन्नतापूर्वक दे दिए, लेकिन कुछ का उत्तर देने से उसने एकदम मना कर दिया।

"इस पाठ्यक्रम में भाग लेने से पहले यदि ऐसा होता तो मैं उस खरीदार से स्पष्ट शब्दों में कह देता कि 'यदि वह इन प्रश्नों के उत्तर नहीं देगा, तो हम उसका खाता नहीं खोल पाएँगे।' अब मुझे यह बात स्वीकार करने में बहुत शर्म आती है कि अतीत में इस तरह की बातें अनेक बार कह चुका हूँ। हाँ, मुझे ऐसा कहकर बहुत संतुष्टि होती थी। मैं उसे बता देता था कि बॉस कौन था और बैंक के नियमों को उपेक्षित नहीं किया जा सकता, लेकिन तब मेरे इस तरह के बरताव से सामनेवाले उस आदमी को महत्त्व तथा स्वागत का अनुभव नहीं होता था।

"लेकिन इस बार मैंने अपनी बुद्धि का उपयोग करने का फैसला किया। मैंने सोचा कि मैं खरीदार को यह नहीं बताऊँगा कि बैंक क्या चाहता है, बल्कि यह बताऊँगा कि उन प्रश्नों का उत्तर देना खरीदार के अपने पक्ष में था। और फिर मैंने उसे शुरू से ही 'हाँ-हाँ' कहने के लिए विवश कर दिया। मैंने उसे यह भी बता दिया कि यदि वह यह जानकारी नहीं देगा, तो भी बैंक को इससे काई अंतर नहीं पड़ेगा। फिर मैं उससे बोला, 'लेकिन कल यदि आपको कुछ हो गया, तो क्या आप नहीं

चाहेंगे कि आपका पैसा आपके वारिस को मिले, जो कि कानूनन उसे मिलना भी चाहिए।'

'हाँ-हाँ, बिल्कुल।' उसने तुंरत उत्तर दिया।

"मैं बोला, 'क्या आपको ऐसा नहीं लगता कि आप अपने वारिस का नाम बता दें, जिससे हम आपके वारिस को आपकी मृत्यु के पश्चात् पैसा बिना किसी देरी के या त्रुटि के दे सके।'

"इस बार भी वह बोला, 'हाँ-हाँ, बिल्कुल।'

"अब तक उस आदमी का मूड बदल चुका था, क्योंकि अब वह जान चुका था कि यह जानकारी उसके अपने हित में है, न कि बैंक के हित में। बैंक से जाने से पहले उसने मुझे पूरी जानकारी शांतिपूर्वक दी तथा साथ ही मेरे कहने पर अपनी माँ के नाम पर एक ट्रस्ट अकाउंट भी खोल दिया, फिर तो उसने अपनी माँ के बारे में भी सारे प्रश्नों के उत्तर प्रसन्नतापूर्वक दे दिए। मैंने यह पाया कि प्रारंभ से भी 'हाँ, हाँ' करवाने से वह मूल विषय से भटक गया तथा मेरे दिए सुझावों को एक के बाद एक मानता चला गया।"

एड्डी स्नो ओकलैंड, कैलिफोर्निया में हमारे पाठ्यक्रम स्पांसर करते हैं। उन्होंने ही हमें बताया कि एक दुकान के प्रोपराइटर ने उन्हें 'हाँ-हाँ' बोलने पर विवश कर दिया था तथा इसीलिए वे उस दुकान के अच्छे खरीदार बन गए थे। एड्डी की बो हंटिंग में बहुत दिलचस्पी थी और इसके उपकरण खरीदने में उन्होंने बहुत पैसे व्यय कर दिए थे। जब उनका भाई उनसे मिलने आया, तो उन्होंने अपने भाई के लिए एक धनुष किराए पर लेना चाहा। एड्डी ने एक बो स्टोर पर फोन किया, लेकिन वहाँ से उत्तर मिला कि वे तो किराए पर नहीं देते, फिर उन्होंने दूसरे स्टोर पर फोन किया, जहाँ से उन्हें इस तरह उत्तर मिला।

"एक बहुत खुशमिजाज आदमी ने फोन पर उत्तर दिया। किराए पर धनुष देने के मेरे प्रश्न के बारे में उसका दृष्टिकोण ही भिन्न था। उसने कहा कि उसे अफसोस है कि वे धनुष किराए पर नहीं देते हैं। वह पूछने लगा कि 'क्या मैंने पहले भी कभी धनुष किराए पर लिये हैं?' मैंने कहा, 'हाँ, लेकिन बहुत वर्षों पहले।' फिर उसने मुझे याद दिलाया कि संभवत: मैंने उसका किराया 25 या 30 डॉलर दिया होगा। इस बार भी मैंने 'हाँ' कहा। फिर उसने पूछा, 'क्या मैं पैसे बचाना चाहता हूँ।' साफ सी बात है, इसका उत्तर भी 'हाँ ही था। फिर उसने मुझे बताया कि उनके स्टोर में ऐसे सेट हैं, जिनमें सारे आवश्यक उपकरण मौजूद हैं तथा उनकी कीमत सिर्फ 34.95

डॉलर के लगभग है। जितना पैसा मैं किराए पर व्यय करता, उसमें मात्र 4.95 डॉलर और मिलाकर मैं अपना खुद का धुनष सेट खरीद सकता था। उसने यह भी बताया कि तभी तो वे धनुष किराए पर नहीं देते हैं। फिर उसने पूछा कि 'क्या मुझे उसका यह तर्क अच्छा नहीं लगा?' मैंने 'हाँ' की और वह सेट खरीद लिया। उस धनुष-सेट के साथ मैंने वहाँ से और भी खरीदारी की और तब से तो मैं उस स्टोर का नियमित खरीदार बन चुका हूँ।"

एथेंस के रहनेवाले सुकरात निश्चित रूप से पूरे संसार के महानतम दार्शनिकों में से एक थे। उन्होंने वह किया, जो हममें से बहुत कम ही कर पाते हैं। उन्होंने तो मानव-चिंतन का रुख ही बदल डाला था। उनकी मृत्यु हुए कई सदियाँ बीत चुकी हैं, लेकिन आज भी उन्हें सर्वश्रेष्ठ वाद-विवाद करनेवालों में गिना जाता है। वे लोगों से अपनी बात मनवाने की कला में निपुण थे।

तो क्या था सुकरात का तरीका? क्या वे लोगों को यह बताते थे कि वे गलत हैं? नहीं, सवाल ही पैदा नहीं होता! वे तो बहुत चतुर थे। 'सुकरात की तकनीक' तो 'हाँ-हाँ' का उत्तर प्राप्त करने की थी। वे सामनेवाले से ऐसे-ऐसे प्रश्न करते थे कि उसे उनसे सहमत होना ही पड़ता था। वे तो बार-बार ही बोलने के लिए सामनेवाले को विवश कर देते थे। वे लगातार बिना रुके ऐसे प्रश्न पूछते जाते थे कि आखिर में उनके विरोधी इस स्थिति में आ जाते थे कि उन्हें सुकरात की बात से सहमत होना ही पड़ता था।

तो अगली बार जब भी आपकी इच्छा यह बताने की हो कि वह गलत है और आप सही, तो उस विद्वान् सुकरात को एक बार अवश्य याद कर लें और फिर बड़े विनम्र ढंग से एक ऐसा प्रश्न पूछें, जिसका उत्तर 'हाँ' में ही हो।

चीन में एक प्रसिद्ध कहावत है, जिसमें पूरब की सदियों पुरानी बुद्धिमत्ता का सार छिपा हुआ है, "धीमे-धीमे कदमों से चलनेवाला आदमी बहुत दूर तक जाता है।"

डर कहीं और नहीं, बस आपके दिमाग में होता है।

□

ज्यादा बोलने से नहीं, सुनने से बात बनती है

यदि तुम जो तुम कर रहे हो, उसमें विश्वास रखते हो तो किसी भी चीज को अपने काम को रोकने मत दो। दुनिया के ज्यादातर बेहतरीन काम असंभव लगने के बावजूद किए गए हैं, जरूरी है कि काम पूरा हो।

न्यूयॉर्क के एक समाचार-पत्र में एक विज्ञापन छपा, जिसमें नौकरी के लिए एक योग्य तथा अनुभवी उम्मीदवार की जरूरत थी। चार्ल्स टी. क्यूबेलिस ने अपना आवेदन भेज दिया। उसे इंटरव्यू के लिए बुलाया गया। उसने कंपनी तथा उसके स्वामी के बारे में वॉल स्ट्रीट से हर तरह की जानकारी प्राप्त करने की कोशिश की। इंटरव्यू में वह बोला, "मुझे आपकी कंपनी का सहयोगी बनकर बहुत गर्व होगा, क्योंकि इसका रिकॉर्ड बहुत अच्छा है। मेरे विचार से आपने 28 साल पहले एक डेस्क रूम तथा एक स्टेनोग्राफर के साथ बिजनेस शुरू किया था। क्या मैं सही हूँ न?"

हर सफल आदमी चाहता है कि कोई उससे संघर्ष के दिनों की बातें करे। वह भी यही चाहता था। वह काफी देर तक कहानी सुनाता रहा कि किस तरह 450 डॉलर और एक सुंदर सपने के साथ अपने बिजनेस की शुरुआत की। लोगों ने उसकी बहुत हँसी उड़ाई, बहु निरुत्साहित किया, लेकिन उसने हिम्मत नहीं हारी।

शुरू में उसे 16 घंटे काम करना पड़ता था। न छुट्टी, न आराम, सिर्फ काम-ही-काम। मेहनत से उसने विजय प्राप्त कर ली और आज इस ऊँचाई पर पहुँच गया कि वॉल स्ट्रीट के बड़े-बड़े एग्जीक्यूटिव भी उससे परामर्श लेने आते हैं। वह अपने बारे में बताते हुए गर्व महसूस कर रहा था। अपनी कहानी सुनाने के बाद उसने क्यूबेलिस के अनुभवों के बारे में जानना चाहा, फिर अपने वाइस प्रेसीडेंट को

बुलाकर कहा, "मुझे पूरा विश्वास है, हमें ऐसे ही आदमी की जरूरत थी।"

श्रीमान् क्यूबेलिस को कामयाबी मिली थी, क्योंकि उन्होंने अपने होनेवाले मालिक के बारे में जानकारी हासिल करने का प्रयास किया था। उसने सामनेवाले की कामयाबी में दिलचस्पी दिखाई थी।

सैक्रेमेंटो, कैलिफोर्निया के रॉय जी. ब्रेडले की समस्या इससे उलट थी। एक आदमी ब्रेडले की फर्म में नौकरी के लिए आया, उन्होंने उसकी पूरी बात सुनी। रॉय ने हमारी कक्षा में बताया—

"हमारी फर्म अतिरिक्त लाभ, जैसे मेडिकल इंश्योरेंस, पेंशन या बाहर आने-जाने का भत्ता नहीं देती थी, क्योंकि यह छोटी सी ब्रोकरेज फर्म थी। हम अपने सभी ग्राहकों को लीड भी नहीं देते थे, क्योंकि विज्ञापन का खर्चा नहीं उठा सकते थे, जैसा दूसरे बड़े प्रतिद्वंद्वी करते थे।

"रिचर्ड प्रायर में वे गुण थे, जो हम चाहते थे। मेरे असिस्टेंट ने इंटरव्यू में उसे काम के बारे में सारी नकारात्मक बातें बता दीं। वह निराश सा लगा। मैंने उसे वह लाभ बताया, जो उसे हमारी फर्म से जुड़ने पर मिलनेवाला था। हमारी फर्म का वह स्वतंत्र कॉण्ट्रैक्टर बन सकता था और इस तरह वह एक तरह से सेल्फ एंप्लॉयड बनता।

"इंटरव्यू के लिए आते हुए उसके दिमाग बहुत सी नकारात्मक बातें थीं, लेकिन जब उससे इन लाभों के बारे में बातें शुरू कीं तो सारे नकारात्मक विचार दूर होने लगे। लग रहा था, जैसे वह खुद से बातें कर रहा हूँ और मन-ही-मन कुछ सोच रहा था। मन में आया कि उसके विचारों को मैं स्पष्ट कर दूँ, लेकिन शांत रहा। इंटरव्यू समाप्त हो गया, तो लगा कि वह हमारी फर्म के लिए जरूर काम करेगा।

"मैं एक अच्छा श्रोता था और मुझमें सहनशक्ति थी कि चुप रहकर औरों को बोलने का अवसर दूँ, अत: डिक को ही बोलने का अधिक अवसर दिया। उसने सक्रिय तथा निष्क्रिय पहलुओं पर विचार करने के बाद सकारात्मक रवैया अपनाते हुए नौकरी को चुनौती की तरह लिया। आज वह फर्म का स्थायी प्रतिनिधि है। अब यह सत्य है कि हमारे दोस्त हमारी उपलब्धियों के बारे में अधिक नहीं जानना चाहते, जितना कि अपनी खुद की उपलब्धियों के बारे में।

हममें से अधिकतर लोगों का स्वभाव होता है कि जब भी हम किसी से कोई बात मनवाना चाहते हैं तो हम बहुत बोलते हैं, लेकिन इसके स्थान पर हमें सामनेवाले को अधिक बोलने का अवसर देना चाहिए। उन्हें अपने कारोबार या

अपनी समस्याओं के बारे में आपसे अधिक ज्ञान है। इसलिए हमें तो बस प्रश्न पूछते रहना चाहिए और उन्हें स्पष्ट उत्तर देने दीजिए।

यदि आप सामनेवाले से सहमत नहीं होते, तो आपका मन करता है कि उसकी बात को बीच में ही काट दें, लेकिन ऐसा करना ठीक नहीं है। यह बहुत भयानक स्वभाव है। उनके मस्तिष्क में बहुत सारे विचार एक साथ घूम रहे होते हैं, इसलिए वे उस समय आपकी बात पर ध्यान नहीं देंगे। इसलिए इसी में सबकी भलाई है कि आप सामनेवाले की बात धैर्यपूर्वक सुनें। उन्हें अपने विचारों को पूर्णतया अभिव्यक्त करने के लिए प्रोत्साहित करें।

यह ढंग कारोबार में भी बहुत सफल सिद्ध होता है। इसका एक उदाहरण है, उस सेल्समैन की कहानी, जिसे विवशता में शांत करना पड़ा रहना पड़ा था— अमरीका के एक बहुत बड़े ऑटोमोबाइल निर्माता को पूरे साल के लिए अपहोल्स्ट्री फैब्रिक्स की आवश्यकता थी। तीन अत्यंत महत्त्वपूर्ण निर्माताओं ने अपने-अपने नमूने भेज दिए। मोटर कंपनी के एग्जीक्यूटिव्ज ने उन नमूनों की पूरी जाँच-पड़ताल की, फिर सब निर्माताओं को एक-एक नोटिस भेजा कि एक निश्चित दिन उन्हें यह अवसर दिया जाएगा, जब वे अपने ठेके पर आखिरी विवरण दे सकेंगे।

फिर एक निश्चित दिन तीनों कंपनियों के निर्माता प्रतिनिधि व्यापक विवरण देने के लिए पहुँच गए। दुर्भाग्यवश जी.बी.आर. नाम के प्रतिनिधि को लैरिंगाइटिस का ऐसा दौरा पड़ा कि उसका गला एकदम खराब हो गया।

श्रीमान् जी.बी.आर. ने ही हमारी क्लास के सामने यह मामला इस तरह सुनाया, "जब उस कॉन्फ्रेंस में एग्जीक्यूटिव्ज के सामने बोलने की मेरी बारी आई, तो मेरे गले से आवाज ही नहीं निकल रही थी, फिर मुझे एक कक्ष में ले जाया गया, जहाँ पर टेक्सटाइल इंजीनियर, परचेजिंग एजेंट, सेल्स डायरेक्टर और कंपनी के प्रेसीडेंट सभी पहले से मौजूद थे। मैं बोलना चाहता था, बहुत कोशिश की, लेकिन कुछ शब्दों से ज्यादा बोल न सका।

"तभी लोग गोलमेज के चारों ओर बैठे थे। मैंने एक कागज पर लिखा, 'मेरा गला खराब है। बिल्कुल बोल नहीं सकता।'

"तभी कंपनी के प्रेसीडेंट ने कहा, 'चिंता न करिए। आपकी ओर से मैं बोलूँगा।' फिर वे बोलने लगे। उन्होंने मेरे सैंपल दिखाकर उनकी विशेषता गिनवाना शुरू कर दिया। मेरे प्रॉडक्ट की क्वालिटी पर एक बहस शुरू हो गई। प्रेसीडेंट बराबर मेरे पक्ष में बोल रहे थे। उन्होंने चर्चा में मेरा ही प्रतिनिधित्व किया। मेरी

भूमिका कुछ मुसकराहटों, सिर हिलाने तथा चेहरे के हाव-भाव तक ही सिमट गई।

"इस अद्भुत बैठक ने मुझे 5 लाख गज अपहोल्स्ट्री फैब्रिक्स का आदेश दिलवा दिया, जिसकी कीमत लगभग 16,00,000 डॉलर थी। यह मेरा अब तक का सबसे बड़ा आदेश था।

"मेरा गला खराब नहीं होता तो यह ठेका कभी नहीं मिलता। मैंने यह सीख लिया कि कई बार दूसरे के बोलने से बहुत अधिक लाभ हो जाता है।" कभी-कभी पारिवारिक मामलों में भी कम बोलना लाभप्रद सिद्ध होता हैं बारबरा विल्सन के अपनी बेटी से संबंध बिगड़ते जा रहे थे। मेरी लॉरी पहले बहुत शांत लड़की थी, लेकिन अब यह बहुत चिड़चिड़ी हो गई थी और किसी से तालमेल नहीं कर पाती थी। बारबरा ने उसे फटकार कर, हर तरह से समझाना चाहा, फिर भी कोई लाभ नहीं हुआ।

मिसेज विल्सन ने हमारी कक्षा में बताया, "एक दिन मैंने हार मान ली। वह मनमानी करती रही। मुझसे बिना पूछे सहेली के घर चली गई। जब लौटी तो मैं उसे डाँटना चाहती थी, लेकिन मुझ में डाँटने की भी शक्ति नहीं थी। मैंने सिर्फ दुःख से उसकी तरफ देखकर कहा, 'आखिर क्यों, लॉरी?' लॉरी ने मेरी हालत को समझकर शांत स्वर में पूछा, 'क्या वास्तव में आप यह जानना चाहती हैं?' मैंने तुरंत सिर हिला दिया, फिर लॉरी ने बात शुरू करते हुए अपने दिल की सारी भड़ास निकाल दी। संभवतः त्रुटि मेरी थी। मैं उसे बोलने का मौका नहीं देती थी। सच में ही चुप करा देती। मुझे अनुभव हो गया कि बेटी मुझसे दोस्ताना बरताव चाहती है, जबकि मैं उसके साथ डाँटने, हुक्म चलानेवाली माँ जैसा बरताव कर रही थी। वह किशोरावस्था के तनावों से गुजर रही थी और अपना दिल हलका करना चाहती थी, जबकि मैं खुद बोलती रहती थी, लेकिन अब मुझे अपनी त्रुटि का अनुभव हो चुका था।

"उस दिन के बाद उसकी प्रत्येक बात ध्यान से सुनती हूँ। हमारे संबंध भी अच्छे हो गए हैं और वह भी प्यारी लड़की बन गई है।"

प्रसिद्ध फ्रांसीसी दार्शनिक ला रोशफूको ने कहा था, "यदि आप शत्रु बनाना चाहते हैं, तो मित्रों से आगे निकल जाओ, लेकिन अगर आप दोस्त बनाना चाहते हैं, तो मित्रों को खुद से आगे निकल जाने का अवसर दो।"

यह बात शत-प्रतिशत सच है, क्योंकि यदि आपके दोस्त आपसे आगे निकल जाते हैं, तो वे खुद को महत्त्वपूर्ण समझने लगते हैं, फिर ईर्ष्या का सवाल ही नहीं

उठता, लेकिन जब आप अपने से आगे निकलने की होड़ में लग जाते हैं तो बस ईर्ष्या ही रह जाती है।

न्यूयॉर्क में मिडटाउन पर्सनल एजेंसी की हेनरीटाजी लोकप्रिय प्लेसमेंट काउंसलर थीं। पहले ऐसा नहीं था। नौकरी की शुरुआत में उनकी किसी से दोस्ती नहीं थी। वह भी इसलिए, क्योंकि सदैव अपनी उपलब्धियों की डींगे हाँकती रहती थीं।

हेनरी ने अपना अनुभव कक्षा में बताया, "मुझे खुद पर तथा खुद के काम पर बहुत गर्व था, क्योंकि मैं अपना काम पूरे दिल से करती थी, लेकिन मेरे सहकर्मियों को मेरी सफलताओं से कोई खुशी नहीं होती थी, बल्कि वे तो बहुत चिढ़ जाते थे, लेकिन मैं चाहती थी कि मेरे सहकर्मी मुझे पसंद करें, मुझे सराहें, मैं सही में दोस्त बनाना चाहती थी, फिर इस पाठ्यक्रम में बताए गए सुझावों को मानते हुए मैंने अपने बारे में बातें करना कम कर दिया। मेरे सहकर्मी भी तो अपने बारे में, अपनी उपलब्धियों के बारे में बताना चाहते थे, इसलिए मैं उनके बारे में सुनने लगती और अपने बारे में कम बताने लगी। अब जब भी हम फुरसत में बैठकर बातचीत करते तो मैं अपने सहकर्मियों से पूछती कि उनका आज का दिन कैसा बीता, उनकी उपलब्धियों पर बधाई देती हूँ। परिणामत: अब सभी मेरे अच्छे दोस्त हैं।"

जब वुडरो विल्सन व्हाइट हाउस में थे, जब कर्नल एडवर्ड एम. हाउस में राष्ट्रीय एवं अंतरराष्ट्रीय मामलों में काफी दखल रखते थे। विल्सन कर्नल हाउस की गोपनीय सलाह पर जितने निर्भर थे, उतने कैबिनेट के मंत्रियों पर भी नहीं थे।

प्रेसीडेंट को प्रेरित करने के लिए कर्नल कौन सी तकनीक अपनाते थे? हमें यह ज्ञात है, क्योंकि हाउस ने यह बात ऑर्थर डी. हाउस स्मिथ को बताई थी, जिन्होंने इसका वर्णन 'द सैटरडे इवनिंग पोस्ट' में प्रकाशित अपने लेख में किया है।

हाउस ने बताया था, "मैंने सबसे पहले प्रेसीडेंट के बारे में अच्छी तरह से जान लिया कि उनसे अपनी बात मनवाने का सबसे अच्छा तरीका है, किसी विचार को हलके-फुल्के ढंग से उनके सामने पेश करना, जिससे मन में उस विचार पर दिलचस्पी जाग्रत् हो और फिर खुद ही उसके बारे में सोचने लगे। पहली बार यह संयोग से ही हो गया था। मैं व्हाइट हाउस गया और उनके सामने एक नीति पर विचार रखा, जिस पर उस समय वे बिल्कुल असहमत थे। कुछ दिनों बाद उसी राय को उन्होंने मेरे सामने तोड़-मरोड़कर ऐसे पेश किया, जैसे वह विचार उन्हीं का हो। हाउडन ने प्रेसीडेंट को बीच में टोककर यह कहा, 'यह विचार मेरा है, आपका नहीं।' संभवत: नहीं। वे बुद्धिमान् थे। श्रेय लेने की परवाह नहीं करते थे।

उन्हें अच्छे नतीजों की परवाह थी, इसलिए उन्होंने विल्सन को यह अनुभव होने दिया, जैसे विचार इन्हीं का हो। हाउस ने भी सार्वजनिक रूप से विल्सन को उसके लिए श्रेय भी दिया।"

इस बात का ध्यान रखना चाहिए कि जिन लोगों के संपर्क में हम आते हैं, वे भी वुडरो विल्सन की तरह ही होते हैं, इसलिए हमें उनपर कर्नल हाउस की तकनीक का उपयोग करना चाहिए।

एक बार इस तकनीक का उपयोग न्यू ब्रुंसविक के सुंदर कनाडा क्षेत्र के एक आदमी ने मुझ पर किया और मुझे अपना ग्राहक बना लिया। एक बार मैं न्यू ब्रुंसविक में फिशिंग तथा केनोइंग करने की योजना तैयार कर रहा था। इसलिए मैंने टूरिस्ट ब्यूरो से कैंप की जानकारी प्राप्त करनी चाही। मेरा नाम तथा पता वेटिंग लिस्ट में डाल दिया, फिर मेरे पास अनेक कैंप मालिकों की चिट्ठियाँ, बुकलेट आदि आए। मैं दुविधा में था, समझ नहीं पा रहा था कि क्या करूँ? तभी एक कैंप मालिक ने चतुराई दिखाई। उसने न्यूयॉर्क के कुछ लोगों के नाम तथा टेलीफोन नंबर भिजवा दिए तथा मुझसे कहा कि फोन करके उनसे इस बात की जानकारी प्राप्त कर सकता हूँ कि उनके कैंपों का बंदोबस्त कैसा है?

संयोग से उस सूची में से मैं एक आदमी को पहचानता था। मैंने उससे उसका अनुभव पूछा और कैंप के मालिक को अपने पहुँचने का संदेश भेज दिया। उत्तर यहाँ भी वही था। दूसरे लोग मुझे अपनी सेवाएँ बेचने का प्रयास कर रहे थे, जबकि इसने मुझे सेवाएँ खरीदने के लिए मजबूर कर दिया। इसीलिए तो यह जीत गया था।

एक बार पाठ्यक्रम के छात्र तथा ऑटोमोबाइल शोरूम के सेल्स व्यवस्थापक एडॉल्फ सेल्ट्ज के सामने अचानक यह समस्या आ गई कि उन्हें अपने ऑटोमोबाइल सेल्समैनों में जोश भरना था। उन्होंने एक सेल्स बैठक बुलाई और सभी सेल्समैनों से पूछ लिया कि वे कंपनी से क्या-क्या चाहते हैं? उनके विचारों को सुनते समय उन्होंने सुझावों को ब्लैकबोर्ड पर लिख दिया। इस पर उन्होंने कहा, "आपको वह सब जरूर मिलेगा, जो आप मुझसे चाहते हैं। मैं यह जानना चाहता हूँ कि आपसे क्या-क्या अपेक्षाएँ कर सकता हूँ?" तुरंत मिले-जुले उत्तर आए, 'ईमानदारी, वफादारी, हर दिन 8 घंटे मन लगाकर काम, एकजुटता, जोश, उत्साह आदि।' बैठक एक नई प्रेरणा, एक नई आशा के साथ समाप्त हुई। एक सेल्समैन ने तो 14 घंटों तक काम करने का वायदा किया। उनकी कंपनी की बिक्री बहुत बढ़ गई।

श्रीमान् सेल्ट्ज ने आगे बताया, "इन लोगों के साथ मेरा एक तरह का नैतिक

समझौता हुआ। यदि मैं अपनी बात पर कायम रहूँ तो वे भी अपनी बात पर रहेंगे। उनकी इच्छाओं के बारे में पूछना मेरा जादुई तरीका था, जिसने चकित कर दिया।"

यह बात कोई भी पसंद नहीं करता कि कोई उसे कुछ समझाए। हम सब यही चाहते हैं कि खुद कोई बात सोचें, अपने मन की सुनें। हम सभी को इच्छानुसार काम करना अच्छा लगता है।

यूजीन वेसन ने यह सच्चाई जानी, तब वे हजारों डॉलर का कमीशन गँवा चुके थे। श्रीमान् वेसन स्टाइलिस्ट्स तथा टेक्सटाइल निर्माताओं को स्केच बेचने का काम करते थे। वह तीन वर्षों से हर दिन न्यूयॉर्क के एक प्रसिद्ध स्टाइलिस्ट के पास जाते, लेकिन उसने श्रीमान् वेसन का कोई स्केच नहीं खरीदा। मैं सदैव उनके स्केच देखता था, तारीफ भी करता था। अंत में कह देता था कि वह स्केच उनके काम का नहीं था।

वेसन 150 से भी ज्यादा बार नाकामयाब हो चुके थे। तभी उन्होंने महसूस किया कि संभवत: वह ही ठीक से काम नहीं कर पा रहे हैं। अब उन्होंने एक दिन का 'लोक-बरताव' पाठ्यक्रम ज्वॉइन किया, ताकि कुछ नए विचार हासिल हो सकें तथा उत्साहवर्धन हो।

उसने पाठ्यक्रम के दौरान सीखे एक नए तरीके को आजमाया। वह करीब छह अधूरे स्केच लेकर उस खरीदार के ऑफिस गया और बोला, "मुझे आपकी मदद चाहिए। मेरे पास कुछ अधूरे स्केच हैं। मैं चाहता हूँ कि आप मुझे बताएँ कि उन्हें किस तरह से पूरा करूँ, ताकि आपके काम आ सकें।"

ग्राहक ने उलट-पलटकर उन अधूरे स्केचों को देखा और बोला, "ऐसा करिए आप इन स्केचों को यहीं छोड़ जाइए तथा कुछ दिन बाद आकर मुझसे मिलें।" वेसन तीन-चार बाद उसके दफ्तर गया। उसने जो परामर्श दिए, उन्होंने उसे मानकर सारे स्केच पूरे कर दिए और परिणाम यह निकला कि ग्राहक ने सारे स्केच मंजूर कर लिये।

उस खरीदार ने और स्केचों के आदेश भी वेसन को दिए तथा साथ ही अपने विचार भी बता दिए। मिस्टर वेसन ने अपनी नाकामयाबी का राज बताते हुए कहा, "मेरी नाकामयाबी का कारण था कि मैं अपनी मरजी की चीज बेचना चाह रहा था, लेकिन फिर अपनी शैली को पूरी तरह बदल दिया। मैंने उसके विचार जाने, जिससे उसे लगा कि वह खुद ही स्केच बना रहा हो, फिर उसने अपनी मरजी से वे स्केच खरीदे।''

सामनेवाले आदमी को यह एहसास कराना कि उसका ही विचार महत्त्वपूर्ण है, कारगर सिद्ध होता है। बिजनेस, राजनीति, परिवार, मित्रों सबके लिए यह अचूक नुस्खा है। ओक्लाहामा के पॅल एम. डेविस ने कक्षा में अपना अनुभव बताया।

"वे कुछ दिनों पहले परिवार के साथ एक दिलचस्प वैकेशन ट्रिप का आनंद लेकर लौटे थे। मेरा सपना था कि ऐतिहासिक स्थानों में गेटिसबर्ग में गृहयुद्ध की भूमि, फिलाडेल्फिया में 'इंडिपेंडेंस हॉल' तथा देश की राजधानी आदि की यात्रा करूँ।

"एक दिन मेरी पत्नी नैन्सी बोली कि वह गरमियों में न्यू मैक्सिको, एरिजोना, वेवादा, नेवादा, कैलिफोर्निया आदि पश्चिमी राज्यों का भ्रमण करना चाहती है। वह काफी दिनों से ऐसे ट्रिप पर जाना चाहती थी, लेकिन दोनों ट्रिप एक साथ संभव नहीं थे।

"मेरी बेटी एन ने जूनियर उच्च विद्यालय में अमरीकी इतिहास का एक पाठ्यक्रम पूरा किया था तथा उसकी दिलचस्पी अपने देश के विकास को साकार करनेवाली घटनाओं में बहुत थी। मैंने उससे पूछा कि क्या वह उन जगहों का भ्रमण करना चाहेगी, जिनके बारे में कुछ पहले उसने किताबों में पढ़ा है, सुनकर वह बहुत खुश हुई।

"इनके करीब एक सप्ताह बाद हम डाइनिंग टेबल पर बैठे थे, तभी नैंसी बोली, 'यदि सब सहमत हों तो गरमियों की छुट्टियों में पूर्वी राज्यों का भ्रमण करें, यह यात्रा एन के लिए बहुत रोमांचक होगी तथा हमें भी मजा आएगा।' सब सहमत हो गए।"

इसी मनोवैज्ञानिक तकनीक को एक एक्स-रे निर्माता ने भी अपनाया। बुकलिन के एक हॉस्पिटल में एक्स-रे मशीन की जरूरत थी। उन्हें अच्छी बढ़िया क्वालिटी की आधुनिकतम मशीन चाहिए थी। डॉ. एल. एक्स-रे विभाग के प्रभारी थे, उनके पास कई कंपनियों के सेल्समैन आ चुके थे, सब अपनी कंपनी की मशीनों की बहुत तारीफ करते थे। एक निर्माता बहुत होशियार था। उसे मानव व्यवहार की बहुत परख थी। उसने डॉ. एल. को एक पत्र इस तरह लिखा, "हमारी कंपनी ने अभी एक नई एक्स-रे मशीन बनवाई है। हम जानते हैं कि इस मशीन में कुछ कमियाँ अवश्य होंगी। इसके बारे में आपको बहुत ज्ञान है। इसलिए चाहते हैं कि इस मशीन को एक बार देखकर हमें बताएँ कि इसे आपके व्यवसाय के लिए और उपयोगी कैसे बना सकते हैं। आप व्यस्त रहते हैं, इसलिए आपके कहे समय पर आपको लेने के लिए कार भेज देंगे।"

डॉ. एल. ने कक्षा में बताया, "यह पत्र पाकर मैं चकित था। इसके पहले कभी किसी ने पत्र लिखकर हमारी राय नहीं माँगी थी, मुझे लगता था कि मैं बहुत महत्त्वपूर्ण था। मैंने उसे मिलने का समय दे दिया और मशीन को गौर से देखा। मुझे मशीन बहुत उपयोगी लगी।

"किसी ने यह कोशिश नहीं की कि जबरदस्ती मशीन खरीदूँ। मैंने अनुभव किया कि मशीन हमारे लिए बहुत उपयोगी रहेगी, इसलिए मैंने इसे खरीद लिया।"

लगभग 2500 साल पहले लाओत्से नाम के चीनी दार्शनिक ने ऐसी बातें कही थीं, जिस पर हर किसी को अमल करना चाहिए, "समुद्र तथा नदियाँ सैकड़ों पहाड़ी झरनों का पानी सिर्फ इसलिए ग्रहण करती हैं, क्योंकि वे सदा अपने को उनसे नीचे रखती हैं।"

इसी कारण पहाड़ी झरनों पर शासन करती हैं। इसी तरह संत-साधु भी खुद को इनसानों से नीचे रखते हैं, ताकि उनसे ऊपर उठ सकें, उनसे पीछे रखते हैं, जिससे वे उनसे पहले रह सकें।

इसीलिए संत लोगों से ऊपर होता है, लेकिन फिर भी लोगों को उससे कोई परेशानी नहीं होती, हालाँकि वह उनसे पहले होता है, लेकिन फिर भी लोगों को उससे कोई तकलीफ नहीं होती।

पहले आप अपने कठिन काम पूरे कीजिए, आसान काम खुद-ब-खुद पूरे हो जाएँगे।

◻

सहयोग पाने के लिए सहयोग करना जरूरी

लोग आपके बारे में क्या कहते हैं इसकी चिंता करने की बजाय क्यों न कुछ ऐसा काम पूरा करने की कोशिश में अपना समय लगाएँ, जिसकी वे तारीफ करें।

हम जब सामनेवाले के नजरिए से चीजों का अवलोकन करते हैं तो हमारी निजी समस्याएँ तथा तनाव बहुत कम हो जाते हैं। एक बार न्यू साउथ वेल्स आस्ट्रेलिया की एलिजाबेथ नोवाक अपनी कार की किश्त जमा कराने में छह दिन लेट हो गईं।

उन्होंने हमें बताया, "शुक्रवार को अकाउंटेंट ने फोन किया तथा कहा कि यदि सोमवार तक मैंने 122 डॉलर जमा नहीं किए, तो कंपनी कानूनी काररवाई करने पर मजबूर हो जाएगी, लेकिन सोमवार तक पैसों का बंदोबस्त नहीं हो सका। जब सोमवार को दुबारा उस अकाउंटेंट का फोन आया, तो मैं बुरे परिणाम के बारे में सोचने लगी। मैं विचलित नहीं हुई, बल्कि उसके दृष्टिकोण से समस्या को देखा। मैंने असुविधा के लिए माफी माँगी। यह भी कहा कि संभवत: मेरी वजह से उन्हें ज्यादा कष्ट उठाना पड़ता है, क्योंकि पेमेंट करने में सदैव लेट हो जाती हूँ। यह सुनना था कि उसकी आवाज की टोन एकदम बदल गई। उसने मुझसे कहा कि ऐसी बात नहीं है, कई लोग तो इससे भी ज्यादा देर से पेमेंट करते हैं और बदतमीजी पर भी उतर आते हैं, झूठ बोलते हैं तथा 100 तरह के बहाने बनाते हैं। मैं कुछ भी नहीं बोली। उसे उसकी समस्याओं के बारे में बताने का पूरा मौका दिया। उसने यह भी कहा कि यदि मैं तुरंत पूरा पैसा न दे सकूँ तो कोई परेशानी नहीं, बस इस महीने के अंत तक 20 डॉलर जमा कर दूँ और बाकी अपनी सुविधानुसार जमा करा दूँ।"

आगे से जब आपको किसी को आग जलाने से रोकना हो, कोई सामान

खरीदना हो या किसी चैरिटी में पैसा जमा कराना हो, तो थोड़ी देर ठहरें। कुछ क्षण के लिए आँखें मूँदकर सामनेवाले के नजरिए को समझने की कोशिश करें। खुद से प्रश्न करें, 'सामनेवाला वह काम क्यों करना चाहता है?' इसमें समय तो बरबाद होगा, लेकिन परिणाम सुखद आएँगे। आपके दुश्मनों की संख्या नहीं बढ़ेगी, तनाव बहुत कम हो जाएगा तथा काम भी इच्छानुसार ही हो जाएगा।

एक बात सदैव दिमाग में रखें कि दूसरे लोग पूर्णतया गलत हो सकते हैं, लेकिन अपनी दृष्टि में सही होते हैं। इसलिए उनकी निंदा या आलोचना मत करिए। कोई भी मूढ़ आदमी ऐसा कर सकता है। उन्हें समझने का प्रयास कीजिए। सिर्फ योग्य, विरले ही ऐसा कदम उठाने का प्रयास करते हैं।

सामनेवाला ऐसा आचरण क्यों कर रहा है, ऐसा क्यों सोच रहा है? इसके पीछे कोई कारण अवश्य ही होता है। उस कारण की तह में जाने का प्रयास कीजिए, उसके सारे कार्यों की चाबी आपके हाथ आ जाएगी।

बाद में पूरी ईमानदारी से खुद को उसके स्थान पर रखकर सारी स्थितियों का चिंतन कीजिए। खुद से प्रश्न कीजिए, 'यदि मैं उसके स्थान पर होता, तो कैसा महसूस करता?' यदि आप ऐसा करते हैं तो सारी समस्याएँ पलक झपकते दूर हो जाएँगी, क्योंकि कारण में दिलचस्पी लेकर निष्कर्षों की आलोचना करने से बच सकते हैं। आपकी मानवीय संबंधों की कला में भी निखार आएगा।

'हाऊ टु टर्न पीपुल इन्टू गोल्ड' पुस्तक में केनेल एम. गुड ने लिखा है, "थोड़ी देर रुककर सोचिए। आपकी अपने में बहुत दिलचस्पी है, लेकिन दूसरों में दिलचस्पी बहुत कम है। दुनिया का प्रत्येक आदमी ऐसा सोचता है। आप यह बात जान लेंगे, तो आप भी रूजवेल्ट तथा लिंकन की भाँति मानवीय संबंधों की बुनियाद को समझ जाएँगे। लोगों को प्रेरित करने के लिए आपको सामनेवाले के नजरिए को समझना होगा।"

हेम्प्स्टेड, न्यूयॉर्क के सैम डगलस की पत्नी अकसर बगीचे की सफाई करती थी, लेकिन सैम को लगता कि वे बेकार समय बरबाद करती हैं। वे बगीचे से खरपतवार साफ करती थीं, खाद डालती थीं। इतनी मेहनत के बाद भी सैम कहता था कि बगीचा गंदा ही नजर आता है, उसकी यह बात सुनकर श्रीमती सैम चिढ़ जाती थीं। उनकी सारी शाम बरबाद हो जाती थी।

डगलस ने हमारे पाठ्यक्रम में भाग लिया और अनुभव किया कि वह इतने वर्षों से कितना मूर्खतापूर्ण आचरण कर रहा था। उसने सोचा भी नहीं था कि पत्नी अपने

सफाई के शौक के कारण इतनी मेहनत करती थी और तारीफ सुनना चाहती थी।

एक शाम खाने के बाद पत्नी ने कहा कि वह बगीचे की सफाई करना चाहती है। उसने सैम से भी चलने का अनुरोध किया। पहले सैम ने मना किया, लेकिन फिर वह बगीचे में गया तथा खरपतवार उखाड़ने में मदद करने लगा। पत्नी बहुत खुश हुई और फिर दोनों ने बातें करते हुए एक घंटे में बगीचे की सफाई कर दी और पता भी नहीं चला।

अब सैम अकसर बागबानी में पत्नी की मदद करने लगा तथा साथ ही तारीफ भी करता कि उसी की मेहनत का परिणाम है, जो कंक्रीट जैसी जमीन के बाद भी बगीचा इतना साफ दिखता है। इससे उनका वैवाहिक जीवन पहले से भी ज्यादा सुखी हो गया। डगलस ने पत्नी के दृष्टिकोण से देखना शुरू कर दिया था, चाहे मामला खरपतवार जैसी मामूली सी चीज का ही था।

'गेटिंग टु पीपुल' पुस्तक में डॉ. जेराल्ड एस. निरेनवर्ग लिखते हैं, "किसी चर्चा के दौरान आप दूसरों का सहयोग तभी प्राप्त कर सकते हैं, जब दूसरों के विचारों और भावनाओं को अपने विचारों तथा भावनाओं के बराबर महत्त्व देते हैं। यदि आप चाहते हैं कि श्रोता आपके विचारों को पसंद कर उनके साथ सहमत हों, तो आपको चर्चा इस तरह करनी चाहिए कि सामनेवाला चर्चा की दिशा को समझ जाए। विचार अभिव्यक्त करने से पहले सोच लें कि क्या एक श्रोता के रूप में आप भी विचार सुनना पसंद करेंगे। आप श्रोता के दृष्टिकोण को समझ जाइए। श्रोता आपके दृष्टिकोण को अपने आप समझ लेगा।"

मुझे घर के समीपवाले पार्क में घुड़सवारी करना तथा घूमना अच्छा लगता है। एक ओक-ट्री से मुझे बहुत ज्यादा लगाव है, लेकिन दुःख भी होता है, क्योंकि हर साल कई पेड़ों में आग लग जाती है और वे राख हो जाते हैं। आग अपने आप नहीं लगती, न किसी सिगरेट पीनेवाले की लापरवाही से लगती है, बल्कि जंगल में आग पिकनिक मनानेवालों की वजह से लगती है, जो वहाँ अंडे तथा फ्रैंकपर्टर बनाते हैं। कभी-कभी आग इतनी भयंकर होती है कि दमकल को बुलाना पड़ता है।

वैसे पार्क के एक कोने में बोर्ड भी लगा हुआ है, जिस पर साफ लिखा है कि यहाँ आग जलाने पर जुर्माना किया जाएगा, लेकिन एक कोने में लगे होने के कारण लोगों की नजर इस बोर्ड पर पड़ती ही नहीं थी। सुरक्षा के लिए एक पुलिसवाला भी तैनात रहता, लेकिन वह लापरवाह इनसान था, इसलिए जिसकी जो मरजी होती, वह वही करता। एक बार मैंने पुलिसवाले को बताया कि पार्क में आग लग रही है, वह

तुरंत दमकल विभाग को फोन कर दे, लेकिन पुलिसवाले ने कह दिया कि वह स्थान उसके एरिया में नहीं आता, इसलिए फोन नहीं करेगा। मैं बहुत बेचैन हो गया और तभी सुरक्षा का जिम्मा अपने हाथ में ले लिया। प्रारंभ में मैं किसी दूसरे के दृष्टिकोण को समझना ही नहीं चाहता था। जब भी किसी को आग जलाते देखता था तो दु:खी हो जाता। पार्क को बचाने के चक्कर में कभी मैं बहुत उतावला हो जाता। मैं घोड़े पर चढ़कर उन युवाओं के पास जाता और कहता था कि यदि एक मिनट के अंदर उन्होंने आग नहीं बुझाई तो पुलिस को सूचित कर दूँगा, जुर्माना भी भरना पड़ेगा। मैं दूसरे का नजरिया समझे बिना अपने दिल का गुबार निकालना प्रारंभ कर देता था।

परिणाम ? उस समय तो पुलिस के भय से वे मेरी बात मान लेते, लेकिन अंदर से बहुत चिढ़ जाते। संभवत: मेरे चले जाने पर दुबारा भी आग जला लेते हों कि अच्छा है, सारे जंगल में आग लग जाए।

कई साल गुजर जाने के बाद मुझे मानवीय संबंधों का ज्ञान हुआ तथा मैंने सामनेवाले के दृष्टिकोण से चीजों को देखने की कला समझी और कूटनीतिपूर्वक बरताव करना शुरू कर दिया। आदेश देने के बजाय मैं इस तरह कहता था—

"वाह, क्या बात है ! खूब मजे में रहो, मेरे प्यारे बच्चो ! क्या बनाया है आज खाने में, क्या बन रहा है ? जब मैं तुम्हारे जितना था, मुझे भी आग जलाना पसंद था। सच कहूँ मुझे आज भी बहुत अच्छा लगता है, जंगल में आग जलाकर खाना बनाना, लेकिन आप संभवत: नहीं जानते कि पार्क में आग जलाना बहुत खतरनाक होता है। आप समझदार हैं, लेकिन सभी बच्चे आपकी तरह नहीं होते। वे आग जलाते हैं, खाना बनाते हैं, मौज-मस्ती करते हैं, लेकिन जाते समय आग को बुझाना भूल जाते हैं। यही आग सूखी पत्तियों से होती हुई बड़े-बड़े पेड़ों तक पहुँच जाती है। जंगल में आग जलाना कानूनी अपराध है। इसके लिए आपको सजा भी हो सकती है। मैं आपको आदेश नहीं दे रहा हूँ, न ही आपके आनंद में बाधा डालना चाहता हूँ। बेहतर यही होगा कि आप पिकनिक मनाएँ और जाते समय आग बुझाकर उसके ऊपर धूल डाल दें। अगली बार भी आप आग जलाओ, तो पहाड़ी पर बने सैंडविच में ही आग जलाना। इससे कोई भी नुकसान नहीं होगा। अच्छा बच्चो, सुनने के लिए शुक्रिया !"

सोचिए, बात दोनों बार एक थी, लेकिन उस बात को कहने की शैली में जमीन-आसमान का अंतर था। इस तरह से बच्चों में सहयोग की मनोदशा पैदा होती, वे मुझसे चिढ़ते भी नहीं थे। उन्हें किसी आदेश को मानने के लिए बाध्य नहीं

किया गया। उन्हें जंगल को बचाने की सीख दी।

हारवर्ड बिजनेस विद्यालय के डीन डानहैम का कहना है, 'मैं किसी बैठक में जाने से पहले किसी आदमी के दफ्तर के सामनेवाले पैदल-पथ पर दो-तीन घंटे घूमना पसंद करूँगा, लेकिन बिना इस बात को सोचे-समझे प्रवेश नहीं करूँगा कि अंदर जाकर मुझे क्या कहना है तथा उसकी रुचियों, उपलब्धियों लक्ष्यों के बारे में मेरी जानकारी के अनुसार सामनेवाले का क्या उत्तर होगा। ये शब्द इतने महत्त्वपूर्ण हैं कि बार-बार दुहराए जाने चाहिए।

अब यदि इस पूरी किताब से आप सिर्फ एक ही महत्त्वपूर्ण सबक ले लें कि सदैव अपने दृष्टिकोण के साथ-साथ सामनेवाले के दृष्टिकोण से सोचना तथा देखना है, तो यह आपके कॅरियर में काफी उन्नति कर सकती है।

क्या आपको भी ऐसे करिश्माई वाक्य की खोज है, जो बहस को समाप्त कर दे, सद्भावना तथा मैत्री कायम कर दे तथा सामनेवाले को आपकी बात ध्यान से सुनने के लिए मजबूर कर दे।

बिल्कुल, यह रहा वह करिश्माई वाक्य—"मैं आपको बिल्कुल दोष नहीं देना चाहता। यदि आपकी जगह मैं होता तो निस्संदेह ऐसे ही सोचता तथा ऐसे ही करता।"

इस तरह के शब्दों से कटु दिलवाला आलोचक भी मोम की तरह पिघल जाएगा। जब आप ऐसा कहते हैं, तो एकदम सही कहते हैं। अल केपोन का ही उदाहरण लें। यदि आपके पास उसके जैसा शरीर, दिमाग तथा स्वभाव होता, वैसा ही वातावरण मिलता, वैसे ही अनुभव मिलते, तो निश्चित रूप से वैसे ही होता, जैसा वह था। इन्हीं सब बातों के कारण ही तो वह अल केपोन बन गया था। एक और उदाहरण, यदि आप साँप या मगरमच्छ नहीं हैं, तो इसका मुख्य कारण सिर्फ इतना सा है कि आपके माता-पिता साँप या मगरमच्छ नहीं थे। इनसान थे, तो आपको भी इनसान बनना था।

आप जो कुछ भी हैं, इसका श्रेय आपको न के बराबर जाता है। लोग असभ्य, चिड़चिड़े, अतार्किक होते हैं, इसमें भी उनका दोष बहुत कम होता है। हमें उन दुर्भाग्यशाली लोगों के प्रति सहानुभूति रखनी चाहिए। खुद से कहिए, 'ईश्वर का लाख-लाख शुक्र है कि मैं उसकी जगह पर नहीं हूँ।'

व्हाइट हाउस में रहनेवाले प्रत्येक प्रेसीडेंट के सामने मानवीय संबंधों को समझने की दुखदाई समस्याएँ हर दिन आती हैं। प्रेसिडेंट टैफ्ट के सामने भी ऐसी ही

समस्याएँ कई बार आई थीं। अनुभवों ने उन्हें सिखा दिया था कि कटु भावनाओं को सहानुभूति से बेअसर किया जा सकता है। पुस्तक में टैफ्ट कहते हैं कि किस तरह उन्होंने एक निराश तथा महत्त्वाकांक्षी माँ के गुस्से को शांत किया।

टैफ्ट बताते हैं, "वाशिंगटन की एक महिला मेरे पास आई और छह सप्ताह तक लगातार मुझसे कहती रही कि मैं उसके बेटे को एक महत्त्वपूर्ण पद पर नियुक्त कर लूँ। संभवत: उसके पति की कुछ राजनैतिक जान-पहचान भी थी, इसी वजह से उसने कई सीनेटर्स तथा संसद सदस्यों की मदद ली थी, उसने यह बात भी निश्चित कर ली थी कि वे सब उसी के समर्थन में बोलें, लेकिन मैंने किसी और व्यक्ति को इस पद पर रख लिया था, क्योंकि इस पद के लिए तकनीकी योग्यता की बहुत जरूरत थी। मैंने ब्यूरो प्रमुख की अनुशंसा का पालन किया था। बाद में उस माँ ने एक पत्र लिखा, जिसमें कहा कि मैं बहुत एहसान फरामोश हूँ। मैंने उसकी खुशियाँ छीन ली थीं। यह भी शिकायत की कि उसने अपने स्टेट डेलीगेशन के साथ मेहनत करके एक प्रशासनिक विधेयक के लिए सारे वोट जुटा लिये थे, जिसमें मेरी बहुत दिलचस्पी थी और बदले में मैंने उसे यह पुरस्कार दिया। उसने मुझे बहुत उलाहने दिए।

"जैसे ही आप इस तरह का कोई पत्र प्राप्त करते हैं, तो सबसे पहले आपके मन में यही बात आती है कि आप ऐसे आदमी के साथ कैसा बरताव करेंगे, जो आपके साथ बदतमीजी से पेश आया हो। तुरंत आप कागज-कलम लेकर उत्तर लिखने बैठ जाते हैं, लेकिन आप समझदार हैं, तो उस पत्र को अलमारी में रखकर ताला लगा देते हैं, फिर जब दो-चार दिन बाद आप दुबारा उस पत्र को पढ़ते हैं, तब तक गुस्से पर काबू पा चुके होते हैं। समझदार तथा व्यवहार-कुशल आदमी ऐसा ही करता है। मैंने भी यही रास्ता अपनाया। मैंने एक विनम्रतापूर्ण पत्र लिखा कि मैं समझता हूँ कि माँ होने के नाते आपके दिल पर क्या गुजरी होगी, लेकिन इस नियुक्ति में मेरी निजी भावनाओं के लिए कोई स्थान नहीं था। मैंने आशा अभिव्यक्त की कि उसका पुत्र वर्तमान पद पर होते हुए भी ऊँची उपलब्धियाँ हासिल करेगा। उस महिला का क्रोध शांत हो गया और उसने एक और पत्र लिखकर मुझसे माफी माँगी।

"लेकिन जो नियुक्ति मैंने की थी, संसद् की मंजूरी मिलने में उसे कुछ समय लग गया। उसने मुझे एक और पत्र लिखा, जिसे उसके पति के नाम से लिखा गया था। उसकी लिखाई महिला द्वारा लिखे पत्रों जैसी थी। इस पत्र में मुझे यह जानकारी दी गई थी कि वह महिला इतनी निराश हो गई थी कि बुरी तरह बीमार पड़ गई।

उसने बिस्तर पकड़ लिया था और उसे अमाशय का कैंसर हो गया। क्या मैं अपने द्वारा सुझाए गए पहले नाम को वापस लेकर उसके बेटे को नियुक्ति देकर महिला को स्वस्थ नहीं करना चाहूँगा। मैंने एक और पत्र लिखा। इस बार यह पत्र उसके पति को लिखा कि संभवत: टेस्ट के बाद उसका कैंसर गलत साबित हो जाए। मैंने सहानुभूति अभिव्यक्त करते हुए लिखा कि दिल से भगवान् से प्रार्थना करूँगा कि आपकी पत्नी को जल्दी ठीक कर दें, लेकिन मैं अपने सुझाए गए नाम को वापस नहीं ले सकता। मेरे सुझाए नाम को संसद् में मंजूरी मिल गई। पत्र मिलने के दो दिन बाद हमने व्हाइट हाउस में एक संगीत समारोह रखा। सबसे पहले मुझे तथा श्रीमती टैफ्ट को जिसने बधाई दी, वे वही पति-पत्नी थे। हालाँकि यह महिला हाल ही में गंभीर रूप से बीमार होकर बिस्तर में पड़ी थी।"

जिम मैग्नम ओक्लाहामा के टुलसा में लिफ्ट मेंटेनेंस कंपनी के प्रतिनिधि थे। उनके पास टुलसा के एक बड़े होटल में लिफ्ट के मेंटेनेंस का काण्ट्रैक्ट था। व्यवस्थापक चाहता था कि होटल की लिफ्ट दो घंटे से ज्यादा बंद न हो, क्योंकि इससे ग्राहकों को परेशानी हो सकती थी। लिफ्ट की मरम्मत में आठ घंटे का समय जरूर लगता। मेंटेनेंस कंपनी में खास प्रशिक्षित आदमी सदैव होटल की सुविधानुसार उपलब्ध नहीं रहता था।

श्रीमान् मैग्नम ने एक कुशल मेकैनिक को तैयार कर लिया, उन्होंने होटल व्यवस्थापक को फोन किया एवं उसने इच्छानुसार समय के लिए बहस के स्थान पर ये बातें कीं, "रिक, मुझे ज्ञात है कि आपका होटल सदैव व्यस्त रहता है। आप नहीं चाहते कि लिफ्ट बंद होने से आपके ग्राहकों को परेशानी का सामना करना पड़े। हम आपकी परेशानी समझते हैं, लेकिन यदि लिफ्ट अभी ठीक नहीं कराई गई, तो बाद में इसकी मरम्मत में और अधिक समय लग सकता है। आप यह बिल्कुल नहीं चाहेंगे कि आपके ग्राहकों को कई दिनों तक असुविधा का सामना करना पड़े।" व्यवस्थापक समझ गया कि कई दिनों की असुविधा से कुछ घंटों की परेशानी ठीक है। ग्राहकों को खुश रखने की व्यवस्थापक की इच्छा के साथ सहानुभूति जताकर श्रीमान् मैग्नम ने होटल के व्यवस्थापक से बिना किसी कटुता के बात मनवा ली।

मिसूरी के सेंट लुई में पियानो टीचर जॉयस नॉरिस ने मुझे अपना अनुभव बताया कि किस तरह उन्होंने किशोरियों की समस्याओं को सुलझाया। उनकी कक्षा में एक बैबेट नाम की लड़की थी। उसके नाखून कुछ ज्यादा लंबे थे। पियानो बजाने का मुनासिब प्रशिक्षण लेने में लंबे नाखून बड़ी बाधा साबित होते हैं।

मिसेज नॉरिस ने बताया, "मुझे ज्ञात था कि लंबे नाखून अच्छे पियानो वादक के सबसे बड़े दुश्मन होते हैं और वह लड़की कुशल पियानो वादक बनना चाहती थी। पहले मैंने उसके नाखूनों के विषय में कोई बात नहीं की। मुझे ज्ञात था कि वह किसी हालत में नाखून काटना नहीं चाहेगी। उसने अपने नाखूनों को बड़े जतन से बढ़ाया था।

"मुझे लगा कि अब चर्चा करने का सही समय आ गया है। इसलिए उससे कहा, 'बैबेट, तुम्हारे हाथ बहुत आकर्षक हैं और नाखून सबसे ज्यादा सुंदर हैं, लेकिन यदि नाखून थोड़े छोटे हों, तो तुम ज्यादा अच्छी तरह पियानो बजा पाओगी। इस बारे में जरूर सोचना।' उसके चेहरे से निराशा साफ झलक रही थी। नाखूनों के बारे में उसकी माँ से भी बातें कीं। वहाँ भी नकारात्मक प्रतिक्रिया का सामना करना पड़ा। बात साफ थी कि बैबेट के खूबसूरत लंबे नाखून उसके लिए बहुत महत्त्व रखते थे, जैसे उसकी अमूल्य संपत्ति हों।

"अगले दिन बैबेट दूसरे सबक के लिए कक्षा में आई, तो यह देखकर मैं चकित रह गई कि उसने अपने नाखून छोटे कर लिये थे। मैंने उसकी प्रशंसा की कि वाकई इतनी प्यारी चीज को कटवाकर उसने बहुत त्याग किया है। मैंने उसकी माँ को भी बेटी को प्रेरित करने के लिए धन्यवाद दिया। माँ का उत्तर था, 'अरे, नहीं! ये तो बैबेट ने अपनी मरजी से काटे हैं। ऐसा पहली बार है, जब उसने किसी के कहने पर नाखून छोटे किए हैं।"

मिसेज नॉरिस ने बैबेट को न धमकाया और न यह कहा कि वह लंबे नाखूनोंवाली छात्र को पियानो नहीं सिखा सकतीं। उन्होंने बैबेट को यही बताया था कि उसके नाखून बहुत सुंदर हैं। उन्हें काटकर उसने बहुत बड़े त्याग का परिचय दिया है।

सॉल इरॉक अमरीका के पहले दर्जे के इंप्रेसेरियो थे। लगभग आधी सदी तक उनका वास्ता ऐसे कलाकारों से रहा, जिनमें चालियापिन, इसाडोरा डंकन तथा पाव्लोवा जैसे मशहूर कलाकार सम्मिलित थे। इन सनकी सितारों से बरताव करने की जो पहली चीज उसने सीखी, वह यह थी कि उनके साथ सहानुभूतिपूर्ण रवैया अपनाया जाए।

तीन वर्षों तक वे फ्लोदोर चालियापिन के इंप्रेसेरियो थे, जिन्होंने अपनी संगीत प्रतिभा से सारी दुनिया को रोमांचित कर दिया था, लेकिन चालियापिन बिगड़े बच्चे की तरह बरताव करते थे। यह बड़ी समस्या थी। श्रीमान् हूराक के अनुसार, "वे किसी तूफान से कम नहीं थे।"

उदाहरणतया, चालियानि श्रीमान् हूराक को संगीत कार्यक्रम के दिन दोपहर को बुलाकर कहने लगते, "सॉल, मेरी तबीयत खराब है और गला कच्चे हैमबर्गर की तरह हो गया है। मुझे नहीं लगता कि आज रात के कार्यक्रम में मैं गाना गा पाऊँगा।" लेकिन क्या श्रीमान् हूरॉक उनसे बहस करते? मतलब ही नहीं। वे जानते थे, व्यवस्थापक को अपने कलाकार के साथ कैसा बरताव करना चाहिए। वे चालियापिन के होटल पहुँचते थे और सहानुभूति भरे लहजे से अफसोस जताते हुए कहते, "बड़े दुःख की बात है कि रात को आप गा नहीं पाएँगे। मैं तुरंत इस कार्यक्रम को रद्द कर देता हूँ। आपको 2000 डॉलर का नुकसान जरूर होगा, लेकिन आपकी प्रतिष्ठा बची रहेगी।"

चालियापिन आह भरते हुए कहता, "देखो, शाम तक रुक जाओ। पाँच-साढ़े पाँच बजे के करीब आ जाना। हो सकता है, मेरी हालत में कुछ सुधार आ जाए।" फिर वह महान् गायक गाने के लिए इस शर्त पर तैयार हो गया कि श्रीमान् हूरॉक मंच पर घोषणा कर दें कि चालियापिन को जुकाम हो रहा है और उनका गला भी ठीक नहीं है। श्रीमान् हूरॉक भी उनकी हाँ-में-हाँ मिला देते, क्योंकि जानते थे कि इस सनकी गायक को नए तरीके आजमाकर ही गाने के लिए राजी किया जा सकता है।

जे. पियरपोंट मॉरगन ने एक बार कहा था कि हर काम को करने के पीछे इनसान के पास दो कारण अवश्य होते हैं। पहला असलियत के करीब होता है तथा दूसरा कहने-सुनने में बड़ा रोचक लगता है।

यह बताने की कोई जरूरत नहीं कि हर आदमी असली कारण जरूर जानता है, लेकिन हम सभी दिल से आदर्शवादी होते हैं, इसीलिए उन कारणों के विषय में सोचना पसंद करते हैं, जो सुनने में अच्छे लगते हैं। इसीलिए आपको आदर्शवादी कारणों का सहारा लेकर लोगों को बदलने की कोशिश करनी चाहिए।

यह आदर्शवादी तरीका बिजनेस में बहुत काम का साबित होता है। इसको साबित करने के लिए हम ग्लेनोल्डन, पेनसिल्वेनिया में फैरेल-मिथेल कंपनी के हैमिल्टन जे. फैरेल का उदाहरण लेते हैं। फैरेल के एक नकचढ़े किराएदार ने उन्हें घर खाली करके चले जाने की धमकी दे दी। वैसे समझौते के मुताबिक उसे चार महीनों तक वहीं पर रहना था, लेकिन फिर भी उसने नोटिस लगा दिया कि वह घर तुरंत खाली करना चाहता था।

फैरेल ने आगे बताया, 'ये लोग मकान में सर्दियाँ गुजार चुके थे और इसी

समय में मकान महँगे होते हैं। कोई नया किराएदार दूसरी सर्दियों से पहले नहीं मिलनेवाला। मुझे काफी नुकसान दिखाई दे रहा था। मैं पागल सा महसूस कर रहा था।'

"वैसे, मैं भी उसके पास जाकर उसे भला-बुरा कह सकता था और बता सकता था कि यदि उसने समझौता तोड़ा, तो मैं कानून की शरण में जाऊँगा, लेकिन जानता था कि गुस्से में आकर विवाद बढ़ाने से कोई फायदा नहीं। इसलिए मैंने दूसरी तकनीक अपनाई। मैं उससे बोला, 'मिस्टर मैं वर्षों से मकान किराए पर देता आ रहा हूँ। इसीलिए मुझे मानव-स्वभाव का काफी ज्ञान है। आप जब पहली बार आए थे, तो आपको देखते ही समझ गया था कि आप अपनी जुबान के बहुत पक्के हैं। मुझे जब भी यही लगता है, इसलिए मैं एक प्रस्ताव आपके समक्ष रखना चाहता हूँ।'

"यह है प्रस्ताव ! इस पर कुछ दिन विचार करने के बाद उत्तर देना। चाहते हैं, तो आपके फैसले को आखिरी मान लूँगा। मैं मान लूँगा कि आपके बारे में मेरी सोच गलत थी, लेकिन मुझे अभी भी विश्वास है कि आप अपना वायदा निभाएँगे। हर इनसान या तो आदमी होता है या फिर बंदर और हम क्या हैं, यह चुनना हमारे अपने हाथों में होता है।

"दूसरे महीने उस किराएदार ने आकर मेरा किराया चुकता कर दिया। कहने लगा कि उसकी पत्नी तथा वह इसी निष्कर्ष पर पहुँचे हैं कि अपने आत्म-सम्मान की रक्षा हेतु हमें अपना वायदा निभाना चाहिए।"

एक बार लॉर्ड नॉर्थक्लिफ चाहते थे कि उनकी एक तसवीर अखबार में न छपे। इसके लिए उन्होंने संपादक को एक पत्र लिखा, "कृपया मेरी वह तसवीर मत छापना, क्योंकि वह तसवीर मेरी माँ को बिल्कुल भी अच्छी नहीं लगती।" अगर वे साफ लिख देते कि वह तसवीर मत छापें, क्योंकि मुझे पसंद नहीं है, तो क्या वह संपादक उनकी बात मानता ? संभवत: नहीं। लेकिन उन्होंने आदर्शवादी आदमी की तरह मातृ-प्रेम तथा सम्मान की मनोदशा का सहारा लिया था।

जॉन डी. रॉकफेलर जूनियर चाहते थे कि अखबारवाले उनके बच्चों की तसवीरें न लें। उन्होंने साफ तौर पर नहीं कहा कि उन्हें अपने बच्चों की तसवीरें छपवाना अच्छा नहीं लगता, बल्कि यह कहा, "आपके भी बच्चे होंगे और आप अच्छी तरह जानते हैं कि बच्चों को कम उम्र में इतना प्रचार मिलना उनके भविष्य के लिए दुखदायी होता है।"

मैन के निर्धन लड़के साइरस एच.के. कर्टिस अपने कॅरियर के शुरू में लेखकों

को उतनी राशि नहीं दे पाते थे, जितनी दूसरे प्रतिद्वंद्वी दे सकते थे। वे सिर्फ पैसों के लिए प्रसिद्ध लेखकों के लेख नहीं लिखवा सकते थे, इसलिए उन्होंने आदर्शवादी कारणों का सहारा लिया। उदाहरण के लिए 'लिटिस विमेन' की लेखिका लुईसा में अलकॉट को भी समाचार-पत्र में लिखने के लिए राजी कर लिया। उस समय अलकॉट अपनी प्रसिद्धि के उच्चतम शिखर पर थीं। इसके लिए उन्होंने 100 डॉलर का चेक उनके नहीं, बल्कि उनकी पसंदीदी चैरिटी के नाम पर दिया था।

कोई भी शक्की आदमी यहाँ पर कहेगा, "ये बातें नॉर्थक्लिफ तथा रॉकफेलर जैसे भावुक उपन्यासकारों के लिए सही हो सकती हैं, लेकिन मैं तो यह देखना चाहूँगा कि क्या ये बातें कटु दिलवाले लोगों पर भी सही साबित होंगी, जिनसे मुझे बहुत सारा पैसा वसूलना है।"

आपकी बात सही है। कोई भी नियम सभी पर एक समान काम नहीं करता। यदि आप उन नतीजों से पूर्णतया संतुष्ट हैं, जो आपको मिल रहे हैं, बदलना क्यों चाहते है ? यदि संतुष्ट नहीं हैं, तो उपयोग करके देखने में क्या हर्ज है।

इसके लिए आपको मेरे एक पूर्व छात्र जेम्स एल. थॉमस की यह सच्ची कहानी पढ़ने में बहुत मजा आएगा—

एक ऑटोमोबाइल कंपनी के छह ग्राहकों ने सर्विसिंग बिल अदा करने से इनकार कर दिया। सभी को कोई-न-कोई परेशानी थी, लेकिन बिल-कार्ड पर ग्राहक के हस्ताक्षर होने के कारण कंपनी को पता था कि उनका दावा सही है। कंपनी की पहली त्रुटि यह कि उन्होंने यह बात ग्राहकों को पत्र में लिखकर भिजवा दी।

क्या आपको लगता है कि क्रेडिट डिपार्टमेंट के आदमियों द्वारा वसूली के लिए उठाए गए कदम सही थे ?

कंपनी के एजेंट ने हर खरीदार के घर जाकर साफ कह दिया कि वे बिल वसूली के लिए आए हैं, जिसका भुगतान उन्होंने लंबे समय से नहीं किया है। उन्होंने स्पष्ट कर दिया कि खरीदार गलत थे और कंपनी पूरी तरह सही थी। यह भी बता दिया कि ऑटोमोबाइल की जितनी समझ कंपनी के कर्मचारियों को है, उतनी ग्राहकों को नहीं है, इसीलिए ग्राहकों को बहस में नहीं पड़ना चाहिए। परिणामस्वरूप, बहस घंटों खिंचती रही।

क्या आपको लगता है कि कोई खरीदार बिल चुकाने के लिए मान गया होगा ? इसका उत्तर खुद से पूछकर देखिए कि इस स्थिति में आप क्या करते ? ऐसी स्थिति में क्रेडिट व्यवस्थापक कानूनी काररवाई का मन बना चुका था, तभी यह

मामला जनरल व्यवस्थापक की नजर में आ गया। व्यवस्थापक ने ग्राहकों की पूरी जाँच की और इससे यह ज्ञात हुआ कि आमतौर पर खरीदार तुरंत पैसों का भुगतान कर देते थे, इसलिए इस बात की संभावना थी कि वसूली के तरीके में ही कहीं कोई परेशानी थी। उस जनरल व्यवस्थापक ने जेम्स एल. थॉमस को बुलाकर बिलों की वसूली की जिम्मेदारी सौंपी।

श्रीमान् थॉमस द्वारा उठाए कदमों के विषय में उन्हीं की जुबानी सुनिए—''हर खरीदार के पास मैं एक पुराना बिल वसूलने गया था, एक ऐसा बिल, जिसके बारे में ज्ञात था कि वह पूर्णतया सही है, लेकिन फिर भी मैंने इस बारे में एक शब्द नहीं कहा। उनसे बस, यही कहा कि मैं यहाँ सिर्फ यह जानने आया हूँ कि कंपनी ने उनके लिए कुछ किया है या नहीं। मैंने यह भी स्पष्ट कर दिया कि मैं खरीदार की पूरी बात सुनकर ही अपनी कोई राय बनाता हूँ। यह भी कहा कि कंपनी भी कभी गलत हो सकती है।

"मैंने उसे बताया कि मेरी दिलचस्पी सिर्फ उसकी कार में थी। अपनी कार के बारे में वह जितना जानता है, उतना कोई और नहीं जानता। अपनी कार का वह सबसे बड़ा विशेषज्ञ है। फिर वह बोलता रहा। मैं उसकी बात दिलचस्पी से सुनता रहा। वह यही चाहता था।

"आखिर में माहौल दोस्ताना हो गया, तब मैंने मामले को उसके विवेक तथा अंतरात्मा की आवाज पर छोड़ दिया। मैं बोला, 'सबसे पहले मैं आपको बताना चाहता हूँ कि इस मामले को कंपनी ने ठीक तरह से नहीं सँभाला। इसीलिए परेशानियों का सामना करना पड़ा, इसका मुझे खेद है और आपसे माफी चाहता हूँ। आपसे बातचीत करके मैं समझ गया हूँ कि आप में बहुत धीरज है, इसलिए मैं आपसे एक मदद चाहता हूँ। यह काम जितनी अच्छी तरह आप कर सकते हैं, दूसरा कोई नहीं कर सकता। यह आपका बिल है और यह मैं आप पर छोड़ता हूँ कि आप कितना भुगतान करना चाहेंगे। आपका फैसला हमें मान्य होगा।

"ऐसा हो नहीं सकता था कि ग्राहकों ने बिल का भुगतान न किया हो। उन्होंने बिल का भुगतान किया तथा रोमांचित भी हो गए। राशि 150 डॉलर से 400 डॉलर के बीच थी, लेकिन एक खरीदार ने स्वार्थपूर्ण रवैया अपनाया। एक आदमी ने विवादित राशि नहीं चुकाई, लेकिन और सभी ने पूरा बिल चुकता कर दिया। इससे भी महत्त्वपूर्ण बात यह हुई कि उन्होंने दुबारा हमारी कंपनी से नई कारें खरीदीं।"

थॉमस के अनुसार, "मेरा अनुभव कहता है कि आपको किसी खरीदार की

पूरी जानकारी न हो, तो उसे एक ईमानदार, सच्चा तथा बिल का भुगतान करने का इच्छुक आदमी मान लेना चाहिए। हर खरीदार आम तौर पर ईमानदार तथा सच्चा होता है तथा पैसे के लेन-देन का इच्छुक भी होता है। इस नियम के कुछ अपवाद भी होते हैं, लेकिन बहुत कम। ऐसे लोगों को आप एहसास दिला दें कि आप उन्हें ईमानदार मानते हैं, तो वे ईमानदारी से की पेश आएँगे।"

जितने लोगों से आपका सामना होता है, उनमें से ज्यादातर तो सहानुभूति, प्रेम, प्रशंसा आदि के भूखे हैं।

एक बार मैंने 'लिटिल विमेन' की लेखिका लुइसा अलकॉट पर एक रेडियो वार्त्ता पेश की। मुझे ज्ञात था कि वे मैसाच्यूसेट्स, कॉन्कॉर्ड में रहती हैं। वहीं रहकर उन्होंने अपना लेखन किया था, लेकिन बिना सोचे-समझे मैंने कह दिया कि मैं उनसे न्यू हैंपशायर के कॉन्कॉर्ड में मिला था। यह त्रुटि मैंने दो-तीन बार की। इसके बाद मेरे पास ढेरों पत्र तथा टेलीग्राम आदि आ गए, जिनमें मेरी त्रुटि के लिए बहुत बुरा-भला कहा गया। कॉलोनियल डेम, जो कॉन्कॉर्ड में ही बड़ी हुई थी और अब फिलाडेल्फिया में रहती थी, उसने मुझ पर गुस्से के सारे तीर छोड़ दिए। मैंने यह कहा होता कि मिस अलकॉट न्यू गिनी की नरभक्षी हैं, तो भी इससे ज्यादा मेरा अपमान नहीं कर सकती थी। उसका पत्र पढ़ने के बाद मैंने ईश्वर को धन्यवाद दिया तथा कहा, "मैं बहुत खुशकिस्मत हूँ कि मैंने सिर्फ भूगोल संबंधी भूल की है, लेकिन उसकी भूल मुझसे कहीं ज्यादा बड़ी थी। उसे तो मानवीय संबंधों की जरा सी भी समझ नहीं थी, लेकिन मैंने ऐसा नहीं किया। खुद पर नियंत्रण रखा। अनुभव किया कि कोई भी बेवकूफ ऐसा कर सकता है। अधिकतर बेवकूफ यही तो करते हैं, एक-दूसरे पर कीचड़ उछालते रहते हैं।

मुझे मूर्खों की श्रेणी से ऊपर उठना था। इसीलिए उसकी दुश्मनी को दोस्ती में परिवर्तित करने का निश्चय किया। यह मेरे लिए चुनौती भरा खेल था। मैंने खुद से कहा, "उसकी जैसी परिस्थितियों में संभवत: मैंने भी ऐसा ही पत्र लिखा होता।" मैंने उसके नजरिए के प्रति सहानुभूतिपूर्ण दृष्टिकोण अपनाया। अगली बार जब फिलाडेल्फिया गया, तो उसे फोन किया और फिर हमारी बातचीत इस तरह हुई—

मैं बोला, "श्रीमती डेम, कुछ दिनों पहले आपने मुझे एक पत्र लिखा था, उसके लिए मैं धन्यवाद देना चाहता हूँ।"

वह बोली, (शालीनता पूर्ण लहजे में) "आप कौन बोल रहे हैं?"

मैं बोला, "आपके लिए मैं अजनबी हूँ। मेरा नाम डेल कारनेगी है। कुछ समय

पूर्व आपने लुईसा अलकॉट पर मेरी रेडियो वार्त्ता सुनी थी। मुझसे एक भूल हो गई थी कि लुईसा अलकॉट हैंपशायर के कॉन्कॉर्ड में रहती थीं। वाकई में यह मूर्खतापूर्ण त्रुटि थी। इसीलिए मैं दिल से माफी माँगना चाहता हूँ। मैं शुक्रगुजार हूँ कि आपने मेरी त्रुटि बताने के लिए समय निकाला।"

वह बोली, "श्रीमान् कारनेगी, इतना कड़ा पत्र लिखने के लिए बहुत शर्मिंदा हूँ। मैं खुद आपसे माफी चाहती हूँ। सही में मैं कुछ ज्यादा ही आपा खो बैठी थी।"

मैं बोला, "अरे नहीं, आप क्या कह रही हैं? माफी तो मुझे माँगनी चाहिए। किसी स्कूली बच्चे को भी इतना ज्ञान जरूर होगा। हालाँकि उस वार्त्ता के अगले रविवार को मैंने रेडियो पर माफी माँग ली थी, लेकिन मैं निजी रूप से आपसे माफी माँगना चाहता हूँ, इसीलिए आपको फोन किया।"

वह बोली, "मेरा जन्म मैसाच्यूसेट्स के कॉन्कॉर्ड में हुआ था। मेरा परिवार करीब दो सदियों से वहाँ का महत्त्वपूर्ण परिवार रहा है और इसीलिए अपनी जन्मभूमि पर बहुत गर्व है। यही कारण था कि सुनकर इतनी परेशान हो गई कि मिस अलकॉट हैंपशायर में रहती थी, लेकिन अब मैं अपने लिखे पत्र पर बहुत शर्मिंदा हूँ।"

मैं बोला, "लेकिन जितनी शर्मिंदा आप हैं, उससे कहीं ज्यादा मैं हूँ। मेरी वजह से मैसाच्युसेट्स को उतनी चोट नहीं पहुँची, जितनी कि मुझे पहुँची है। जब आप जैसे सुसंस्कृत लोग रेडियो पर बोलनेवालों को पत्र लिखने का समय निकालते हैं, तो हम लोग धन्य हो जाते हैं, मैं आशा करता हूँ कि भविष्य में भी आप मुझे मेरी गलतियों से अवगत कराने का कष्ट करेंगी।"

वह बोली, "जिस तरह से आपने अपनी आलोचना को स्वीकार किया है, मैं खुद को धन्य मान रही हूँ कि आप जैसे आदमी से बात करने का मौका मिला, मेरी दिली ख्वाहिश है कि एक बार आप जैसे भले इनसान से मिल सकूँ।"

मैंने उस महिला के नजरिए के प्रति सहानुभूति प्रकट की थी तथा माफी माँगी थी, इसलिए उसने भी मेरे नजरिए के प्रति सहानुभूति दिखाते हुए मुझसे माफी माँग ली। मैंने क्रोध पर काबू रखकर संतोष पाया तथा साथ ही अपमान के बदले दया दिखाने का सुख भी पा लिया। उसे श्यूल्किल नदी में कूदने का परामर्श देने के स्थान पर मुझे अपना प्रशंसक बनाने में अधिक आनंद की अनुभूति हुई।

आपके सिवा और कोई भी आपको शांति नहीं दे सकता।

नाटकीयता की व्यावहारिकता को समझें

याद रखें, खुशी इस पर निर्भर नहीं करती कि आप क्या हो या आपके पास क्या है, यह पूरी तरह इस बात पर निर्भर करती है कि आप क्या सोचते हैं।

मिशावाका, इंडियाना की मेरी कैथरीन वुल्फ को अपनी नौकरी में कुछ दिक्कतें आ रही थीं, उसने अपने बॉस से बातचीत करने का फैसला लिया। सोमवार सुबह बॉस से अपॉइंटमेंट का अनुरोध किया, लेकिन उनसे कह दिया कि बॉस के पास अभी समय नहीं है, उसे किसी और दिन अपाइंटमेंट के लिए सेक्रेटरी से संपर्क करना चाहिए। सेक्रेटरी ने यही कहा कि बॉस का शेड्यूल अभी बहुत व्यस्त है, लेकिन वह पूरी कोशिश करेगी कि वह उनसे मिल सके। आगे की कहानी मिस वुल्फ ने इस तरह बताई—

"पूरे दिनों उस सेक्रेटरी का उत्तर नहीं मिल पाया। जब भी जानने की कोशिश करती थी, तो वह कोई-न-कोई कारण बता देती कि बॉस क्यों नहीं मिल सकते। शुक्रवार भी आ गया और कोई उत्तर नहीं मिल सका। मैं हर हाल में वीकेंड से पहले बॉस से समस्याओं के बारे में बात करना चाहती थी, इसलिए मैंने खुद से पूछा कि ऐसा क्या करूँ कि वे मुझसे मिलने के लिए राजी हो जाएँ।

"मैंने बॉस को एक औपचारिक पत्र लिखा, पत्र में मैंने लिखा कि मैं उनकी व्यस्तता से परिचित हूँ, लेकिन मुझे एक बहुत जरूरी काम से उनसे मिलना है। पत्र में खुद का पता लिखा लिफाफा भी रख दिया, उसमें एक फॉर्म भी रखा, जिसे वे सेक्रेटरी से भी भरवा सकते थे। फॉर्म में मैंने लिखा था—

'मिस वुल्फ, मैं आपको…को…बजे… मिनट का समय देता हूँ।'

"पत्र को मैंने 11 बजे बॉस के पास भिजववाया और 2 बजे के करीब मैंने

अपना मेल-बॉक्स देखा। उसमें वह पता लिखा लिफाफा भी था। उन्होंने खुद ही उस फॉर्म को भरा था, जिसमें सूचित किया गया था कि मैं उसी दोपहर को उनसे मिल सकती थी, मेरे पास 10 मिनट का समय था। मैं उनसे मिली, तो हमने एक घंटे से भी ज्यादा समय तक समस्याओं का अवलोकन किया तथा उन्हें सुलझाया।

"यदि मैंने पूरी नाटकीयता से यह न जताया होता कि मैं सही में उनसे मिलना चाहती हूँ, तो मैं मिलने के समय का इंतजार ही कर रही होती।"

कुछ साल पहले फिलाडेल्फिया के अखबार 'इवनिंग बुलेटिन' के विरोध में एक दुखदायी अफवाह फैलाई जा रही थी। विज्ञापन देनेवालों को सचेत किया जा रहा था कि पाठक इस अखबार में कोई दिलचस्पी नहीं ले रहे, क्योंकि इसमें ढेरों विज्ञापन होते हैं, पढ़ने की सामग्री नाममात्र की ही होती है। इस अफवाह को तुरंत रोकने की जरूरत थी, लेकिन कैसे? अखबार ने अफवाह का उत्तर इस तरह दिया—

'इवनिंग बुलेटिन' ने एक दिन के अखबार से सभी तरह की खबरों को काटकर उनका वर्गीकरण किया तथा उसे पुस्तक के रूप में प्रकाशित किया। इस किताब का नाम रखा 'वन डे'। 307 पेज की किताब हार्ड कवर पुस्तक की तरह लग रही थी। इसे एक पुस्तक के रूप में बेचा जाए, तो इसकी कीमत कुछ डॉलर नहीं, वरन् कुछ सेंट थी।

इस पुस्तक से यह तथ्य सामने आया कि 'बुलेटिन' अपने पाठकों के लिए बहुत रोचक जानकारियाँ छापता है। इससे तथ्य अधिक रोचकता से तथा अधिक प्रभावी ढंग से पाठकों के सामने आए। कोरी या खोखली बातें 'बुलेटिन' की साख को इतनी अच्छी तरह से कभी नहीं बचा सकती थीं।

इस नाटकीयता के दौर में सच कहना ही काफी नहीं है। यह जमाना तो 'शोमैनशिप' का है। यह सब टेलीविजन में, फिल्मों में होता है। लोग ऐसा ही आकर्षण असली जिंदगी में चाहते हैं।

विंडो डिस्प्ले के विशेषज्ञ नाटकीयता की इस अद्भुत शक्ति को भली-भाँति जानते हैं। उदाहरण के लिए, एक नई चूहामार दवाई के निर्माताओं ने अपने डीलर्स को विंडो डिस्प्ले के सामान के साथ दो जिंदा चूहे भी दिए थे। जिन दिनों जिंदा चूहों को शोकेस में रखा गया, बिक्री कई गुना बढ़ गई।

आप टेलीविजन विज्ञापनों की नाटकीयता से परिचित हैं। इस बार फुरसत से टेलीविजन के सामने बैठकर देखिए कि किस तरह कंपनियाँ सामान को बेचने के

लिए नए-नए तरीके अपनाती हैं। साबुन का एक मामूली सा ब्रांड मैली-कुचैली कमीज को भी नई कर देता है, जबकि दूसरे ब्रांड की सफाई में पीलापन रह जाता है, जो लोग सामान खरीद रहे होते हैं, उनके चेहरे पर खुशी होती है, दर्शकों के समक्ष उस उत्पाद के गुणों का बखान बड़ी नाटकीयता से किया जाता है। यही नाटक लोगों को सामान खरीदने के लिए उत्साहित करता है।

हम अपने विचारों को बिजनेस के जीवन के किसी दूसरे पक्ष में नाटकीयता के साथ पेश कर सकते हैं। यह तरीका काफी सरल है। जिम ईमैंस रिकमंड वर्जीनिया में एन.सी.आर. (नेशनल कैश रजिस्टर) कंपनी के कुशल सेल्समैन हैं। वे अपना अनुभव बताते हैं, "पिछले दिनों मैं अपने पड़ोस की एक ग्रॉसरी शॉप पर गया। मैंने देखा कि दुकान का मालिक चेकआउट काउंटरों पर, जो कैश रजिस्टर इस्तेमाल कर रहा था, वे पुराने हो चुके थे। मैंने मालिक से कहा, 'हर बार खरीदार से डील करते हुए आप कुछ सिक्के गिरा देते हैं।' मैंने भी कुछ सिक्के सचमुच जमीन पर गिरा दिए। मालिक मेरी बात ध्यान से सुनने लगा। मैं सिर्फ शब्दों से ही उसके मन में दिलचस्पी जाग्रत् कर सकता था, लेकिन फर्श पर सिक्कों के गिरने की आवाज ने पूर्णतया उसे मेरे वश में कर दिया। आखिर मैंने उससे सारी पुरानी मशीनें बदलने का आदेश ले ही लिया।"

यह तकनीक घरेलू जीवन में कारगर साबित होती है, पुराने जमाने में प्रेमी प्रेमिका से प्यार का इजहार सिर्फ शब्दों से नहीं करता था, बल्कि जमीन पर घुटनों के बल बैठ जाता था। प्रेमी की यही भावनाएँ देखकर प्रेमिका भी पिघल जाती थी और हाँ कर देती थी। नए जमाने में प्रेम का इजहार करते समय प्रेमी घुटने के बल नहीं बैठता, परंतु वह माहौल को रोमांटिक बनाता है, जिससे प्रेमिका उसके प्रस्ताव को स्वीकार कर ले।

जेम्स बी. बॉयंटन की फर्म ने कोल्ड क्रीम की एक उच्चतम ब्रांड का वृहद् अध्ययन किया था। उनको एक लंबी मार्केट रिपोर्ट देनी थी। इस व्यवसाय में प्रतियोगिता के विषय में सारे तथ्य तुरंत चाहिए थे। संभावित खरीदार विज्ञापन जगत् का एक बड़ा घाघ भयानक आदमी था।

श्रीमान् बॉयंटन ने बताया, "मैं उस आदमी से पहली बार मिलने गया। हम शोध की तकनीकों पर निरर्थक बहस में घंटों उलझे रहे। न वह हार मानने को तैयार था, न मैं। उसने मुझे गलत साबित करने की कोशिश की और मैं खुद को सही साबित करने में लगा रहा।

"जीत मेरी हुई। मैं काफी खुश था, लेकिन साक्षात्कार का सारा समय निरर्थक बातों में बरबाद हो चुका था और मुझे अपने उद्देश्य में कामयाबी नहीं मिल पाई थी।

"दूसरी मुलाकात में मैंने आँकड़ों के बारे में बात ही नहीं की, बल्कि तथ्यों को बड़े नाटकीय ढंग से पेश किया।

"जब मैंने उसके दफ्तर में प्रवेश किया तो वह फोन पर बातें करने में व्यस्त था। मैंने अपने सूटकेस से कोल्ड क्रीम के 32 डिब्बे निकालकर उसकी बड़ी-बड़ी मेज पर रख दिए। ज्यादातर कंपनियों के बारे में वह जानता था, क्योंकि सारी कंपनियाँ उसकी व्यावसायिक प्रतिद्वंद्वी थीं।

"प्रत्येक डिब्बे पर एक टैग लगा था, जिस पर हमारे सर्वे के परिणाम लिखे थे। हर टैग पर लिखी कहानी को मैं नाटकीय अंदाज में कहता गया।

"बाद में क्या हुआ?

"अब बहस की तो कोई गुंजाइश नहीं बची थी। तरीका एकदम अलग और नया था। उसने हर शीशी पर लगे टैग को पढ़ डाला। बाद में बातचीत प्रारंभ हो गई। उसने मुझसे कुछ प्रश्न पूछे। मैं समझ गया कि उसे मेरी बातों में दिलचस्पी हो गई। पहले उसने मेरे सामने शर्त रखी थी कि सारे तथ्यों को 10 मिनट में स्पष्ट कर दूँ, लेकिन अब समय का पता ही नहीं चला और हम डेढ़-दो घंटे तक बातें करते रहे।

"इस बार भी मैंने वही तथ्य पेश किए थे, जो पहली बार किए थे, लेकिन इस बार पेश करने का मेरा तरीका नाटकीय था। मैंने शोमैनशिप का सहारा लिया और फर्क आपकी आँखों के सामने है।"

चार्ल्स श्वाब की मिल का एक व्यवस्थापक था, जिसकी मिल में श्रमिक पर्याप्त मात्रा में उत्पादन नहीं कर पा रहे थे। श्वाब ने व्यवस्थापक से पूछ लिया कि आप जैसा कुशल तथा योग्य व्यवस्थापक होने के बावजूद मिल में पर्याप्त उत्पादन क्यों नहीं हो रहा है? व्यवस्थापक ने निराश होकर उत्तर दिया, "मैं खुद नहीं समझ पा रहा हूँ। मैंने श्रमिकों को समझाया, प्रोत्साहित किया, हर तरह का लालच दिया, धमकाया भी, यहाँ तक कि नौकरी से निकालने का भय भी दिखाया, लेकिन उनपर कोई असर नहीं हुआ। वे पर्याप्त उत्पादन कर ही नहीं पा रहे हैं।"

यह चर्चा संध्या के समय हो रही थी और रातवाली शिफ्ट काम पर आनेवाली थी। श्वाब ने व्यवस्थापक से एक चॉक लाने के लिए कहा। बाद में पास खड़े श्रमिक से पूछा, "आज तुम्हारी शिफ्ट ने कितनी हीट्स पूरी कीं?"

"छह।" श्रमिक ने उत्तर दिया।

श्वाब ने चॉक से जमीन पर बड़े अक्षरों में 'छह' लिखा और चलते बने।

रातवाली शिफ्ट के श्रमिक आते ही बोले कि इस 'छह' का क्या मतलब। दिन की शिफ्टवाले श्रमिकों ने बताया, "आज हमारे बड़े बॉस आए थे। उन्होंने पूछा कि हमने कितनी हीट्स कीं, तो बता दिया 'छह'। उन्होंने यही 'छह' नंबर जमीन पर लिख दिया। सुबह सबने देखा कि रात की शिफ्टवाले श्रमिकों ने 'छह' को मिटाकर 'सात' कर दिया था।

जब सुबह की शिफ्टवाले आए, तो देखा, फर्श पर 'सात' लिखा था। अच्छा, तो रात की शिफ्टवाले समझते हैं कि हमसे ज्यादा योग्य हैं। लगता है, उन्हें सबक सिखाना ही पड़ेगा। सारा दिन उन्होंने जोश से काम किया और शाम होने पर जाते समय बड़े-बड़े अक्षरों में 'दस' लिख दिया। काम ने एकदम तेजी पकड़ ली थी। कुछ समय पूर्व जिस मिल का उत्पादन कम था, उसमें अचानक इतनी तेजी कैसे आ गई?

आप क्या सीख ले सकते हैं इस घटना से? श्वाब ही इस बात को ज्यादा अच्छी तरह बता सकते हैं, "अच्छा काम करवाने का सबसे बढ़िया तरीका है, प्रतियोगिता के लिए प्रेरित करना। यहाँ मेरा मतलब सिर्फ पैसा कमानेवाली बकवास प्रतियोगिता नहीं है, बल्कि श्रेष्ठतम काम करवाने की अभिलाषा से है।"

महान् 'फायरस्टोन टायर एंड रबर कंपनी' के संस्थापक हार्वे एस. फायरस्टोन ने कहा है, "मेरा मानना है कि सिर्फ अच्छी तनख्वाह पर अच्छे लोगों को अपनी कंपनी में नहीं रखा जा सकता। मेरे अनुसार असली आकर्षण तो काम की प्रकृति है।"

महान् एवं प्रसिद्ध बिहेवियरल साइंटिस्ट फ्रेडरिक हर्जबर्ग भी इस बात से सहमत हैं। उन्होंने फैक्टरी के मामूली से श्रमिक से लेकर वरिष्ठ कर्मचारी पर शोध किया। आपको क्या लगता है कि उनके शोध में कौन सा तत्त्व सबसे प्रेरक रहा होगा, पैसा? काम का अच्छा वातावरण? बीसियों सुविधाएँ? नहीं, सबसे अमूल्य तत्त्व, जिससे लोगों को प्रेरणा मिलती थी, वह थी काम की प्रकृति। यदि काम रोचक तथा चुनौतीपूर्ण है, तो लोग उसको करने के लिए प्रेरित होंगे तथा अच्छी तरह से करने के लिए प्रोत्साहित होंगे। हर सफल आदमी को चुनौतियाँ पसंद हैं। वह चाहता है कि उसे आत्म-अभिव्यक्ति का मौका मिले। जिससे वह अपना मूल्य, अपनी श्रेष्ठता साबित कर सके और लोगों को जीतकर दिखा सके। इसलिए प्रतियोगिताएँ

इतनी सफल होती हैं। हर कोई श्रेष्ठ बनना चाहता है, महत्त्वपूर्ण बनने की आकांक्षा रखता है।

श्रेष्ठत्तम होने की इच्छा, चुनौतियाँ, उत्साही लोगों को प्रेरित करने का सबसे कारगर तरीका है।

थियोडोर रूजवेल्ट कभी भी अमरीका के राष्ट्रपति नहीं बने होते, यदि उन्होंने चुनौतियों को स्वीकार नहीं किया होता। क्यूबा से वापस लौटने के पश्चात् उन्हें न्यूयॉर्क के गवर्नर पद का उम्मीदवार बना दिया गया। किसी तरह विपक्षी पार्टी को ज्ञात हो गया कि वे इन राज्य के वैध नागरिक नहीं हैं। रूजवेल्ट घबरा गए और नाम वापस लेने की सोचने लगे थे, लेकिन तभी न्यूयॉर्क के अमरीकी सीनेटर थॉमस कॉलियर प्लैट ने उनके सामने एक चुनौती रख दी। उन्होंने जोरदार आवाज में कहा, "मुझे लगता है, सान जुआन हिल का हीरो डरपोक तथा कमजोर है। रूजवेल्ट ने मैदान नहीं छोड़ा और बाकी इतिहास गवाह है। एक चुनौती ने उनकी जिंदगी बदल डाली। उनके देश के मुस्तकबिल पर भी इसका बहुत अधिक असर पड़ा।

प्राचीन ग्रीस में किंग्स गार्ड का आदर्श वाक्य था, "डर सभी को लगता है, लेकिन बहादुर लोग भय एक तरफ रखकर आगे बढ़ जाते है। कई बार मर भी जाते हैं, लेकिन जीत सदैव बहादुरों की होती है। और इससे बड़ी चुनौती क्या हो सकती है कि कोई अपने भय पर विजय हासिल कर ले।"

अल स्मिथ जब न्यूयॉर्क के गवर्नर थे, तब उन्होंने भी चुनौतियाँ देने की सोची। उस समय की सबसे कुख्यात खेल सिंग-सिंग में कोई वॉर्डन न था। जेल के बारे में कई अफवाहें थीं। उसी सिंग-सिंग जेल के लिए स्मिथ को एक दमदार आदमी की वॉर्डन के रूप में जरूरत थी, लेकिन कौन? उन्होंने न्यू हैम्प्टन के लुईस आर, लॉज को बुलवाया।

उन्होंने लुईस से पूछा, "सिंग-सिंग का वॉर्डन बनने के बारे में आपका क्या विचार है? वहाँ किसी कुशल एवं अनुभवी आदमी की जरूरत है।"

लुईस तो यह सुनकर भौंचक्का रह गया। वह सिंग-सिंग के पत्रों से वाकिफ था। यह एक राजनैतिक अपॉइंटमेंट था तथा पूरी तरह राजनेताओं पर निर्भर करता था। कितने ही वॉर्डन आए और चले गए। एक वॉर्डन तो सिर्फ दो-तीन दिन ही रुका। वह अपने कॅरियर को लेकर बहुत चिंतित था। संभवत: खतरा मोल नहीं लेना चाहता था।

स्मिथ समझ गया कि वह झिझक रहा था। वह कुरसी पर आराम से टिका

रहा, फिर बोला, "मैं समझता हूँ, तुम्हारे भय की वजह क्या है। वाकई काम बहुत कठिन है। काम करनेवाले का दमदार होना तथा अपने समय का सबसे प्रसिद्ध वॉर्डन बन गया। पुस्तक '20,000 इयर्स इन सिंग-सिंग' की लाखों कापियाँ बिकीं। उनकी रेडियो वार्त्ताओं तथा जेल के जीवन की कहानियों ने दर्जनों फिल्मों को प्रेरणा दी। अपराधियों के 'मानवीकरण' के नए अभ्यास जेल सुधार के क्षेत्र में चमत्कारी साबित हुए।

दर्शकों से बताइए कि आप क्या कहने जा रहे हैं, उसे कहिए और फिर उन्हें बताइए कि आपने क्या कहा।

गलतियाँ निकालने से पहले अच्छाइयाँ गिनाएँ

पहले स्वयं से पूछिए, सबसे बुरा क्या हो सकता है ? फिर उसे स्वीकार करने के लिए तैयार रहिए और उसके बाद उस बुरे को कम बुरा करने के लिए प्रयास करें।

एक दिन चार्ल्स श्वाब अपनी स्टील कंपनी में घूम रहे थे, तभी उन्होंने देखा कि कुछ कर्मचारी सिगरेट पी रहे हैं। जबकि सामने बोर्ड लगा था, 'धूम्रपान वर्जित है।' क्या श्वाब ने उन्हें डाँटकर कहा होगा, 'क्या तुम इस बोर्ड को पढ़ नहीं सकते ?' बिल्कुल नहीं, श्वाब का यह तरीका बिल्कुल नहीं था। श्वाब उन कर्मचारियों के पास गए। उन्हें एक-एक सिगार देकर कहा कि मैं चाहता हूँ कि इस सिगार को बाहर जाकर पियो। कर्मचारी समझ गए कि उन्हें त्रुटि करते श्वाब ने पकड़ लिया है, लेकिन वे श्वाब से इसलिए प्रेरित थे, क्योंकि उसने सबको एक छोटा सा उपहार दिया था। उसने डाँटा-फटकारा नहीं। बस, उन्हें उनके महत्त्व का एहसास करवाया था। भला कौन ऐसे इनसान को नापसंद कर सकता है ?

इसी तकनीक का उपयोग जॉन वानामेकर ने भी किया था। वे फिलाडेल्फिया में एक दिन में कई बार अपने बड़े स्टोर का चक्कर लगाते थे। एक बार उन्होंने देखा कि एक खरीदार काउंटर पर इंतजार कर रहा था, लेकिन कोई भी उस खरीदार की ओर ध्यान नहीं दे रहा था, सारे सेल्समैन एक कोने में खड़े गपशप कर रहे थे। वानामेकर ने किसी से कुछ नहीं कहा। उन्होंने खुद काउंटर के पीछे जाकर उस महिला को सामान दे दिया तथा जाते समय वह सामान सेल्समैन को पैक करने के लिए दे गए।

आम आदमी सरकारी अधिकारियों से आसानी से नहीं मिल पाते। वे लोग

बहुत व्यस्त रहते हैं। इसीलिए कई बार अति उत्साही कर्मचारी अपने बॉस की अति व्यस्तता के कारण लोगों को अपने अधिकारी तक पहुँचने से रोकते हैं, लेकिन ऑरलैंडो, फ्लोरिडा के मेयर कार्ल लैंगफोर्ड ने अपने स्टाफ को कड़े निर्देश दे रखे थे कि जनता के किसी भी आदमी को उनसे मिलने से न रोके। वे 'खुले दरवाजे' की नीति का पालन करते थे। उनके निर्देशों के बावजूद कभी-कभी उनके सेक्रेटरी तथा प्रशासक उनके समुदाय के नागरिकों को उनसे मिलने ही नहीं देते थे।

मेयर कार्ल लैंगफोर्ड ने इस समस्या का हल ढूँढ़ ही लिया। उन्होंने अपने दफ्तर का दरवाजा ही निकलवा दिया। तभी उनके स्टाफ को यह समझ आ गया कि जिस दिन से दरवाजा हटा, उसी दिन से मेयर का प्रशासन सही में 'खुले दरवाजे' की नीति का अनुसरण करने लगा।

कैल्विन कूलिज के राष्ट्रपति पद के दौरान मेरा एक दोस्त व्हाइट हाउस में मेहमान बन गया। वह राष्ट्रपति के प्राइवेट दफ्तर में प्रवेश करनेवाला था, उसने सुना कि कलिग अपनी सेक्रेटरी की तारीफ कर रहे थे, "आज तुमने बहुत सुंदर ड्रेस पहनी है और तुम बहुत खूबसूरत लग रही हो।"

नाप-तौलकर बोलनेवाले राष्ट्रपति ने पहले कभी किसी सेक्रेटरी की इतनी अधिक तारीफ नहीं की थी। तारीफ सुनकर सेक्रेटरी शरमा गई, क्योंकि उसके लिए यह एकदम अनापेक्षित सी बात थी, फिर कलिग कहने लगे, "खुशी से ज्यादा उछलने की जरूरत नहीं हैं। मुझे तुमसे कोई और बात कहनी है। तुम्हारे पत्रों में विराम चिह्न की बहुत गलतियाँ होती हैं। मैं चाहता हूँ कि ये गलतियाँ न किया करो।"

उन्होंने ज्यादा ही स्पष्ट शब्दों में बात की थी, लेकिन उनका मनोविज्ञान शानदार था। यदि पहले हम अपनी अच्छाइयों की तारीफ सुन लेते हैं, तो फिर बुराई सुनना बहुत आसान हो जाता है।

दाढ़ी बनाने से पहले नाई भी तो साबुन मलता है। बिल्कुल यही तरीका मैकिन्ले से सन् 1896 के प्रेसीडेंट का चुनाव लड़ते समय आजमाया था। विख्यात रिपब्लिकन नेता ने एक चुनावी भाषण तैयार किया, जो उसके अनुसार सिसरो, डेनियल वेबस्टर एवं पैट्रिक हेनरी के भाषणों से कई गुना बेहतर था। उस आदमी ने पूरी गरमजोशी के साथ अपने भाषण को मैकिन्ले के समक्ष पढ़कर सुनाया। भाषण में कुछ अच्छी बातें तो जरूर थीं, लेकिन उस मौके के किसाब से मुनासिब नहीं थीं। मैकिन्ले उसकी भावनाओं को आहत नहीं करना चाहते थे, लेकिन उन्हें 'नहीं' तो कहना ही था, इसलिए उन्होंने कूटनीति से काम लिया।

"मेरे प्रिय मित्र, वाकई यह बहुत शानदार भाषण है। संभवतः ही कोई और इतना अच्छा लिख सके। दूसरे मौकों के लिए वह एक मुनासिब भाषण होता, लेकिन संभवतः इस मौके के लिए नहीं है। आप एक कष्ट करें कि इस भाषण को मेरे द्वारा सुझाए गए तरीकों से दुबारा लिखकर, इसकी एक प्रति मुझे भिजवा दें।" उसने बिल्कुल वैसा ही किया। मैकिन्ले के मार्गदर्शन एवं संशोधनों पर अमल करके उसने दुबारा भाषण लिखा और फिर वह उस अभियान का प्रभावी एवं कुशल वक्ता बन गया।

यहाँ पर अब्राहम लिंकन द्वारा लिखा गया दूसरा सबसे प्रसिद्ध पत्र दिया जा रहा है। पहला सबसे प्रसिद्ध पत्र श्रीमती बिक्सबी को लिखा गया था, जिसमें उन्होंने युद्ध में उसके पाँच बेटों की मौत पर दुःख अभिव्यक्त किया था। लिंकन को इस पत्र को लिखने में संभवतः पाँच मिनट लगे होंगे, लेकिन सन् 1926 में सार्वजनिक नीलामी में यह पत्र करीब 12,000 डॉलर में बिका था। आश्चर्यजनक तथ्य यह है कि यह रकम उस सारी राशि से अधिक थी, जो लिंकन 50 वर्षों की जी-तोड़ मेहनत के बाद बचा पाए थे। यह पत्र 26 अप्रैल, 1863 को गृहयुद्ध के निराशाजनक समय में जनरल जोसफ हूकर को लिखा गया था। लिंकन की सेनाएँ 18 महीनों तक लगातार एक के बाद एक हर मोरचे पर हार रही थीं। सारे प्रयास व्यर्थ जा रहे थे। ऐसे कितने ही सैनिक मौत के घाट उतर चुके थे। पूरा देश हैरान था। बात इतनी बढ़ चुकी थी कि सीनेट के रिपब्लिकन सदस्य भी विद्रोह पर उतर आए थे तथा वे लिंकन को व्हाइट हाउस से बाहर निकालना चाहते थे। लिंकन ने कहा, "निश्चित ही हम आज पूर्ण विनाश के कगार पर खड़े हैं। लगता है, ईश्वर भी हमारे खिलाफ है। मुझे आशा की छोटी सी भी किरण दिखाई नहीं देती।"

जो पत्र मैं यहाँ पर छापने जा रहा हूँ, उससे पता चलता है कि किस तरह लिंकन ने एक कट्टर जनरल को बदलने की कोशिश की थी, जबकि देश का सारा भाग्य उसके कार्यों पर ही निर्भर था।

राष्ट्रपति बनने के बाद लिंकन का यह सबसे तीखा पत्र था, लेकिन इससे साफ पता चलता है कि उन्होंने जनरल हूकर की गंभीर गलतियों की निंदा करने से पहले उसकी तारीफ भी की।

गलतियाँ वाकई बहुत गंभीर थीं, लेकिन लिंकन ने ऐसी बात साफ-साफ नहीं कही, लिंकन ने लिखा था, "कुछ ऐसी बातें हैं, जिन पर मैं आप से पूर्णतया राजी नहीं हूँ।" सही में वे बहुत बड़े कूटनीतिज्ञ थे।

यह है लिंकन द्वारा जनरल हूकर को लिखा वह पत्र—"मैंने ही आपको पोटोमैक की सेना का सेनापति नियुक्त किया है और ऐसा करने के कारण भी हैं, लेकिन फिर भी कुछ ऐसी बातें हैं, जिनको लेकर मैं पूरी तरह से आपसे संतुष्ट नहीं हूँ।

"मैं आपकी कुशलता एवं बहादुरी की दिल से तारीफ करता हूँ। मुझे ज्ञात है कि आप अपने राजनीतिक जीवन तथा प्रोफेशन को एकदम अलग-अलग रखते हैं। आप बिल्कुल सही करते हैं। आपके अंदर बहुत आत्मविश्वास है, जो बहुमूल्य है।

"आप महत्त्वाकांक्षी हैं, जो कुछ हद तक ठीक है, लेकिन मुझे लगता है कि जनरल बर्नसाइड की कमान में आपने जरूरत से अधिक महत्त्वाकांक्षा का परिचय दिया है तथा उसके साथ यथासंभव अहसयोग किया है। ऐसा करके आपने अपने देश तथा एक कुशल एवं सम्मानित सैनिक साथी के साथ भी न्याय नहीं किया।

"मैंने अति विश्वस्त सूत्रों से सुना है कि अभी कुछ दिनों पहले आपने कहा है कि सेना तथा सरकार दोनों को ही तानाशाह की जरूरत है। बात साफ है, मैंने आपको इस कारण नहीं, बल्कि इसके बावजूद सेना की कमान सौंप दी है।

"यह बात भी सच है कि सिर्फ वही जनरल तानाशाह बन पाते हैं, जो कामयाबी के शिखर पर पहुँचते हैं। अब मैं आपसे सैनिक कामयाबी चाहता हूँ और तानाशाही का खतरा लेने के लिए एकदम तैयार हूँ।

"सरकार के दूसरे सेनापतियों की भाँति आपने भी अपनी भावनाओं को बढ़ावा दिया है। अपने कमांडर की आलोचना तथा अविश्वास करने की आदत को अब आपको सहन करना ही होगा। आपकी इस आदत को दूर करने में मैं पूर्ण सहयोग करूँगा।

"यदि सेना का मनोबल इस तरह का रहा, तो न आप, न ही नेपोलियन (अगर वह फिर से जिंदा हो जाएँ तो) इस सेना से बड़ी कामयाबी हासिल कर सकते हैं। सदैव आप जल्दबाजी की आदत से सावधान रहें। अपनी पूरी ऊर्जा एवं सतर्कता से आगे बढ़ते रहें और हमें विजय दिलाएँ।"

आप मैकिन्ले, कूलिज या लिंकन नहीं हैं। आप जानना चाहते हैं कि क्या यह दार्शनिकता आपके दैनिक व्यवसाय में भी आपकी मदद करेगी। हम फिलाडेल्फिया की वार्क कंपनी के डब्ल्यू.पी. गॉ का उदाहरण लेते हैं—

एक बार वार्क कंपनी को फिलाडेल्फिया में एक निश्चित तारीख तक एक दफ्तर का निर्माण करवाना था। सब ठीक चल रहा था कि अचानक इस इमारत के

बाहर काम कर रहे ब्रॉन्ज सबकॉण्ट्रैक्टर ने कह दिया कि इस तारीख तक वह माल नहीं भिजवा सकेगा। ऐसे तो इमारत का काम ही रुक जाएगा, भारी जुर्माना होगा और इतना सारा नुकसान सिर्फ एक आदमी की वजह से होगा।

बहसों तथा टेलीफोन चर्चाओं का कोई सुखद परिणाम नहीं निकल पाया, फिर श्रीमान् गॉ को उस सबकॉन्ट्रैक्टर से मिलने के लिए न्यूयॉर्क भेजा गया, जिससे मिलकर वे खुद बात कर सकें। सबकॉण्ट्रैक्टिंग फर्म के प्रेसीडेंट से मिलने पर मिस्टर गॉ बोले, "क्या आपको ज्ञात है कि सारे बुकलिन में आप अपने नाम के अकेले आदमी हैं?"

प्रेसिडेंट ने एकदम हैरत में कहा, "नहीं, मुझे तो नहीं मालूम!"

मिस्टर गॉ ने आगे कहा, "मुझे भी नहीं पता था, लेकिन मैं आज सुबह ट्रेन से उतरा, तो आपका पता देखने के लिए टेलीफोन डायरेक्टरी देखी और मुझे इस बात का पता चला कि आप बुकलिन में इकलौते आदमी हैं।"

"मुझे इस बात की जानकारी बिल्कुल नहीं थी।" सबकॉन्ट्रैक्टर ने कहा। उसने बड़ी दिलचस्पी से टेलीफोन डायरेक्टरी की जाँचकर डाली, फिर उसने बड़े गर्व से कहा, "वैसे यह साधारण नाम नहीं है। 200 साल पहले हमारे पूर्वज हॉलैंड से आकर न्यूयॉर्क में बस गए थे।" वह 10-15 मिनट तक अपने परिवार तथा पूर्वजों के बारे में बातें करता रहा। उसकी बात समाप्त हो गई, तो श्रीमान् गॉ ने तारीफ करते हुए कहा कि "वाकई यह प्लांट किसी दूसरे प्लांट्स की तुलना में काफी बेहतर है। इतनी साथ-सुथरी तथा बड़ी ब्रॉन्ज फैक्टरी तो मैंने आज तक नहीं देखी।"

सबकॉण्ट्रैक्टर कुछ अकड़ते हुए बोला, "इस फैक्टरी को बनाने में मैंने अपना जीवन लगा दिया। इसकी कामयाबी पर मुझे गर्व है। क्या आप फैक्टरी देखना चाहेंगे?"

फैक्टरी घूमते हुए श्रीमान् गॉ ने निर्माण संबंधी अनेक बातों की तारीफ की तथा बताया कि कैसे इसकी निर्माण प्रक्रिया उसके अन्य प्रतिद्वंद्वियों से बेहतर थी। गॉ ने कई मशीनों को देखकर कहा कि उसने ऐसी मशीनें किसी दूसरे फैक्टरी में नहीं देखीं। सबकॉण्ट्रैक्टर ने बताया कि ये मशीनें उसी के द्वारा तैयार की गई हैं, फिर वह काफी देर तक गॉ को मशीनों के काम करने की प्रक्रिया समझाता रहा, ताकि उसे यह ज्ञात हो जाए कि उसके यहाँ कितना बेहतर काम होता है, फिर उसने गॉ को लंच पर आमंत्रित किया। अभी तक गॉ ने अपनी मुलाकात का असली उद्‌देश्य

उस सबकॉण्ट्रैक्टर को नहीं बताया था।

लंच के बाद सबकॉण्ट्रैक्टर कहने लगा, "अब काम की बातें करने का समय आ गया है। मुझे ज्ञात है कि आप यहाँ क्यों आए हैं। मैंने सोचा भी नहीं था कि हमारी मुलाकात इतनी अच्छी रहेगी। अब आप चिंता मुक्त होकर फिलाडेल्फिया जा सकते हैं। मैं यकीन दिलाता हूँ कि आपका माल सही समय पर पहुँच जाएगा। मैं दूसरे ग्राहकों का माल थोड़ी देर से भेज दूँगा।"

मिस्टर गॉ को तो जैसे बिना माँगे ही मुराद मिल गई। सामान सही समय पर पहुँच गया और इमारत का काम भी समय पर पूरा हो गया।

यदि मिस्टर गॉ ने भी ज्यादातर लोगों की तरह हथौड़े या डाइनामाइटवाली शैली अपनाई होती, तो ऐसा संभव नहीं था।

न्यू जर्सी के फोर्ट मॉनमाउथ में फेडरल क्रेडिट यूनियन के एक ब्रांच व्यवस्थापक ने हमारी कक्षा में यह बताया कि किस तरह उसने अपने एक कर्मचारी को ज्यादा कुशल तथा योग्य बनाने में मदद की।

"हमने एक लड़की को टेलर की ट्रेनिंग पर रखा था, जिसका ग्राहकों के साथ बहुत अच्छा बरताव था। सारा दिन वह आराम से काम कर लेती थी, लेकिन दिन के आखिर में उसे कुछ समस्याओं का सामना करना पड़ता, क्योंकि बैलेंस मिलाने में बहुत समय लग जाता था।

"हेड टेलर ने साफ कह दिया कि इस लड़की को नौकरी से निकाल देना चाहिए। इसका काम बहुत धीमा है और उसी वजह से सबको देर हो जाती है। मैंने कितनी बार उसे समझाया, लेकिन वह समझती ही नहीं। उसे निकालना ही होगा।

"अगले दिन मैंने उसे काम करते देखा। उसका बरताव ग्राहकों के साथ बहुत मधुर था। आज काम में रफ्तार भी अच्छी थी।

"दिन के अंत में मैंने उसे बैलेंस मिलाते देखा, तो मैं समझ गया कि वह काम में इतनी देरी क्यों करती है, फिर दफ्तर बंद होने के बाद मैं उससे मिलने गया। वह काफी दुःखी तथा परेशान लग रही थी। मैंने ग्राहकों के प्रति उसके अच्छे बरताव के लिए उसकी खूब प्रशंसा की तथा काम की गति की भी तारीफ की। बाद में मैंने कैश बैलेंस मिलाने का एक आसान सा तरीका उसे बताया। मैंने उसे एहसास दिला दिया कि मुझे उसपर पूरा भरोसा है। उसने मेरे सुझावों को बिना झिझक के मान लिया तथा जल्दी ही बताया गया तरीका आजमाने लगी, फिर तो उसे लेकर किसी को भी कोई समस्या नहीं आई और वह भी खुश रहने लगी।"

तारीफ द्वारा अपनी बात की शुरुआत दाँतों के उस डॉक्टर की तरह है, जो अपने काम की शुरुआत नोवोकैन से करता है। मरीज का दाँत तो जरूर उखाड़ा जाता है, लेकिन नोवोकैन के कारण उसे दर्द नहीं होता। अत: हरेक लीडर को इस नियम का पालन अवश्य करना चाहिए।

कितनी बार तो ऐसा भी होता है कि यदि हम तीन अक्षरों के एक शब्द को बदल दें, तो बहुत फर्क पड़ जाता है। सिर्फ एक शब्द का फेरबदल कभी-कभी आपको सफल-असफल करने की ताकत रखता है। बच्चे को पढ़ाई के लिए प्रोत्साहित करने के लिए हम यह तरीका अपनाते हैं, 'हमें तुम पर बहुत गर्व है कि तुम परीक्षा में काफी अच्छे नंबरों से उत्तीर्ण हुए हो, लेकिन अगर तुमने गणित में और ज्यादा मेहनत की होती, तो तुम्हारे और भी ज्यादा नंबर आ सकते थे।'

यह बात सुनकर बालक सिर्फ तभी तक उत्साहित रहता है, जब तक वह 'परंतु' नहीं सुनता। वह अपनी तारीफ को शक की दृष्टि से देखने लगता है। मन-ही-मन सोचता है कि संभवत: इस तारीफ के पीछे उसकी नाकामयाबी की तरफ इशारा भी है। इस तरह एक ओर तो हमारी विश्वसनीयता समाप्त हो जाएगी, वहीं दूसरी ओर हम अपने बच्चे के रवैए को बदलने के उद्देश्य में भी कामयाब नहीं हो पाएँगे।

लेकिन 'परंतु' के स्थान पर 'और' शब्द कुछ अलग ही असर कर सकता है, 'हमें तुम पर बहुत गर्व है कि तुम परीक्षा में इतने अच्छे नंबरों से उत्तीर्ण हुए हो, तुम आगे इसी तरह मेहनत करते रहोगे, तो बाकी और विषयों के साथ-साथ गणित मैं भी तुम्हारे बहुत अच्छे नंबर आएँगे।'

बालक भी अपनी तारीफ दिल से स्वीकार करेगा, क्योंकि इसमें नाकामयाबी को नहीं मिलाया है, उसे परोक्ष रूप से एहसास करा दिया गया है कि हम उसमें क्या परिवर्तन चाहते हैं।

सैन्य प्रशिक्षुओं एवं प्रशिक्षकों के बीच बाल काटने के बारे में सदैव ही मतभेद होता रहता है। प्रशिक्षु, क्योंकि वे अधिकतर समय सिविलियन रहते हैं, इसलिए बाल नहीं कटवाना चाहते।

542वें यू.एस.आर. विद्यालय के मास्टर सार्जेंट हार्ले कैसर को इस समस्या का सामना तब करना पड़ा, जब वे रिजर्व नॉन-कमीशन अफसरों के एक समूह के साथ कार्यरत थे। वैस तो वे पुराने सैन्य मास्टर सार्जेंट थे, इसलिए वे इन लोगों को फटकार भी सकते थे, लेकिन इसके स्थान पर उन्होंने अपनी बात परोक्ष रूप में कहने का फैसला किया।

वह बोला, "साथियो! आप लोग सब लीडर्स हो। आपका असर और भी बढ़ेगा, जब आप जूनियर्स के सामने एक मिसाल पेश करेंगे। आपको ऐसे उदाहरण पेश करने चाहिए कि वे आपका अनुसरण करने के लिए मजबूर हो जाएँ। आप सब सेना के नियमों के बारे में जानते हैं। मैं तो खुद भी आज ही बाल कटवा रहा हूँ, जबकि मेरे बाल आप सबसे छोटे हैं। आप सब अपने बालों को शीशे में देख लें और फिर बाल कटवाना चाहें, तो अच्छे नाई का बंदोबस्त करवा देंगे।"

परिणाम भी आशा के अनुरूप निकले। पहले कुछ प्रशिक्षु उसी दोपहर नाई की दुकान में नए और 'रेगुनेशन' स्टाइलवाले बाल कटवा लिये। दूसरी सुबह सार्जेंट कैसर ने देखा कि उनके स्क्वाड के कई सदस्यों में नेतृत्व के गुण विकसित हो रहे थे।

8 मार्च, 1887 को हेनरी वार्ड बीचर की मौत के बाद उनकी मृत्यु के विषय में अगले रविवार को गिरिजाघर में एक शोक-सभा का आयोजन किया गया। इसमें लाइमैन एबट को बीचर के बारे में बोलने के लिए आमंत्रित किया गया। वे वहाँ पर अपना सबसे अच्छा प्रदर्शन करना चाहते थे। अपने भाषण को उन्होंने अपनी पत्नी को पढ़कर सुनाया। वह समझ गई कि उसमें कोई दम नहीं है। यदि वह कम अक्ल होती, तो संभवत: साफ कह देती, "क्या लाइमैन, तुमने तो एकदम बकवास भाषण लिखा है। लोग इसे सुनकर सो जाएँगे। यह भाषण नहीं, किसी इनसाइक्लोपीडिया की तरह लगता है। तुम्हें इतना अनुभव है, फिर भी इतना बेजान भाषण क्यों लिखते हो? क्यों नहीं स्वाभाविक शैली का उपयोग करते? यह एकदम नकली लग रहा है। यदि तुमने यह भाषण पढ़ दिया, तो सब तुम्हारा मजाक उड़ाएँगे, तुम्हारा नाम मिट्टी में मिल जाएगा।"

वह चाहती तो ऐसा कह सकती थी, लेकिन जरा सोचिए, इसका क्या परिणाम होता; इसलिए उसने सिर्फ इतना कहा, "हो सकता है कि 'नॉर्थ अमरीकन रिव्यू' के लिए यह बहुत उत्कृष्ट लेख हो।" दूसरे शब्दों में उसने तारीफ भी कर दी तथा यह भी जता दिया कि इस मौके के लिए यह भाषण ठीक नहीं। लाइमैन एबट ने भी उस छिपे हुए सेंस को आसानी से भाँप लिया। उन्होंने उस लिखित भाषण को फाड़ दिया और फिर बिना लिखे ही भाषण दिया।

परोक्ष रूप से किसी की आलोचना से कई लोग खराब मान जाते हैं। बूनसाकेट, रोड आइलैंड की मार्ज जैकब ने हमारी कक्षा को बताया कि कैसे उन्होंने बेसलीका और बेपरवाह श्रमिकों से सफाई करवाई, जब वे उसके घर में

एक अतिरिक्त इमारत बना रहे थे। प्रारंभिक दिनों में जब श्रीमती जैकब दफ्तर से लौटती थीं, तो देखतीं कि सारा बगीचा कचरे से भरा पड़ा है। उन्हें बहुत क्रोध आता, लेकिन वे श्रमिकों या निर्माताओं को नाराज बिल्कुल नहीं करना चाहती थीं, क्योंकि वे काम बहुत अच्छा करते थे।

जब श्रमिक चले जाते थे, तो वे और उनके बच्चे सारी गंदगी एक कोने में इकट्ठा कर देते थे, फिर एक सुबह उन्होंने इंचार्ज से कहा, "यह देखकर बहुत खुशी हुई कि आपने कल रात जाते समय बगीचे को साफ कर दिया। यह एक सुंदर बगीचा है और इससे पड़ोसियों को भी कोई परेशानी नहीं होती।" उस दिन से श्रमिक कभी भी बगीचे की सफाई करना नहीं भूलते थे। इंचार्ज भी हर सुबह अपनी तारीफ सुनने चला आता था। दूसरों की गलतियाँ सुधारने का सबसे उत्कृष्ट तरीका यही है।

सफल आदमी अपनी गलतियों से लाभ उठाने के लिए फिर से एक अलग तरह से कोशिश करते हैं।

☐

आदेश से अधिक
कारगर होती है सलाह

असफलताओं से सफलता मिलती है। निराशा और असफलता से ही सफलता की सीढ़ियाँ चढ़ी जा सकती हैं।

श्रीमान् ओवेन डी. यंग किसी व्यक्ति को सीधे आदेश नहीं, परामर्श देने में विश्वास रखते थे। श्रीमान् यंग यह कभी नहीं कहते थे, 'यह करो या यह मत करो।' वे कहते थे, 'आप इस पर विचार कर लें।' या फिर 'क्या आपको यकीन है कि यह तरीका कारगर साबित होगा?' पत्र डिक्टेट कराने के पश्चात् वे सेक्रेटरी से पूछते थे, 'यह आपको कैसा लगा?' फिर किसी अधीनस्थ कर्मचारी द्वारा लिखे पत्र को पढ़ने के बाद वे कहते थे, 'शायद इस वाक्य को इस तरह से लिखना ज्यादा उचित रहेगा।' वे तो उन्हें उनकी गलती सुधारने का पूरा मौका देते थे। अपने अधीनस्थों को आदेश कभी नहीं दिया।

इस तकनीक पर चलने से सामनेवाला व्यक्ति अपनी गलती आराम से खुद सुधार लेता है। उसका आत्मसम्मान आहत नहीं होता तथा उसमें महत्त्वपूर्ण होने की मनोदशा जाग्रत् होती है, जिससे विद्रोह नहीं, बल्कि सहयोग की मनोदशा का विकास होता है।

जोसेफाइन कारनेगी, जो रिश्ते में मेरी भतीजी लगती है, वह मेरी सेक्रेटरी बनने के लिए न्यूयॉर्क आई। उसकी आयु लगभग 19 साल थी तथा उसने तीन साल पहले हाईस्कूल पास किया था। बिजनेस का उसे जरा सा भी अनुभव नहीं था, लेकिन आगे वह अमरीका की सबसे कुशल सेक्रेटरियों में से एक बन गई। प्रारंभिक दिनों में उसमें सुधार की बहुत गुंजाइश थी। एक दिन उसकी आलोचना करते अचानक मैंने खुद से कहा, "जरा एक मिनट तो रुको डेल, तुम्हारी आयु

तो उस जोसेफाइन से लगभग दुगनी है। तुम्हारे पास बिजनेस का उससे 10 गुना अधिक अनुभव है, फिर तुम उससे यह उम्मीद कैसे कर सकते हो कि उसके पास भी तुम्हारे जितना व्यापक नजरिया होगा, तुम्हारे जितनी बुद्धि या व्यवहार कुशलता होगी। जब तुम 19 साल के थे, तो कितने योग्य थे? याद करो, उस समय तुमने कितनी बड़ी-बड़ी गलतियाँ की थीं। वह भी एक दो नहीं, अनगिनत।"

निष्पक्ष और ईमानदार होकर सोचने के बाद मैंने यह फैसला किया कि जोसेफाइन की आलोचना ठीक नहीं, क्योंकि 19 साल की आयु में तो मैं जोसेफाइन से कहीं ज्यादा मूर्ख था। वैसे जोसेफाइन के लिए यह कोई प्रशंसा की बात नहीं थी।

अब जब भी जोसेफाइन कोई गलती करती, तो मैं अपनी बात को इस प्रकार आरंभ करता, "तुमसे यह भूलें हुई हैं जोसेफाइन, लेकिन ईश्वर इस बात का गवाह है कि मैं तुमसे ज्यादा गलतियाँ कर चुका हूँ। कोई आदमी सारा ज्ञान लेकर तो पैदा नहीं होता। काम करने से ही उसकी बुद्धि का विकास होता है। वैसे तुम अपनी आयु से अधिक समझदार हो। मैं खुद जिंदगी में इतनी गलतियाँ कर चुका हूँ कि तुम्हारी या किसी और की बुराई नहीं कर सकता, लेकिन क्या तुम्हें ऐसा नहीं लगता कि अगर तुमने इस कार्य को इस प्रकार से किया होता, तो ज्यादा बेहतर परिणाम सामने आते।"

हर कोई अपनी आलोचना को आसानी से पचा सकता है, यदि सामनेवाला प्रारंभ में विनम्रता से हमें इस बात का एहसास करा दे कि गलतियाँ उसने भी की हैं या गलतियाँ सभी से होती हैं।

ई.जी. डिलिस्टोन, कैनेडा ब्रांडन मैनिटोवा में इंजीनियर थे, उन्हें अपनी नई सेक्रेटरी के काम में परेशानी आ रही थी। जिस पत्र को वे डिक्टेट कराते, उनकी सेक्रेटरी उसमें तीन-चार गलतियाँ कर देती थी। श्रीमान् डिलिस्टोन ने इस परिस्थिति का हल इस प्रकार निकाला—

"अधिकतर इंजीनियरों की भाँति मेरी अंग्रेजी तथा स्पेलिंग ज्यादा अच्छी नहीं है। काफी समय से मैं अपने पास एक छोटी सी नोटबुक रखता आ रहा हूँ, जिसमें वे शब्द लिख लेता हूँ, जिनकी स्पेलिंग के साथ मुझे अकसर ही परेशानी आती है। जब यह बात स्पष्ट हो गई कि केवल गलतियाँ बताने से मेरी सेक्रेटरी न तो डिक्शनरी चेक करने का, न ही प्रूफरीडिंग का कष्ट करेगी, अत: मैंने कोई दूसरी तकनीक अपनाने का फैसला लिया। अगली बार जब पत्र मेरे सामने आया, जिसमें काफी गलतियाँ थीं, तो मैं टाइपिस्ट के पास जाकर बैठ गया और बोला, 'मुझे

ऐसा लगता है कि यह शब्द गलत है। यह वह शब्द है, जिसके साथ मुझे सदैव ही परेशानी आती है। इसीलिए मैंने एक स्पेलिंग बुक अपने साथ रख रखी है, फिर उस शब्द को मैंने नोटबुक में से ढूँढ़ लिया। मैं अपनी स्पेलिंग का इसलिए ध्यान रखता हूँ, क्योंकि अधिकतर लोग पत्रों को पढ़कर हमारे बारे में अपनी राय बना लेते हैं और गलत स्पेलिंग हमारी व्यावसायिक छवि पर बुरा असर डालती है।'

"मुझे नहीं ज्ञात कि उसने मेरे सिस्टम का अनुसरण किया या नहीं, लेकिन अब पत्रों में स्पेलिंग की गलतियाँ काफी कम होने लगी हैं।"

सन् 1909 में सुसंस्कृत प्रिंस बर्नहाड वॉन बुलो ने भी कुछ यही सबक सीखा था। उस समय वॉन बुलो जर्मनी के इंपीरियल चांसलर थे और विल्हेम द्वितीय सिंहासन पर विराजमान थे। विल्हेम, जो काफी अक्खड़ तथा तुनकमिजाज थे, अंतिम जर्मन कैसर थे, जो ऐसी सेना तथा नौसेना बना रहे थे, जिसके बारे में उन्हें घमंड था कि वह किसी को भी धूल चटा सकती है।

तभी एक आश्चर्यजनक घटना हुई। कैसर ने कुछ अविश्वसनीय बातें कहीं, जिनके कारण महाद्वीप में तूफान आ गया तथा सारे संसार में आक्रोश ने विस्फोटक रूप से लिया। तभी स्थिति को और अधिक बिगाड़ते हुए कैसर ने सार्वजनिक रूप से मूर्खतापूर्ण, घमंडी तथा अतिशतोक्तिपूर्ण वक्तव्य दिए। वे वक्तव्य उन्होंने तब दिए, जिस समय वे इंग्लैंड में मेहमान थे तथा 'डेली टेलीग्राफ' को इन वक्तव्यों को छापने की शाही अनुमति भी दे दी। उन्होंने घोषणा कर दी कि सारी जर्मनी में वही एक व्यक्ति है, जो अंग्रेजों के प्रति मैत्रीपूर्ण रवैया रखता है, क्योंकि वह जापान के खतरे से उबरने के लिए नौसेना तैयार कर रहा है, क्योंकि केवल उसी ने इंग्लैंड को रूस तथा फ्रांस के हाथों मात खाने से बचाया, क्योंकि उसी की युद्ध की योजना के कारण इंग्लैंड के लॉर्ड रॉबर्ट्स ने दक्षिण अफ्रीका में बोअर्स को पराजित किया था आदि-आदि।

100 वर्षों के इतिहास में किसी भी यूरोपियन सम्राट् ने ऐसे आश्चर्यजनक शब्द नहीं कहे थे, वह भी शांति के समय में। पूरा महाद्वीप पागल हो गया। इंग्लैंड आग-बबूला हो गया। जर्मन राजनेता स्तब्ध रह गए। कैसर इस तूफान से इतना घबरा गया कि उसने अपने इंपीरियल चांसलर प्रिंस वॉन बुलो को यह परामर्श दे दिया कि वह इस गलती का सारा दोष अपने सिर पर ले ले, वरना अनर्थ हो जाएगा। वह चाहता था कि वॉन बुलो यह घोषणा सरेआम कर दे कि वही इन सबके लिए जिम्मेदार है तथा उन्हीं की सलाह पर सम्राट् ने इतनी अविश्वसनीय बातें कही थीं।

वॉन बुलो ने इस बात का प्रतिरोध करते हुए कहा, "लेकिन महामहिम, इंग्लैंड या जर्मनी में कोई भी यह नहीं मान सकता कि मैं कभी भी आपको ऐसी बातें कहने की सलाह दे सकता हूँ।"

जैसे ही वॉन बुलो के मुँह से यह शब्द निकले, वह तुरंत समझ गया कि उससे एक गंभीर भूल हुई है। कैसर जैसे ज्वालामुखी की भाँति फट पड़ा। वह शेर की तरह दहाड़ा, "तुम क्या मुझे मूर्ख, गधा समझते हो? मैं क्या इतनी बड़ी-बड़ी गलतियाँ कर सकता हूँ, जो आप नहीं कर सकते?"

वॉन बुलो को अपनी भूल का एहसास हो गया, क्योंकि उसे आलोचना करने से पहले प्रशंसा करनी चाहिए थी, लेकिन अब तो बहुत देर हो चुकी थी, इसलिए उसने दूसरी अच्छी बात की। उसने आलोचना के बाद प्रशंसा की तथा इस तकनीक ने भी जादू कर दिखाया।

उसने बड़े सम्मान तथा प्यार भरे शब्दों में कहा, "मेरे कहने का यह मतलब नहीं था। महामहिम, तो कई क्षेत्रों में मुझसे कहीं ज्यादा योग्य तथा बुद्धिमान् हैं। न केवल सैनिक तथा नौसैनिक ज्ञान में, अपितु नेचुरल विज्ञान का ज्ञान तो मुझसे कई गुना अधिक है। जब कभी भी महामहिम ने बैरोमीटर या वायरलैस टेलीग्राफी या रोंटजेन किरणों के बारे में कुछ भी बताया है, मैं तो मंत्रमुग्ध ही हो जाता हूँ। मैं तो नेचुरल साइंस की सब शाखाओं के बारे में एकदम अनजान हूँ, यहाँ तक कि मैं प्राकृतिक रहस्यों से भी पूर्णतया अनजान हूँ, लेकिन इस सबके बदले मुझ में कुछ ऐतिहासिक ज्ञान तथा कूटनीतिक कुशलता काफी अधिक है।"

कैसर का चेहरा कमल की भाँति खिल उठा। वॉन बुलो ने उसकी दिल खोलकर तारीफ कर दी थी। वॉन बुलो ने उसे महान् तथा खुद को बौना साबित किया था। अब कैसर बड़ी-से-बड़ी गलती को भी माफ करने की ताकत रखता था। वह उत्साह भरे स्वर में बोला, "मैं तुम्हें पहले ही बता चुका हूँ कि हम दोनों ही एक-दूसरे के सर्वश्रेष्ठ पूरक हैं। हमें सदैव एक-दूसरे के साथ रहना चाहिए और सदैव रहेंगे भी, तभी कुछ अच्छा कर पाएँगे।"

फिर उसने वॉन बुलो से एक बार नहीं, बल्कि बार-बार हाथ मिलाया और इतना उत्साहित हो गया कि मुट्ठी भींचकर कहने लगा, "अब किसी ने मेरे सामने वॉन बुलो के खिलाफ एक भी शब्द कहा, तो मैं उसकी नाक तोड़ दूँगा, टाँग तोड़ दूँगा।"

इस प्रकार सफल कूटनीतिज्ञ की तरह वॉन बुलो ने अपने आपको समय रहते

बचा लिया था, लेकिन उसने भी एक गलती हो गई थी। उसे बातचीत की शुरुआत उसकी खूबियाँ तथा अपनी कमियाँ गिनाते हुए करनी चाहिए थी, भूलकर भी यह नहीं बताना चाहिए था कि कैसर कमजोर दिमाग का है तथा उसे पागलखाने में होना चाहिए था।

यदि क्रोधित तथा अपमानित कैसर अच्छे दोस्त में परिवर्तित हो सकता है और वह भी केवल अपनी कमियों तथा सामनेवाले की खूबियों को बताकर, तो जरा कल्पना कीजिए कि प्रशंसा तथा विनम्रता के मधुर शब्द हम सबकी दिनचर्या में क्या-क्या चामत्कारिक परिवर्तन ला सकते हैं।

जरूरी नहीं कि हम अपनी गलती को सुधार लें। केवल गलती मान लेने से ही सामनेवाला पिघल जाता है। इसका जीता-जागता उदाहरण है, मैरीलैंड के क्लैरंस जरहसेन का टिमोनियम। एक दिन क्लैरेंस को ज्ञात हुआ कि उसका 15 वर्षीय बेटा डेविड सिगरेट पीने लगा है।

जरहसेन ने ही हमें बताया, "साफ सी बात है, मैं नहीं चाहता था कि मेरा बेटा सिगरेट पिए, लेकिन हम दोनों पति-पत्नी सिगरेट पीते थे। इसलिए हम खुद उसे इस बात के लिए उकसा रहे थे, फिर मैंने डेविड को समझाया कि मैंने भी उसकी आयु में सिगरेट की लत पाल ली थी और अब इसे छोड़ना मेरे लिए नामुमकिन है, क्योंकि मैं निकोटीन के सामने हार चुका हूँ। फिर मैंने उसे बताया कि इसी बुरी लत के कारण मुझे कितनी बीमारियों, जैसे कफ, खाँसी आदि का सामना करना पड़ता है।

"सिगरेट छोड़ने के बारे में मैंने उसे कोई लंबा-चौड़ा आदर्शवादी व्याख्यान नहीं दिया। बस, उसे इस बुरी आदत के नुकसानों के बारे में बताया।

"उसने कुछ दिन सोचकर खुद यह फैसला लिया कि कॉलेज की पढ़ाई पूरी होने तक वह सिगरेट को हाथ तक नहीं लगाएगा। इस बात को वर्षों गुजर चुके हैं, लेकिन डेविड ने अभी तक सिगरेट पीना प्रारंभ नहीं किया है और उसका ऐसा कोई इरादा भी नजर नहीं आता।

"इसके पश्चात् मैंने भी दृढ संकल्प किया कि सिगरेट छोड़ दूँगा। अपने परिवारवालों की मदद से हम दोनों पति-पत्नी ऐसा करने में कामयाब हुए।"

कठोर आदेश लंबे समय तक चलनेवाले आक्रोश को जन्म देता है, चाहे वह आदेश गलती सुधारने के लिए ही क्यों न दिया गया हो। सांतारैली व्योमिंग पेनसिल्वेनिया के एक वोकेशनल विद्यालय में अध्यापक थे। उन्होंने कक्षा में

बताया कि एक बार उनके एक छात्र ने अपनी कार विद्यालय के बाहर गलत जगह पर खड़ी कर दी, जिससे आने-जानेवालों को परेशानी हो रही थी, एक दूसरा अध्यापक तभी अपने क्लास-रूम से बाहर आकर चिल्लाते हुए बोला, "यह किसकी कार रास्ते में खड़ी है?" कारवाला लड़का सहमा हुआ आया, तो वह और जोर से चिल्लाकर बोला, "तुरंत अपनी कार हटा दो, वरना चेन से बँधवाकर बाहर फिंकवा दूँगा।"

गलती उस छात्र की थी, लेकिन उस घटना के बाद दूसरे छात्र भी उस अध्यापक से चिढ़ने लगे। वे उस अध्यापक को तंग करने के मौके ढूँढ़ते रहते थे।

अध्यापक ने इसी बात को थोड़ा दोस्ताना ढंग से पूछा होता, रास्ते में खड़ी गाड़ी किसकी है और फिर परामर्श देता कि अगर वह कार को वहाँ से हटा लेगा, तो किसी को परेशानी नहीं होगी, तो छात्र खुशी-खुशी कार वहाँ से हटा देता और उस अध्यापक से चिढ़ता भी नहीं।

सुझाव देने या प्रश्न पूछने से आदेश ज्यादा आनंददायक हो जाता है। सामनेवाले की रचनात्मकता भी प्रेरित होती है। यदि लोगों को एहसास हो जाए कि फैसला लेने में उनकी इच्छा सम्मिलित है, तो वे काम को बेहतर तरीके से करेंगे। जोहान्सबर्ग अफ्रीका के इयान मैक्डॉनल्ड मशीनी-कलपुरजे बनाने की फैक्टरी में जनरल व्यवस्थापक थे। उन्हें एक बड़ा ऑर्डर मिलने की उम्मीद थी, लेकिन एक शर्त थी कि माल को बहुत कम समय में भेजना था। उन्हें ज्ञात था कि वे इतने कम समय में माल नहीं भेज पाएँगे। फैक्टरी में पहले मिले ऑर्डरों का काम चल रहा था।

इयान ने मजदूरों से थोड़ा जल्दी काम करने को नहीं कहा। इसके स्थान पर उसने सभी मजदूरों को इकट्ठा करके सारी स्थिति से अवगत कराया। उसने उन्हें बताया कि यदि यह ऑर्डर उन्हें मिल जाता है, तो इससे कंपनी के साथ उन्हें भी बहुत लाभ होगा, फिर उसने प्रश्न पूछने प्रारंभ किए—

"क्या हम ऐसा कुछ कर सकते हैं कि ऑर्डर हमारे हाथ में आ जाए।"

"क्या किसी के दिमाग में ऐसा विचार है, जिससे यह ऑर्डर लेना तथा इसे यथासमय पूरा करना मुमकिन हो सके।"

"क्या ऐसा कुछ किया जा सकता है कि यह काम निश्चित समय सीमा के अंदर पूरा हो सके।"

कर्मचारियों ने कई परामर्श दिए तथा जोश से कहा कि उन्हें ऑर्डर ले

लेना चाहिए, फिर सारे कर्मचारियों ने 'हम यह कर सकते हैं' की मनोदशा के साथ कार्य किया। अब उन्हें ऑर्डर भी मिल गया तथा डिलीवरी की भी निश्चित समय-सीमा में हो गई।

यह कई साल पहले की घटना है, जनरल इलेक्ट्रिक कंपनी के चार्ल्स स्टीनमेट्ज को विभाग प्रमुख के पद से हटाने के लिए कहा गया। स्टीनमेट्ज बिजली के संबंध में गुरु था, लेकिन कैलकुलेटिंग विभाग के प्रमुख के रूप में वह सफल नहीं हो पाया था। कंपनी नहीं चाहती थी कि वह नाराज हो, क्योंकि वह बहुत योग्य व्यक्ति था, साथ ही बहुत संवेदनशील भी था। अतः उन्होंने उसे कंपनी के कंसल्टिंग इंजीनियर का पदभार सौंप दिया। काम तो उसका अब भी वही था। हाँ, उसका पदनाम जरूर बदल गया था और उसके स्थान पर एक कुशल व्यक्ति को विभाग का प्रमुख बना दिया था।

जी.ई. कंपनी के ऑफिसर तथा स्टीनमेट्ज भी खुश थे। उन्होंने अपने योग्य तथा संवेदनशील कर्मचारी को बिना कोई चोट पहुँचाए विभाग प्रमुख के पद से हटा दिया था तथा उसे अपनी सम्मान बचाने का मौका भी मिल गया।

कितने लोग ऐसे हैं, जो दूसरों की भावनाओं का खयाल रखते हैं? शायद बहुत कम। अधिकतर दूसरों की इज्जत को ऐसे रौंद देते हैं, जैसे जमीन पर किसी कीड़े को रौंदते निकल जाते हैं। हम दूसरों की गलतियाँ निकालते हैं, उन्हें धमकियाँ देते हैं, दूसरों के सामने कर्मचारियों, बच्चों की ऐसे आलोचना कर देते हैं, जैसे उनकी कोई इज्जत ही न हो। हमें केवल मनमानी का आनंद आता है, लेकिन यदि हम कुछ मिनट रुककर विचार करें और सामनेवाले के नजरिए को शांतिपूर्वक समझने की कोशिश करें, तो समस्या को काबू में किया जा सकता है।

जब भी हम अपने किसी अधीनस्थ कर्मचारी को डाँट रहे हों या उसे नौकरी से निकालने की धमकी दे रहे हों, तो हमें सदैव ध्यान रखना चाहिए—

नौकरी से निकालने का काम रुचिपूर्ण तो होता नहीं है। जिसको नौकरी से हटाया जा रहा है, उसके लिए तो यह और भी अरुचिपूर्ण होता है। (यहाँ मैं एक सर्टिफाइड पब्लिक अकाउंटेंट मार्शल ए. सेक्टर के पत्र के अंश पेश कर रहा हूँ) "हमारा बिजनेस पूरे साल न चलकर सीजनल चलता है। इसीलिए जब काम मंदा पड़ जाता है, तो बहुत से कर्मचारियों को काम से हटाना पड़ता है।

"हमारे बिजनेस की एक प्रसिद्ध कहावत है कि कुल्हाड़ी चलाने में किसी को मजा नहीं आता। इसलिए काम को जितनी जल्दी हो निम्न तरीके से निबटा

लेना चाहिए, 'बैठ जाइए श्रीमान् स्मिथ, यह बात तो आप भी जानते हैं कि सीजन समाप्त हो चुका है, इसलिए हमारे पास आपके लिए कोई काम नहीं है।'

''इनका असर निराशाजनक होता था और वे सोचते थे कि उन्हें नीचा दिखाया गया है। उनमें से ज्यादातर जीवन भर अकाउंटिंग फील्ड से जुड़े होते हैं। वे ऐसी कंपनी के प्रति कोई खास लगाव नहीं रखते, जो उन्हें काम से हटा देती है।

"मैंने कुछ दिन पहले यह फैसला किया कि अस्थायी कर्मचारियों को काम से निकालते समय बहुत ज्यादा समझदारी तथा कूटनीति का उपयोग करना चाहिए। इसीलिए मैं सर्दियों में उनके काम का बहुत सावधानीपूर्वक अवलोकन करता था, फिर कर्मचारी से इस प्रकार बात करता 'मिस्टर स्मिथ! वाकई आपका काम काबिले-तारीफ है। मैं सच्ची प्रशंसा करता हूँ। जब आपको नेवार्क भेजा था, तो आपका काम काफी कठिन था। वहाँ आपने बहुत बढ़िया काम करके खुद को श्रेष्ठ साबित कर दिया था। फर्म को आप पर नाज है, आपकी क्षमता तथा योग्यता का जवाब नहीं है। आप चाहे जहाँ काम करें, बहुत आगे तक जाएँगे। फर्म को आप पर बहुत विश्वास है तथा आपको छोड़ना नहीं चाहती। हम चाहते हैं कि यह आप भी न भूलें।

"नतीजा? लोग नौकरी से जाने के बाद भी खुद को लज्जित महसूस नहीं करते। यह नहीं लगता कि उन्हें नीचा दिखाकर निकाला गया है। वे जानते कि कैसे काम होता, तो हम उन्हें बिल्कुल नहीं निकालते। वे हमारी मजबूरी समझते हैं। इस तरह जब भी उनकी दुबारा जरूरत होती, तो वे प्रेमपूर्वक वापस लौट आते हैं।"

कोर्स के दौरान कक्षा में दो सदस्य चर्चा कर रहे थे। चर्चा का विषय था, 'गलतियाँ ढूँढ़ने के नकारात्मक असर एवं सामनेवाले व्यक्ति को इज्जत बचाने के अवसर देने के सकारात्मक प्रभाव।'

हैरिसबर्ग, पेनसिल्वेनिया के फ्रेड क्लार्क ने हमारी कक्षा में अपनी कंपनी की एक घटना बताई, "हमारी कंपनी में एक प्रोडक्शन बैठक चल रही थी, जिसमें वाइस प्रेसीडेंट उत्पादन की कार्यप्रणाली के बारे में सुपरवाइजर से सीधे प्रश्न पूछे जा रहे थे। उनकी आवाज में आक्रामकता थी, जो यह दरशा रही थी कि सुपरवाइजर से ही गलती हुई थी। वह सुपरवाइजर अपने समकक्षों के सामने डाँट खाने में खुद को लज्जित महसूस कर रहा था, इसलिए यह भी उत्तर नहीं दे पा रहा था। इससे वाइस प्रेसीडेंट को गुस्सा आ गया और उसने सुपरवाइजर को और ज्यादा डाँटा तथा उसपर झूठ बोलने का इल्जाम भी लगा दिया।

"इस बातचीत का परिणाम यह निकला कि उस कर्मचारी से हमारे सारे रिश्ते समाप्त हो गए। सुपरवाइजर काफी मेहनती कर्मचारी था, लेकिन अब काम का नहीं रहा, फिर कुछ महीनों बाद उसने नौकरी छोड़कर हमारी प्रतिद्वंद्वी कंपनी से जुड़ गया, वहाँ वह बहुत अच्छे तरीके से काम कर रहा है।"

कक्षा की एक और सदस्य आन्ना मैजोन ने भी अपनी कंपनी की एक घटना के विषय में बताया, लेकिन उसके तरीके एवं परिणाम भिन्न थे। मिस मैजोन को फूड पैक करनेवाली एक कंपनी ने मार्केटिंग रिपोर्ट पेश करने का काम सौंपा। उन्होंने आगे बताया, "टेस्ट की रिपोर्ट देखकर मेरा दिमाग घूम गया, क्योंकि योजना तैयार करने में मैंने एक बड़ी गलती कर दी थी, जिस कारण पूरा टेस्ट दुबारा करना होगा। मेरे पास इतना समय नहीं था कि यह बात बैठक से पहले मैं बॉस को बता सकूँ, क्योंकि जिस बैठक में मुझे रिपोर्ट पेश करनी थी, वह बैठक शुरू होने ही वाली थी। जैसे ही रिपोर्ट प्रस्तुत करने का समय आया, मैं मारे भय के काँपने लगी। तभी मैंने निश्चय किया कि मैं बिल्कुल नहीं रोऊँगी। मैं लोगों का यह कहने का मौका नहीं दूँगी कि महिलाएँ भावुक होने की वजह से मैनेजमेंट का कार्य ठीक से नहीं सँभाल पातीं। मैंने अपनी रिपोर्ट संक्षेप में प्रस्तुत करते हुए कहा कि मुझसे कुछ गलती हो गई थी, इस कारण इस टेस्ट को अगली बैठक से पहले एक बार फिर करना होगा। मैं चुपचाप बैठ गई, क्योंकि मुझे उम्मीद थी कि बॉस मुझ पर बहुत गुस्सा होंगे।

"लेकिन आश्चर्य की सीमा न रही, जब उन्होंने मेरे काम के लिए धन्यवाद दिया। वे बोले कि किसी भी नए प्रोजेक्ट में गलतियाँ होना साधारण सी बात है। उन्होंने आगे कहा कि उन्हें मुझ पर पूरा भरोसा है कि जो टेस्ट मैं दुबारा करूँगी, वह सफल व सही होगा तथा कंपनी के बहुत काम आएगा। उन्होंने साथियों के सामने कहा कि वे मुझ पर एवं मेरी काबिलियत पर भरोसा करते हैं। उन्होंने यह भी कहा कि जो गलती मैंने की है, उसकी वजह यह नहीं कि मुझ में योग्यता की कमी है, बल्कि यह गलती तो मेरे कम अनुभव के कारण हुई थी।

"बैठक से लौटते समय मैं खुद को सातवें आसमान पर महसूस कर रही थी, फिर मैंने संकल्प किया कि मैं इतने अच्छे बॉस का विश्वास कभी भी नहीं तोड़ूँगी, न ही उन्हें शर्मिंदा होने दूँगी।"

चाहे सामनेवाला गलत हो और हम सही हों, फिर भी किसी के मन को घायल करने का हमें कोई हक नहीं। हमें उसको इज्जत बचाने का पूरा अवसर

देना चाहिए। फ्रांसीसी एविएशन पायोनियर एवं लेखक एंतोनियो द सेंट एग्ज्युपेरी ने लिखा है, "मुझे ऐसी बात कहने या करने का कोई हक नहीं, जो उसको उसकी ही नजरों में तुच्छ बना दे। इससे कोई फर्क नहीं पड़ता कि मेरी सोच उसके बारे में क्या है। हाँ, इस बात से बहुत फर्क पड़ता है कि वह खुद के बारे में क्या सोचता है। किसी भी व्यक्ति के आत्मसम्मान को ठेस पहुँचाकर उसे आहत करना जघन्य अपराध है।"

19वीं सदी के शुरू की बात है, जब लंदन का एक युवक लेखक बनना चाहता था, लेकिन उसे लगता कि हर चीज उसके विरुद्ध है। वह चार-पाँच साल ही विद्यालय जा पाया था। कर्ज न चुका पाने के कारण पिता जेल में कैद थे और युवक अकसर भूखा रह जाता था। उसे चूहों से भरे एक वेयर हाउस में बोतलों पर लेबल लगाने का काम मिल गया। वह अपनी जिंदगी अँधेरों में गुजार रहा था। अपनी लेखन योग्यता पर उसे जरा भी विश्वास नहीं था, इसलिए उसने अपनी हस्तलिखित पांडुलिपि रात के अँधेरे में एक डाक के डिब्बे में डाल दी, ताकि कोई उसकी खिल्ली न उड़ाए। एक के बाद एक कहानी रिजेक्ट कर दी गई। अंत में वह दिन आ गया, जब उसकी एक कहानी स्वीकार कर ली गई। उस कहानी के बदले उसे एक भी पैसा नहीं मिला, लेकिन एक संपादक ने उसकी प्रशंसा की। वह खुशी से पागल हो गया और सड़कों पर बौराया सा घूमता रहा। उसकी आँखों से खुशी के आँसू छलक पड़े।

एक प्रशंसा, एक सम्मान ने उसकी जिंदगी बदल दी। यदि उसे यह प्रशंसा न मिली होती, तो वह सारी आयु चूहों से भरी फैक्ट्रियों में बोतलों पर लेबल लगाने में ही गुजार देता। आपने भी उस युवक का नाम जरूर सुना होगा, उसका नाम था—चार्ल्स डिकेस।

लंदन का ही एक युवक हाई-गुड्स स्टोर में क्लर्क था। सुबह पाँच बजे उठकर सारे स्टोर की सफाई करता और फिर दिन में 14-15 घंटे लगातार काम करता था। दो साल तक यही करते-करते वह बोर हो गया। एक दिन सुबह बिना नाश्ता किए वह 15 मील पैदल चलकर अपनी माँ से मिलने पहुँचा, जो हाउस कीपर का काम करती थी।

वह बेहद दुःखी व परेशान था। उसने सारा दुखड़ा माँ के सामने रो दिया। साथ ही कह दिया कि अगर कुछ समय और वह उसी स्टोर से काम करता रहा तो आत्महत्या कर लेगा। बाद में उसने पुराने विद्यालय टीचर को एक दुख-भरा

लंबा पत्र लिखा। पत्र में साफ-साफ लिख दिया कि वह पूरी तरह टूट चुका है और आगे जीना नहीं चाहता। पत्र के जवाब में टीचर ने उसकी प्रशंसा करते हुए लिखा कि वह बहुत बुद्धिमान है तथा बेहतर जिंदगी का हकदार है। उन्होंने उसके समक्ष टीचर का काम करने का प्रस्ताव रख दिया।

प्रशंसा रूपी दो-चार शब्दों ने उस बच्चे का जीवन बदल डाला तथा अंग्रेजी साहित्य के इतिहास पर भी अमिट छाप छोड़ी। आगे जाकर इसी किशोर ने बीसियों बेस्टसेलिंग पुस्तकें लिख डालीं और अपनी कलम के जादू से लाखों-करोडों डॉलर कमा डाले। आपने इनका नाम भी जरूर सुना होगा, इनका नाम है—एच.जी. वेल्स।

बी.एफ. स्किनर की शिक्षा की मूल अवधारणा आलोचना के बजाय प्रशंसा थी। उन्होंने जानवरों तथा मनुष्यों पर प्रयोगों से यह सिद्ध कर दिया कि जब प्रशंसा अधिक तथा आलोचना कम होती है, तो सभी को अच्छा व बेहतर काम करने की प्रेरणा मिलती है।

रॉकी माउंट, नॉर्थ कैरोलिना के जॉन रिंगेल्सपाँ ने अपने बच्चों के साथ इसी तकनीक को अपनाया। अधिकतर माँ-बाप की तरह इस परिवार में बच्चों से बातें चीखते-चिल्लाते हुए होती थीं, जिससे बच्चे बेहतर नहीं बन रहे थे, ऐसे माँ-बाप भी खुश नहीं रह पाते थे। श्रीमान् जॉन को इस समस्या का कोई हल नजर नहीं आ रहा था।

उन्होंने इस स्थिति से निबटने के लिए हमारे पाठ्यक्रम में सिखाए गए सिद्धांतों को अपनाने का फैसला किया। उन्होंने बताया, "हमने बच्चों की गलतियाँ ढूँढ़ने के स्थान पर उनकी प्रशंसा का निश्चय किया। यह आसान काम नहीं था, क्योंकि वे अकसर गलतियाँ करते थे और हमें प्रशंसात्मक कार्य ढूँढ़ने में काफी परेशानी होती थी। हमने सब्र से काम लिया, फिर उनकी तारीफ करनेवाली बातें ढूँढ़ ही लीं। एक-दो दिन में ही उनकी शैतानियाँ काफी कम हो गईं। वे प्रशंसा की राह में अच्छे बच्चे बनने की कोशिश करने लगे। बहुत मेहनत कर रहे थे, हमे विश्वास भी नहीं हो रहा था। यह सब ज्यादा दिन तक नहीं चला, लेकिन फिर भी उनके अंदर जो सामान्य व्यवहार विकसित हुआ, वह कई गुना बेहतर था।" यह सुधार कैसे हुआ ? क्योंकि उनके थोड़े से सुधार पर उनकी खूब प्रशंसा की गई थी।

यह तकनीक नौकरी में भी कारगर होती है। वुडलैंड हिल्स, कैलिफोर्निया के कीथ रोपर ने इसी नियम को अपनी कंपनी में आजमाकर देखा। उसकी प्रिंट शॉप

में एक बहुत अच्छी क्वालिटी का काम आया। जिस प्रिंटर ने वह काम किया था, उसके यहाँ एक नया कर्मचारी आया था, जो नौकरी से सही तालमेल नहीं बिठा पा रहा था। उसका सुपरवाइजर उसके इस निष्क्रिय रवैए से परेशान था और उसे नौकरी से निकालने का मन बना रहा था।

श्रीमान् रोपर को इस स्थिति के बारे में पता चला, वे खुद ही प्रिंट शॉप गए तथा नौजवान से बात की। उन्होंने बताया कि वह उसके काम को देखकर बहुत खुश हुआ और यह भी बता दिया कि उनकी दुकान में होनेवाला यह अब तक का सर्वश्रेष्ठ काम है।

आपको क्या लगता है? क्या इस प्रशंसा से कंपनी के प्रति युवा प्रिंटर के रवैए में परिवर्तन आया होगा? कुछ ही समय में चमत्कार हो गया। उसने सभी सहकर्मियों को बता दिया कि कंपनी में कोई ऐसा भी है, जो अच्छे काम की कद्र करना जानता है। अब वह एक वफादार तथा समर्पित योग्य कर्मचारी है।

श्रीमान् रोपर ने उस युवा प्रिंटर की चापलूसी नहीं की थी कि तुम्हारा काम अच्छा है। उन्होंने प्रशंसा की थी कि 'उनका काम क्यों अच्छा था।' उसे चापलूसी भरी बातों के स्थान पर खास उपलब्धि के लिए तारीफ मिली थी। इसीलिए तारीफ प्रिंटर के लिए ज्यादा महत्त्वपूर्ण बन गई। प्रशंसा हर व्यक्ति को अच्छी लगती है, लेकिन जब किसी खास काम के लिए की जाती है, तो उसका महत्त्व कई गुना बढ़ जाता है। हर संसार प्रशंसा तथा चापलूसी में अंतर समझता है। एक वाक्य सुनते ही हम समझ जाते हैं कि सामनेवाला सिर्फ अपना उल्लू सीधा कर रहा है या दिल की गहराइयों से प्रशंसा कर रहा है।

हमेशा याद रखिए, पूरी दुनिया प्रशंसा तथा सम्मान की इच्छुक है, इन्हें हासिल करने के लिए कुछ भी करने को तैयार रहती है। झूठी चापलूसी से सब नफरत करते हैं।

इस बात को मैं दुहराना चाहता हूँ कि इस पुस्तक के सिखाए गए सभी नियम तभी काम करेंगे, जब आप किसी भी बात को सच्चे दिल से कहेंगे या करेंगे। मैं आपको चालाकी रूपी घुट्टी नहीं पिला रहा, मैं केवल सफल जीवन जीने के कुछ नवीन तो कुछ मूलभूत नियम सिखा रहा हूँ।

क्या आपने भी लोगों को बदलने का बीड़ा उठाया है? यदि हम अपने संपर्क में आनेवाले लोगों को प्रेरित करें, जान जाएँगे कि हर इनसान में बहुत सारी विशेषताएँ, बहुत सारी भावनाएँ छिपी होती हैं।

आपको यह सब अतिशयोक्तिपूर्ण लगता है, तो विलियम जेम्स के बुद्धिमानी भरे शब्द सुनिए। वे तो अमरीका के श्रेष्ठ मनोवैज्ञानिक तथा उच्च कोटि के दार्शनिक थे।

"जो कुछ हम हैं, उसकी तुलना में हम केवल आधे जागे हुए हैं। अपनी क्षमताओं का छोटा सा हिस्सा ही इस्तेमाल कर पाते हैं। मनुष्य अपनी समस्त समस्याओं दोहन नहीं करता। हर इनसान के पास बहुत सी ऐसी क्षमताएँ तथा शक्तियाँ होती हैं, जिनका उपयोग करने में वे ज्यादातर नाकामयाब रहते हैं।"

आप सभी जो इन पंक्तियों को पढ़ रहे हैं, आप में भी वे शक्तियाँ तथा क्षमताएँ हैं, जिनका उपयोग आप सफलतापूर्वक नहीं कर पाते। जिन शक्तियों का आप पूर्ण रूप से उपयोग नहीं कर रहे हैं, उनमें से एक है, लोगों की प्रशंसा करने तथा उन्हें प्रेरणा देने की चमत्कारी क्षमता, जिससे उनकी निहित समर्थताओं तथा संभावनाओं का दोहन हो सके।

आलोचना रूपी तुषार से योग्यताएँ जल्दी ही मुरझा जाती हैं, लेकिन प्रोत्साहन तथा प्रशंसा रूपी खाद मिलते ही वे दिन दूनी रात चौगुनी फलने-फूलने लगती हैं।

हम आलोचना के स्थान पर प्रशंसा का इस्तेमाल क्यों नहीं करते? प्रशंसा से व्यक्ति को प्रोत्साहन तथा प्रेरणा मिलती है।

प्रसिद्ध मनोवैज्ञानिक जेस लायर अपनी पुस्तक 'आई हैवंट मच बेबी' बट आई एम.ऑल. आई गॉट' में लिखते हैं, "प्रशंसा हृदय के लिए सूरज के सुखदायी प्रकाश की भाँति होती है। प्रशंसा के बिना व्यक्तित्व का पुष्प विकसित नहीं हो सकता, लेकिन फिर भी अधिकतर लोग दूसरों के साथ व्यवहार करते समय आलोचना की शीत हवाओं को बढ़ावा देते हैं तथा साथियों को प्रशंसा के सुख से वंचित रखते हैं।''

जब कभी मैं अपने अतीत में झाँकता हूँ तो मुझे इस बात का एहसास होता है कि किस प्रकार प्रशंसा के कुछ शब्दों ने मेरे भाग्य को बदल डाला। क्या यही बात आपके जीवन पर भी खरी उतरती है या नहीं? इतिहास ऐसे उदाहरणों से भरा पड़ा है कि प्रशंसा रूपी जादुई छड़ी ने लोगों के संपूर्ण जीवन को बदलकर रख दिया।

उदाहरण के तौर पर, 10 साल का एक बच्चा कुछ वर्षों पहले नेपल्स की एक फैक्टरी में काम कर रहा था। उसकी दिली इच्छा यह थी कि वह गायक बने, लेकिन संगीत शिक्षक ने उसके उत्साह पर पानी फेर दिया, 'तुम्हारी आवाज में बिल्कुल दम नहीं है, जब गाते हो, तो लगता है कि कोई शटर हवा से गिर रहा

हो। तुम कभी गायक बन ही नहीं सकते।'

उसकी माँ बेहद निर्धन थी। उसने उस बालक को अपनी बाँहों में भींच लिया और उसकी प्रशंसा करते हुए कहा कि उसमें सुधार हो रहा है और एक दिन वह गायक जरूर बनेगा। बच्चे की संगीत की शिक्षा के लिए माँ ने बहुत मेहनत की। उनके प्रोत्साहन तथा प्रशंसा ने मिलकर बच्चे की जिंदगी बदल दी। वह बच्चा था एनरिको कैरुसो, जो आगे चलकर अपने जमाने का महानतम तथा प्रसिद्ध ओपेरा गायक बना था।

उनसे मत डरिए, जो बहस करते हैं, बल्कि उनसे डरिए, जो छल करते हैं।

बदलाव मुश्किल है, नामुमकिन नहीं

हम सबमें संभावनाएँ भरी पड़ी हैं। हम उनके बारे में जानते नहीं हैं। हम वे चीजें कर सकते हैं, जो हम सपने में भी करने की नहीं सोच सकते।

एक पुरानी कहावत है, "किसी भी कुत्ते को आप बुरा नाम दे दो, फिर देखो, वह इतना बुरा बरताव करेगा कि आपका दिल चाहेगा कि उसे खत्म कर दे।" लेकिन आप उसे अच्छा नाम दे दें, तो फिर देखिए, वह ही आपके लिए जान न्योछावर करने को तैयार रहेगा।

मिसेज रूथ हॉपकिंस बुकलिन, न्यूयॉर्क में कक्षा चार को पढ़ाती थीं। विद्यालय के पहले ही दिन उन्होंने अपनी कक्षा के हाजिरी रजिस्टर को देखा, तो उसका उत्साह एकदम ठंडा पड़ गया। कारण इस साल उनकी कक्षा में टॉमी टी. नामक बच्चा भी आ गया था, जिसकी छवि एक शैतान तथा बिगड़े बच्चे की थी। तीसरी कक्षा की अध्यापिका सदैव अपनी सहकर्मियों तथा प्रधानाचार्या आदि से उस बच्चे की शैतानियों की चर्चा करती रहती थी। अनुशासन से उस बच्चे का कोई लेना-देना नहीं था। वह सब लड़कों से बुरी तरह मार-पीट करता था, लड़कियों से छेड़छाड़ करता था, यहाँ तक कि अध्यापिकाओं को भी परेशान करता था। जैसे-जैसे वह बड़ा हो रहा था, उसकी शरारतें बढ़ती जा रही थीं, लेकिन उसमें एक गुण भी था, वह पढ़ाई में होशियार था तथा बहुत तेजी से हर चीज को सीख लेता था। टॉमी की समस्या से निबटने के लिए श्रीमती हॉपकिंस ने फैसला लिया। अपने नए विद्यार्थियों का स्वागत उन्होंने इस प्रकार किया, "रोज तुम्हारी ड्रेस वाकई बहुत खूबसूरत है, मम्मी लाई या पापा? मैंने सुना है, एलिसिया, तुम्हारी ड्राइंग तो गजब की है। जब टॉमी का नंबर आया, तो वे बोलीं,

'टॉमी, मुझे ऐसा लगता है कि तुम एक अच्छे लीडर हो। मैं चाहती हूँ कि तुम कक्षा के मॉनीटर बन जाओ। बच्चों को सँभालने में तुम मेरी मदद करो, जिससे इस साल कक्षा चार विद्यालय की सबसे अच्छी कक्षा बन जाए। शुरू के दिनों में टीचर ने टॉमी के हर छोटे-से-छोटे कार्य की भी दिल खोलकर तारीफ की, फिर वह नौ वर्षीय बच्चा भी अपनी छवि में खरा उतरने का भरपूर प्रयास करने लगा।"

जब कोई योग्य कर्मचारी अचानक अपने काम से प्रति लापरवाह हो जाए या फिर काम ही खराब करने लगे, तो आप क्या करेंगे? आप उसे तुरंत नौकरी से निकाल देंगे, लेकिन यह समस्या का सही हल नहीं है या फिर उसकी खूब आलोचना कर सकते हैं, जिससे उसका मन आपके प्रति द्वेष से भर जाएगा।

हेनरी हैक लॉवेल को इंडियाना में एक बड़ी वाहन डीलरशिप का सर्विस व्यवस्थापक नियुक्त किया गया था, लेकिन इन दिनों वह अपने एक मेकैनिक बिल से काफी परेशान था, क्योंकि उसका काम संतोषजनक नहीं था। श्रीमान् हैक ने अपने ऑफिस में बुलाकर उससे बातचीत की।

"तुम एक कुशल मेकैनिक हो बिल, काफी वर्षों से यहाँ अच्छे तरीके से काम कर रहे हो। तुमने कई वाहनों की अच्छी तरह रिपेयरिंग की है। कई खरीदार भी तुम्हारी तारीफ करते हैं, लेकिन पिछले कुछ दिनों से वैसा काम नहीं कर पा रहे हो, जैसे कि हम तुमसे उम्मीद करते हैं। वाकई तुम एक अच्छे मेकैनिक हो, इसलिए तुम्हें बताना चाहता हूँ कि इससे मैं नाखुश हूँ तथा हम बैठकर इस समस्या का बेहतर हल ढूँढ़ सकते हैं।"

बिल ने आश्चर्य से जवाब दिया कि उसे यह बात ज्ञात नहीं थी कि वह पहले जितना बढ़िया काम नहीं कर पा रहा है, फिर उसने बॉस को आश्वासन दिया कि वह पहले से भी बेहतर करके दिखाएगा तथा भविष्य में कभी शिकायत का मौका नहीं देगा। आपको क्या लगता है कि क्या उसने कभी शिकायत का मौका दिया होगा? शायद नहीं। वह फिर वही पुराना कुशल मेकैनिक बन गया। श्रीमान् हैक ने अतीत के काम की जो छवि बना दी थी, उसको बिल धूमिल नहीं करना चाहता था।

बाल्डविन लोकोमोटिव वर्क्स के प्रेसीडेंट सेम्युअल वॉक्लैन ने एक बार कहा था, "एक आम इनसान को बड़ी सरलता से प्रेरित किया जा सकता है। यदि वह आपका आदर करता है और आप उसे बता दें कि आप भी खास गुण के कारण उसका सम्मान करते हैं।"

इस बात को इस प्रकार कहा जा सकता है कि यदि आप किसी की कोई बात सुधारना चाहते हैं, तो उसे एक एहसास कराएँ, जैसे वह ही उसका श्रेष्ठतम गुण हो। शेक्सपियर ने भी कहा था, "यदि आपके अंदर कोई गुण नहीं है, तो ऐसे व्यवहार करें, जैसे वह गुण आप में पहले से ही हो।" दूसरे लोगों को यही बता दें कि आप व्यक्ति में जो गुण देखना चाहते हैं, वह गुण उनके अंदर पहले से ही मौजूद हैं। उनकी छवि अच्छी बना दें, फिर वे उस छवि को सही साबित करके दिखाने के लिए बहुत प्रयास करेंगे।

अपनी पुस्तक 'सॉवेनियर्स, माई लाइफ विद मैटरलिंक' में जॉर्जेट लेब्लांक ने कहा है कि किस प्रकार उन्होंने एक बेल्जियन सिंड्रैला की अनोखी कायापलट कर दी थी।

वे पुस्तक में लिखती हैं, "मेरी नौकरानी पड़ोस के एक होटल से भोजन लाती थी। उस नौकरानी को सब 'मैरी द डिशवाशर' कहते थे, क्योंकि उसने अपने कॅरियर की शुरुआत बरतन माँजनेवाली असिस्टेंट के रूप में की थी। वह बदसूरत सी थी, उसकी आँखें भैंगी थीं तथा पैर एकदम पतले। वह बेहद कमजोर थी और उसमें आत्मविश्वास बिल्कुल नहीं था।

"एक दिन वह अपने हाथ में मैकरौनी की प्लेट लिये खड़ी थी, तभी मैंने उससे कहा, 'मैरी, तुम्हें नहीं ज्ञात कि तुम्हारे अंदर कितने अमूल्य खजाने छिपे हैं!'

"मैरी कुछ पल ठहर सी गई, क्योंकि उसे अपनी भावनाओं को छिपाकर रखने की आदत थी। उसने डिश को मेज पर रखने के बाद भोलेपन से कहा, 'मैडम, मुझे इस बात पर विश्वास ही नहीं हो पा रहा है।' उसे इस विषय में कोई शक नहीं था, उसने एक भी प्रश्न नहीं किया। वह रसोई में गई और मेरी बात को दुहराया तथा आस्था की महान् शक्ति के कारण किसी ने भी उसकी हँसी नहीं उड़ाई। तब से सभी लोग उसके साथ खास तरह से व्यवहार करने लगे, लेकिन सबसे अधिक परिवर्तन तो उस शालीन मैरी में हुआ था। शायद उसे इस बात का पूरा विश्वास हो चला था कि उसके अंदर कुछ छिपे हुए चमत्कार भी हैं, इसलिए वह अपने शरीर का कुछ ज्यादा ही ध्यान रखने लगी। फिर उसकी सुस्त जवानी चमक उठी और उसकी बदसूरती एकदम गायब हो गई।

"इस घटना के दो-ढाई महीने बाद उसने बताया कि वह शेफ के भतीजे के साथ विवाह करने जा रही है। एक संक्षिप्त से वाक्य ने उसका जीवन बदल डाला था।"

बिल पार्कर डेटोनो बीच फ्लोरिडा में एक फूड कंपनी के सेल्स रिप्रजेंटेटिव के रूप में कार्यरत थे। उनकी कंपनी कुछ नए उत्पाद ला रही थी। ज्ञात हुआ कि बड़े फूड मार्केट के व्यवस्थापक ने उत्पादों को अपने स्टोर में रखने से मना कर दिया। उन्हें बहुत दुःख हुआ। बिल पार्कर सारा दिन इनकार की वजह ढूँढ़ता रहा और फिर संध्या के समय एक बार फिर उस स्टोर व्यवस्थापक से मिलने का फैसला किया।

बिल ने व्यवस्थापक से कहा, "जैक, जब सुबह में आपको हमारे नए उत्पादों की जानकारी दे रहा था, तब मैं कुछ तथ्यों के बारे में बताना भूल गया था। मैं आपका थोड़ा सा समय और चाहता हूँ, ताकि वे सभी तथ्य पेश कर सकूँ, जो सुबह छूट गए थे। मैं आपके इस गुण का आदर करता हूँ कि आप बहुत अच्छे श्रोता हैं तथा यदि तथ्यों से सहमत हो जाते हैं, तो आप अपना फैसला भी आसानी से बदल लेते हैं।" क्या जैक इसके बाद भी सुनने से इनकार कर सकता था? कतई नहीं, क्योंकि उसे अपनी इमेज पर खरा उतरना था।

एक सुबह डबलिन, आयरलैंड के एक प्रसिद्ध दंत चिकित्सक डॉ. मार्टिन स्तब्ध रह गए, क्योंकि उनके एक मरीज ने बताया कि जिस धातु के कप के होल्डर से वह अपना मुँह साफ कर रहा था, वह एकदम गंदा था। सच यह था कि मरीज पानी कप से पी रहा था, होल्डर से नहीं, लेकिन निश्चित तौर पर यह प्रोफेशनल नहीं था कि गंदे होल्डर का उपयोग कैसे किया जाए।

मरीज के चले जाने पर डॉ. मार्टिन ने अपने व्यक्तिगत ऑफिस में जाकर सफाई करनेवाली महिला ब्रिजिट को एक नोट लिखा, "मेरी मुलाकात आपसे बहुत कम हो पाती है, क्योंकि आप केवल हफ्ते में दो बार हमारे ऑफिस में आ पाती हो। आपका सफाई कार्य बहुत अच्छा है, इसके लिए मैं आपको धन्यवाद देना चाहता हूँ। वैसे सप्ताह में दो दिन दो घंटे का समय सफाई के लिए काफी कम होता है। यदि आप चाहें तो कभी-कभी साफ करनेवाली वस्तुओं, जैसे कप होल्डर आदि की सफाई के लिए आधे घंटे का अतिरिक्त समय और ले सकती हैं। इस आधे घंटे के लिए आपको अलग से भुगतान जरूर करूँगा।"

डॉ. मार्टिन ने हमें आगे बताया, "जब अगले दिन मैं ऑफिस पहुँचा तो मेरी मेज शीशे की तरह चमक रही थी। सारा फर्नीचर एकदम धूल रहित था। मैंने ट्रीटमेंट रूम का मुआयना किया, तो वहाँ पर जितने कप होल्डर रखे थे, उनमें से क्रोमप्लेटेड कप सबसे अधिक चमचमा रहा था। मैंने केवल सफाई कर्मचारी

के सामने उसकी एक अच्छी छवि निर्धारित कर दी, जिसे वह हर कीमत पर सँभालकर रखना चाहती थी। उसने इस काम में कितना अतिरिक्त समय लगाया होगा? शायद बिल्कुल भी नहीं।"

मानवीय संबंधों के कुशल ज्ञाता लॉवेल थॉमस भी इसी तकनीक का उपयोग करते थे। वे आपके अंदर आत्मविश्वास जगाकर आपको साहस तथा आस्था के माध्यम से प्रेरित करते थे। एक बार मुझे मिस्टर एंड श्रीमती थॉमस के साथ वीकेंड गुजारने का मौका मिला। उन्होंने मुझे ब्रिज खेलने के लिए आमंत्रित किया। "ब्रिज! अरे, नहीं-नहीं, मुझे ब्रिज की जरा सी समझ नहीं है। मुझे यह खेल एक गोपनीय रहस्य सा प्रतीत होता था। नहीं-नहीं, नामुमकिन।"

लेकिन लॉवेज ने मुझसे कहा, "अरे, इसे खेल में किसी दाँव-पेंच की जरूरत नहीं हैं। ब्रिज में केवल कॉमनसेन्स तथा अच्छी याददाश्त की जरूरत होती है, आप भी स्मरण शक्ति के विषय में कई लेख लिख चुके हैं और आपकी बुद्धि के हम सभी कायल हैं। मुझे लगता है, ब्रिज आपके बाएँ हाथ का खेल है। आप बड़ी कुशलता से इसे खेल सकते हैं।"

मैं कुछ समझ ही नहीं पा रहा था कि क्या करूँ, क्या न करूँ। जिंदगी में पहली बार मैं ब्रिज खेलने के लिए बैठा था और वह भी केवल इसलिए, क्योंकि लॉवेल ने मुझे यह बता दिया था कि ब्रिज खेलना मेरे लिए कोई कठिनाई काम नहीं है।

बिज खेल से मुझे अचानक ही एली कल्बर्टसन की याद आ जाती है, जिनकी ब्रिज के बारे में लिखी पुस्तकों का कई भाषाओं में अनुवाद हो चुका है। उसकी लाखों प्रतियाँ बिक चुकी हैं। उन्होंने ही मुझे बताया कि वे कभी भी ब्रिज खेल को अपना व्यवसाय नहीं बना पाते, यदि यह युवा महिला ने उन्हें इस बात का आश्वासन न दिया होता कि उनमें गजब की छिपी हुई प्रतिभा है।

सन् 1922 में वे अमरीका आकर समाजशास्त्र तथा फिलॉसफी के अध्यापक के रूप में नौकरी ढूँढ़ने की कोशिश कर रहे थे, लेकिन उन्हें कोई भी नौकरी नहीं मिल सकी थी।

असफलता के बाद उन्होंने कोयला बेचने की कोशिश की, लेकिन यहाँ भी वे सफल नहीं हो सके। तीसरी कोशिश उन्होंने कॉफी बेचने की भी की, लेकिन उसमें भी सफल नहीं हो पाए।

उन्हें थोड़ा-बहुत ब्रिज खेलना आता था, लेकिन उस वक्त तक उन्हें यह

एहसास नहीं था कि वे ब्रिज सिखा भी सकते हैं। वे ब्रिज के एक खराब खिलाड़ी थे। बहुत जिद्दी भी थे। वे इतने सारे सवाल पूछते थे कि कोई भी उनके साथ खेलना पसंद नहीं करता था।

इसके बाद उनकी मुलाकात एक खूबसूरत ब्रिज टीचर जोसेफाइन डिल्लन से हुई। दोनों में प्यार हो गया और उन्होंने शादी कर ली। सावधानीपूर्वक विश्लेषण करके उसने उसे एहसास दिलाया कि उसमें कार्ड टेबल की प्रतिभा छिपी हुई है। कल्बर्टसन के अनुसार इसी प्रोत्साहन तथा प्रेरणा ने उन्हें ब्रिज को अपने व्यवसाय के रूप में चुनने में मदद की।

क्लेरेंस एम. जोंस सिनसिनाटी, ओहियो में हमारे पाठ्यक्रम के प्रशिक्षक थे। उन्होंने अपने अनुभव के बारे में बताया कि प्रोत्साहन तथा गलतियों में सुधार के बारे में बताने से किस प्रकार उनके बेटे का संपूर्ण जीवन ही बदल गया था।

"सन् 1970 में मेरा 15 वर्षीय प्यारा बेटा डेविड मेरे साथ रहने के लिए सिनसिनाटी आया था। उसे जीवन के कई समस्याओं से जूझना पड़ा था। सन् 1958 में एक कार दुर्घटना में उसका सिर फट गया था तथा उसी की वजह से उसके माथे पर एक बुरा सा निशान बन गया था। फिर सन् 1960 में उसकी माँ और मेरे बीच तलाक हो गया था, उसके बाद डेविड अपनी माँ के साथ डल्लास, टेक्सास में रहने लगा था। 15 साल तक उसने अपना ज्यादातर विद्यालयी जीवन उन विद्यालयों में व्यतीत किया, जहाँ धीरे सीखनेवालों के लिए खास कक्षाओं का आयोजन किया जाता है। शायद उसके माथे के निशान को देखकर विद्यालयवालों ने यह सोच लिया हो कि उसके दिमाग पर चोट आई, इसलिए यह सामान्य बच्चों की तरह नहीं सीख सकेगा। अपनी आयु के बच्चों से वह दो साल पीछे चल रहा था, इसलिए वह 15 साल की आयु में भी 7वीं कक्षा का छात्र था। वह अभी पहाड़े भी नहीं सीख पाया था, अपनी उँगलियों पर गिन नहीं पाता था तथा पढ़ता भी बहुत कठिनाई से था।

"लेकिन उसमें एक अच्छी बात भी थी। उसे टेलीविजन तथा रेडियो पर काम करना अच्छा लगता था। उसकी दिलचस्पी टेलीविजन टेक्नीशियन बनने में थी। मैंने उसे भरपूर प्रोत्साहन दिया तथा उसे बताया कि ट्रेनिंग में सफल होने के लिए गणित का अच्छा ज्ञान होना जरूरी है। मैंने उसकी मदद करने की पूरी-पूरी कोशिश की। हम चार सेट फ्लैश कार्ड लेकर आए, जोड़ने, घटाने, भाग और गुणा करने के सेट। उन कार्डों का उपयोग करते समय हम सही जवाबों को एक अलग

जगह पर रखते थे। जब भी डेविड किसी कार्ड का सही उत्तर नहीं दे पाता था, तो हम उस कार्ड को फिर से रिपीट करनेवाले ढेर में मिला देते थे। यह प्रक्रिया तब तक चलती रहती थी, जब तक सारे कार्ड समाप्त नहीं हो जाते थे। जब भी वह सही जवाब देता था, तो मैं जोर-जोर से ताली बजाकर उसकी खूब प्रशंसा करता थ। हर रात हम एक ही प्रक्रिया को दुहराते थे, सारे कार्ड समाप्त करते थे। हर रात हम एक स्टॉप वॉच लेकर इस काम का पूरा लेखा-जोखा रखते थे, फिर मैंने उसके सामने एक शर्त रखी कि जिस रात को वह सभी कार्डों का सही उत्तर आठ मिनट के अंदर दे देगा, तो हम इस प्रक्रिया को हर रात दुहराना बंद कर देंगे। डेविड के लिए इस लक्ष्य को पाना लगभग नामुमकिन था। पहली रात की इस प्रक्रिया में 52 मिनट लगे, दूसरी रात 48, फिर 45, बाद में 44, 41 और फिर 40 मिनट। कम होनेवाले समय को हम हर बार जश्न मनाने में बिताते थे। मैं अपनी पत्नी को भी इस बात की सूचना देता रहता था, फिर तो महीने के अंत में वह सभी कार्डों का उत्तर आठ मिनट से भी कम अवधि में देने लगा। जब भी इसमें छोटा सा सुधार होता, वह उसे एक बार फिर दुहराने के लिए कहने लगा, उसे इस अद्‌भुत तथ्य का ज्ञान हो गया कि सीखना कठिनाई का काम नहीं है।

"खास तौर पर इस बार गणित में उसके बहुत अच्छे अंक आए। जब आपको गुणा करना आता है, तो गणित कितना आसान हो जाता है। गणित में 'बी' ग्रेड पाकर वह बहुत खुश था, क्योंकि आज तक तो वह 'सी' या 'सी' प्लस से आगे नहीं बढ़ पाया था। अब उसके बाकी बदलाव भी काफी तेजी से हो रहे थे। उसमें पढ़ने की गति तीव्र हो गई तथा वह ड्राइंग की अपनी जन्मजात प्रतिभा का बेहतर उपयोग करने लगा, फिर कुछ दिनों बाद उसे विद्यालय की तरफ से एक विज्ञान का मॉडल बनाने का काम सौंपा गया। उसने लीवर के असर को प्रदर्शित करनेवाले अत्यधिक कठिन मॉडल को बनाने का फैसला किया। उसने मेहनत से इस मॉडल को तैयार किया। विद्यालय के विज्ञान मेले में उसके बनाए मॉडल को प्रथम पुरस्कार मिला, फिर उसे शहर की प्रतियोगिता में भी रखा गया। जहाँ सारे सिनसिनाटी शहर में उसके मॉडल को तीसरा पुरस्कार मिला।

"अब तो उसका पूरा नक्शा ही बदल चुका था। वह वही बच्चा था, जो कुछ समय पहले दो क्लास पीछे चल रहा था, जिसे दिमागी तौर पर कमजोर समझा जाता था, जिसके सहपाठी उसे 'फ्रैंकेंस्टीन कहकर उसका मजाक उड़ाते थे तथा कहते थे कि जोर लगने से उसका दिमाग निकलकर बाहर आ गया है,

इसीलिए उसकी खोपड़ी खाली है, लेकिन अचानक उसे ज्ञात हुआ कि वह भी सीख सकता है, कुछ करके दिखा सकता है और नतीजा 8वीं कक्षा के अंतिम भाग से लेकर 10वीं तक उसे सदा ही नवर्स रोल मिले, फिर उच्च विद्यालय में उसे 'नेशनल ऑनर सोसाइटी' के लिए चुन लिया गया। एक बार उसे इस बात का पता चल गया कि सीखना आसान था, तो फिर उसका सारा जीवन ही बदल गया।"

जब कभी भी लोगों का व्यवहार या रवैया बदलने की आवश्यकता पड़े, तो एक कुशल तथा प्रभावशाली लीडर को इन तथ्यों को अवश्य ध्यान रखना चाहिए—

- सदैव ईमानदार बने रहें। भूलकर भी ऐसा कोई वादा न करें, जिसे पूरा कर पाना आपकी पहुँच के बाहर हो। केवल अपने फायदों पर ध्यान केंद्रित न करके सामनेवाले के फायदों पर ज्यादा ध्यान दें।
- यह बात आपके दिमाग में एकदम साफ होनी चाहिए कि आप सामनेवाले से क्या करवाना चाहते हैं।
- अपनी बात को पूरे आत्मविश्वास के साथ जोर देकर कहें। खुद से पूछें कि सामनेवाला क्या चाहता है ?
- इस बात पर भी शांतिपूर्वक विचार करें कि आपके सुझाए काम को करने से सामनेवाले को क्या फायदा हो सकता है।
- बाद में उन्हीं फायदों को सामनेवाले की इच्छाओं के साथ जोड़ दें। अनुरोध करते समय सामनेवाले को इस तरीके से बताएँ कि यह बात उसके लिए कितनी फायदेमंद साबित होगी। हमें इस प्रकार का संक्षिप्त सा अनुरोध करना चाहिए, "जॉन, तुम तो जानते ही हो कि कल हमारे खरीदार आनेवाले हैं, इसलिए मुझे स्टॉकरूम एकदम साफ-सुथरा चाहिए। तुम ठीक प्रकार से झाड़ू लगा लो, सारे स्टॉक को ठीक प्रकार से शेल्फों पर जमा लो तथा पूरे काउंटर को चमका दो।" इसी विचार को इस प्रकार से भी व्यक्त कर सकते हैं कि जॉन को वह लाभ अच्छी तरह समझ में आ जाए, जो इस काम को करने से उसे प्राप्त होगा, "जॉन, हमारे पास एक ऐसा काम है, जिसे तुरंत पूरा किया जाना जरूरी है। यदि हम इसे तत्काल कर लेंगे तो बाद में परेशानी से बच सकते हैं। मैं कल कुछ ग्राहकों को अपनी

कंपनी दिखाने के लिए ला रहा हूँ। मैं उन्हें अपना स्टॉकरूम भी दिखाना चाहता हूँ, लेकिन इसकी हालत ठीक नहीं हैं, यदि तुम इसे झाड़-पोंछ दो, स्टॉक को ठीक से शेल्फों पर सजा दो और काउंटर को भी चमका दो, तो इससे हर चीज सही-सही दिख सकेगी। मुझे पूरा यकीन है कि हमारी कंपनी की अच्छी छवि बनाने में तुम अपनी ओर से पूरी कोशिश करोगे।"

कार्य ही सफलता की बुनियाद है।